高等职业院校“双高计划”建设教材
“十四五”高等职业教育财经商贸类系列教材

公关与礼仪

齐　冰◎主　编
朱　娜　梅　鹏　康　昕◎副主编
王　萌　李兴娟

中国铁道出版社有限公司
CHINA RAILWAY PUBLISHING HOUSE CO., LTD.

内容简介

本书是高等职业院校"双高计划"建设教材、"十四五"高等职业教育财经商贸类系列教材之一。本书立足职业发展要求,将公关与礼仪分为九个项目,包括奠定公共关系基础、熟悉公共关系工作流程、组织公关活动、化解公关危机、认识公关礼仪、塑造公关形象礼仪、掌握公关沟通礼仪、掌握公关社交礼仪和提升网络公关能力等,涵盖公关活动和礼仪所需要的全部知识点。

本书在实训内容的设计上力求与行业接轨,与岗位对接,能够实现学生的公关活动策划和礼仪规范与行业要求零距离对接,适合作为高等职业院校财经商贸类专业的教材。

图书在版编目(CIP)数据

公关与礼仪/齐冰主编.—北京:中国铁道出版社有限公司,2024.3

高等职业院校"双高计划"建设教材　"十四五"高等职业教育财经商贸类系列教材

ISBN 978-7-113-30956-5

Ⅰ.①公…　Ⅱ.①齐…　Ⅲ.①公共关系学-礼仪-高等职业教育-教材　Ⅳ.①C912.32

中国国家版本馆 CIP 数据核字(2024)第 024682 号

书　　名:公关与礼仪
作　　者:齐　冰

策　　划:潘星泉　　**编辑部电话:**(010)51873090
责任编辑:潘星泉　徐盼欣
封面设计:高博越
责任校对:刘　畅
责任印制:樊启鹏

出版发行:中国铁道出版社有限公司(100054,北京市西城区右安门西街 8 号)
网　　址:http://www.tdpress.com/51eds/
印　　刷:北京联兴盛业印刷股份有限公司
版　　次:2024 年 3 月第 1 版　2024 年 3 月第 1 次印刷
开　　本:787 mm×1 092 mm　1/16　**印张:**12.5　**字数:**304 千
书　　号:ISBN 978-7-113-30956-5
定　　价:48.00 元

前　言

公关与礼仪是高等职业院校财经商贸类专业的一门必修课，其所包含的公关活动策划工作流程与礼仪规范是企业管理人员及公关工作人员所必须掌握的技能，因此公关与礼仪在很多高职院校作为一项实训课程专门开设。此外，随着社会经济发展和人民生活水平的不断提高，企业对公关工作人员的能力水平提出了更高的要求。在这种职业背景下，为了使学生掌握更多的实用技能，提高公关工作人员的从业素质，培养良好的职业习惯，使财经商贸类专业学生在学习时有所借鉴，特编写本书。

社会文明程度得到新提高，是我国"十四五"时期经济社会发展的主要目标之一。要实现这个目标，不仅要努力构建各种社会组织与公众间的良好沟通传播，而且要积极推进以社会主义核心价值观为引领的礼仪教育。本书结合编者多年公关与礼仪课程的教学经验，结合深入企业参加社会实践所获得的第一手资料编写而成。本书从公关工作岗位需求的角度出发，本着"理实一体，操作性强"的编写原则，将公关人员所应掌握的基础理论知识与基本技能囊括其中，并将思政教育等课程思政内容融入培养目标、实训活动及考核标准当中，希望能为高等职业院校财经商贸类相关培养复合型技术技能人才，为企业培养爱岗敬业的一线公关人员提供帮助。

本书共分为九个模块，即奠定公共关系基础、熟悉公共关系工作流程、组织公关活动、化解公关危机、认识公关礼仪、塑造公关形象礼仪、掌握公关沟通礼仪、掌握公关社交礼仪和提升网络公关能力。

本书具有以下特点：

(1)以岗位需求为出发点，实用性强。本书编者具有多年企业工作经历，结合近年来企业社会实践锻炼，在充分调研公关岗位需求的基础上，将理论内容与企业营销及公关岗位的实际工作需要紧密联系在一起，并结合丰富的案例，具有较强的实用性。

(2)教材装订采用活页式，学习更方便。"以学生为中心"是编写本书的出发点。本书以学生为中心，以成果为导向，促进学生自主学习，强化"灵活学习"的功能，突出了活页式教材的特点。

(3)实训任务设计贴近现实,操作性强。本书每个项目后面,通过“活页任务单”将本项目的实训任务进行下发,学生结合本单元理论内容完成实训部分的训练。实训任务的设计贴近工作实际,使学生对未来的工作提前“预热”,毕业后能够尽快进入工作角色。

本书由黑龙江农业工程职业学院齐冰担任主编,由黑龙江农业工程职业学院朱娜、梅鹏、康昕、王萌和哈尔滨传媒职业学院李兴娟担任副主编。具体编写分工如下:项目一由梅鹏编写;项目二由康昕编写;项目三、项目四由朱娜编写;项目五、项目六由齐冰编写;项目七、项目八由王萌编写;项目九由李兴娟编写。全书由齐冰负责制订编写大纲并统稿定稿。

由于编者水平有限,书中不妥之处在所难免,恳请广大读者批评指正。

编　者

2023 年 6 月

目　　录

项目一　奠定公共关系基础

知识目标

(1)理解公共关系的含义;
(2)了解公共关系的职能和作用;
(3)掌握公共关系的目标和原则。

能力目标

(1)能够准确定义公共关系;
(2)能够用公共关系基础知识分析公关案例。

素质目标

(1)培养学生勇于承担责任的意识;
(2)培养学生真诚待人的生活理念;
(3)引导学生树立全心全意为人民服务的思想。

思维导图

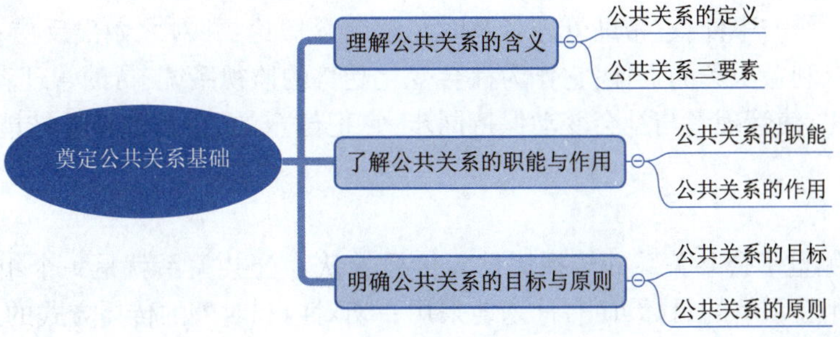

项目引入

五菱汽车——人民需要什么,五菱就造什么

五菱汽车是在家国情怀背景下诞生的品牌。五菱汽车前进的每一步,都是国家实力提升的一个缩影,当我们国家展现出日益强盛的实力时,五菱也正在向世界展示中国制造的力量。

不同时代里,不断向上的五菱汽车始终以人民需求为原点,为用户安心而造,为最优选择而造,为个性品质而造。今天,倍受信赖的五菱汽车站在新的历史起点,以民族品牌初心,伴随无数奋斗者追求美好生活,以腾飞姿态迎来全新进阶。

(1)多元化:产品覆盖商用、乘用、新能源等多种用途,满足不同场景的用车需求。

(2)年轻化:深入洞察,为不同年龄阶层的用户提供富有时代感的产品和服务。

(3)全球化:向海外输出中国汽车品牌运营模式,塑造行业标杆。

项目思考

五菱汽车的形象是怎么塑造起来的?

任务一　理解公共关系的含义

知识研修

一、公共关系的定义

公共关系(public relations, PR)一词最早出现于1807年出版的《韦氏新大学词典(第9版)》。public可译作"公共的""公开的",也可译作"公众的";relations可译作"关系"。因此,public relations的中文表述可称为"公共关系",也可称为"公众关系",简称"公关"。

(一)公共关系各流派对公共关系的定义

公共关系诞生以来,人们总结了许多种公共关系的定义。

1. 管理说

"管理说"强调公共关系在组织的生存和发展中承担着管理职能。公共关系承担着一种独特的管理职能,它帮助一个组织建立并维持其与公众之间双向的交流、理解、认可与合作;它参与处理各种问题与事件;它帮助管理者及时了解公众舆论,并对之做出反应;它明确并强调管理部门为公众利益服务的责任;它作为社会变化趋势的监视系统,帮助管理者及时掌握并有效利用社会变化,使管理者与社会变动保持同步;它把健全的、正当的传播技能和研究方法作为主要的工具。

2. 传播说

"传播说"侧重于公共关系的传播属性。传播学认为公共关系就是一个组织为了实现与它的公众之间相互了解的目标,而有计划地采用一切对内和对外的传播方式的总和。

3. 传播管理说

“传播管理说”将“管理说”和“传播说”结合起来，强调公共关系是组织的一种特定的传播管理行为和职能。

4. 咨询说

“咨询说”认为公共关系是一门艺术和社会科学，它分析趋势、预测后果，向机构领导人提供意见，履行一系列有计划的行动，以服务于本机构和公众的共同利益。

5. 关系说

“关系说”强调公共关系是一种公众性、社会性的关系或活动。

6. 协调说

“协调说”认为公共关系主要是协调组织与公众之间的社会关系，维持企业的营利性和社会性的平衡。

7. 形象说

“形象说”认为组织对公众所开展的所有公关活动都是想办法引起公众的注意，并赢得公众的赞赏和支持，因此公共关系的最终落脚点是为组织塑造良好的形象。

上述公共关系定义各有侧重。可以从中看出公共关系的本质、任务、职能、目标和宗旨，从而概括出公共关系的全貌。

(二)本书对公共关系的定义

本书认为，对公共关系的定义可以表述为：公共关系是社会组织为了塑造组织形象，通过传播、沟通手段来影响公众的科学与艺术。

具体来说，这一表述包含了下列三个方面的内容。

1. 公关活动的根本目的是塑造组织形象

组织形象是公共关系理论的核心概念，是贯穿于公共关系理论与运作的一条主线。组织形象是公众对于社会组织的总体评价，是社会组织的表现在公众心目中的反映。评价组织形象最基本的指标有两个：知名度和美誉度。知名度是一个组织被公众知晓、了解的程度。美誉度是一个组织获得公众信任、赞许的程度。知名度和美誉度分别从量和质两个方面评价组织形象。一个组织知名度高，其美誉度不一定高；知名度低，其美誉度不一定低。因此，一个组织若想树立良好的组织形象，就必须同时把知名度和美誉度作为工作的目标。

2. 社会组织通过传播、沟通手段影响公众

公共关系的主体是社会组织，客体是公众，手段是传播沟通。换言之，社会组织、公众、传播沟通是构成公共关系的三大要素。

3. 公共关系既是一门科学又是一门艺术

从理论上讲，公共关系是一门科学；从运作上讲，公共关系是一门艺术。它是科学与艺术的统一体。

二、公共关系三要素

从公共关系的定义中可以得出公共关系的三大要素分别为组织、公众和传播沟通。其中，社会组织是公共关系的主体；公众是公共关系的客体；而传播沟通是公共关系的媒介，如图 1-1 所示。

(一)组织——公共关系的主体

图 1-1　公共关系三要素

组织是公共关系的主体，它是所有公共关系状态和活动的主体承担者。没有组织，公共关系也就不复存在。

在现代公共关系中，组织是指按照一定的宗旨、目标和形式联系起来的社会群体或社会集团。

1. 经济组织

凡是承担经济领域中的生产、交换、流通、分配等职能的组织就称为经济组织。

2. 政治组织

政治组织集中体现了社会某阶层的利益，具有政治职能和权力职能，包括政党组织、国家政权组织（中央及省市的政府机构）、司法组织及各种军事组织。

3. 教科文组织

教科文组织是满足人们文化生活等方面精神需要的组织，其基本职能是组织文体活动和教育科研活动，既包括文学、戏剧、影视、音乐、舞蹈、美术、书法、曲艺等文化艺术组织，也包括教育组织、体育组织、卫生组织、科研组织及各种学术和科研团体、协会等。

4. 群众组织

群众组织具有广泛的群众性职能，包括工会组织、青年组织、妇女组织、公益性组织、群众性协会和团体。

5. 社区组织

社区组织具有社区性职能，如居委会、业主委员会等。

任何一个组织都不是独立存在的，而是置身于一定的社会环境之中的。为了实现自己的目标、履行社会职能，就需要营造一个有利于自身生存和发展的最佳环境，这就需要组织处理好与各类公众的关系，争取公众的理解、信任和支持。

(二)公众——公共关系的客体

任何组织都有其特定公众。公众是因面临某个共同问题形成的，有着某种共同利益并与某一特定组织的工作产生互动效应的社会群体。

公众是公共关系传播沟通的对象。公共关系的全部工作都是针对公众来开展的。公众虽然在公共关系活动中处于被作用的地位，但并不是盲目被动地接受一切影响，他们会根据自身的利益做出判断和反应。因此，要想与公众保持良好的关系，争取公众的理解和支持，首先就要了解公众所好。只有有针对性地对公众进行传播沟通，才能达到事半功倍的效果。

公共关系是影响和吸引公众的艺术，如果离开公众，那么所有的公关活动都将成为“无源之水”“无本之木”。在组织发展过程中，由于其所面对的公众数量众多，且分属于不同的区域、单位和群体，而且对组织产生的影响力也不尽相同，因此，组织要做好公共关系工作，首先要做的就是明确自己的公众对象，对公众进行分类。

1. 按公众与组织的内外关系分类

按公众与组织的内外关系可以分为内部公众和外部公众。

(1)内部公众。此类公众是指组织内部的员工、股东或投资者等。

(2)外部公众。此类公众是指组织范围外部的公众,如顾客、竞争者、社区、新闻媒介等。

2. 按公众对组织的态度分类

按公众对组织的态度可以分为顺意公众、逆意公众和边缘公众。

(1)顺意公众。此类公众对组织的政策和行为持赞同和支持的态度,组织可以维系并强化与他们的友好关系,以寻求依赖和支持。

(2)逆意公众。此类公众往往对组织的政策和行为持否定和反对态度,是组织迫切需要改善其态度的公众。组织应尽可能缩小逆意公众队伍,并通过各种政策和活动来改变其态度,再慢慢将其转化为顺意公众。

(3)边缘公众。此类公众是指对组织的政策和行为持中立态度或态度不明朗,不明确表态的公众。

3. 按公众对组织的重要性分类

按公众对组织的重要性可以分为首要公众、次要公众和一般公众。

(1)首要公众。此类公众是与组织关系密切,关系组织的生死存亡,对组织具有决定性作用的具有重要影响力的公众。所以,组织要集中人力、物力和财力来维系和改善同首要公众的关系。这类公众有企业的员工、投资者、消费者、供应商、政府主管部门等。

(2)次要公众。此类公众虽然不直接影响组织的生存和发展,但间接地影响组织的各种活动和利益,如金融公众、社区公众、新闻媒介公众等。因此,组织应尽可能协调好与此类公众的关系,为组织的发展创造一个良好的“人和”环境。

(3)一般公众。此类公众对组织的生存和发展影响较小,但组织也要对其予以密切关注,避免此类公众成为组织发展中的阻碍。

4. 按公众与组织发生关系的频率分类

按公众与组织发生关系的频率可以分为临时公众、周期公众和稳定公众。

(1)临时公众。此类公众是指因某一临时因素、偶发事件或专题活动而形成的公众。每个组织都有可能因突发事件而承受来自临时公众的压力,因此组织要未雨绸缪,提前做好各类应急预案,及时处理与临时公众发生的各种摩擦及纠纷,迅速化解矛盾。

(2)周期公众。此类公众是指按一定规律定期出现的公众,如每年新学期开学的学生及家长、春节返乡的务工人员等。组织可以针对周期公众有计划、有组织、有目的、有准备地传播信息,并开展一系列公共关系活动。

(3)稳定公众。此类公众是指具有稳定结构和稳定关系的公众,如老客户,社区人士和宾馆、饭店的常客等。稳定公众是组织中最基本的公众,也是组织得以生存和发展的源泉,因此每个组织都会针对自己的稳定公众开展各种公共关系活动。公众之间的亲密关系,进一步提升自己在稳定公众心目中的美好形象。

5. 按组织对公众的态度分类

按组织对公众的态度可以分为受欢迎的公众、不受欢迎的公众和被追求的公众。

(1)受欢迎的公众。此类公众是指组织希望与其建立和发展关系,对方也迎合组织的需要并主动对组织感兴趣的公众。这是一种两厢情愿、一拍即合的关系,对双方的发展都有利。

(2)不受欢迎的公众。此类公众是指想与组织建立和发展关系,而组织出于多方面的考虑不愿接触、力图躲避的公众。

(3)被追求的公众。此类公众是指组织希望与其建立和发展关系的公众,而公众却缺乏应有的热情,需要组织努力去争取和追求。

组织在计划和开展公关工作时,必须认清和分析自己的研究对象,并根据公众对象的特点以及想法制定和调整自己的公关策略和行动。

(三)传播沟通——公共关系的媒介

公共关系工作的中心就是运用传播沟通媒介使公共关系的主体(组织)与公共关系的客体(公众)相互理解、相互合作。因此,传播沟通是公共关系的媒介,没有传播沟通,便没有公共关系。

由于研究者的角度不同,对传播做出的解释也存在着某种程度上的差异。传播的基本内涵是信息的传递和交换过程,由传播者、接收者和传播媒介等要素构成。人们常说的交流、对话、宣传、沟通、交际等,都是传播的具体形式。为了便于研究,人们又根据传播者、接收者和传播媒介的相互关系和特点,把传播分为以下五种基本类型。

1. 个体自身传播沟通

个体自身传播沟通是指人们为了平衡自我而进行的自身传播和自我交流,如自我反省、独自思考、自我安慰、自言自语等。个体自身传播是人类传播中最基本、最原始的形式,是人类一切传播沟通的基础。只有实现良好的自身传播沟通,才有可能更好地与外界进行传播沟通。

2. 人际传播沟通

人际传播沟通是指人与人之间的个体传播,如面对面直接进行交流和通过电话、网络等方式进行的非面对面的人际交流。这是最常见、最广泛的传播沟通方式。面对面的传播沟通一般通过语言媒介和表情、动作等身体媒介进行交流;非面对面的传播沟通除电话、网络等方式外,还可通过录音机、录像机等电子媒介和书信、图片等文字媒介进行交流。

3. 组织传播沟通

组织传播沟通是指组织与其成员及其他组织之间的信息交流。

组织与其成员之间的传播沟通主要有正式传播沟通和非正式传播沟通两种形式。正式传播沟通是指通过组织规定的正式渠道进行信息沟通,主要采用自上而下的下行沟通和自下而上的上行沟通的垂直方式进行传播;非正式传播沟通则是在正式传播沟通渠道之外进行的信息交流,如领导与员工之间融洽和谐的感情交流,员工与员工之间私下交换意见,这种沟通的具体方式主要是平行的横向传播。组织与其成员之间的传播沟通除了面对面的传播沟通之外,其他形式的传播沟通一般依靠组织的内部信息通道来进行,如机关报、广播、内部网络、文件、简报、板报、告示牌等。

组织与其他组织之间的传播沟通,即组织与其外部环境的传播沟通比较复杂,传播的主体是组织,传播的对象则十分广泛,传播以组织为中心,具有明确的目的性和可控性。

4. 大众传播沟通

大众传播沟通是指职业传播者(如新闻工作者)通过大众传播媒介(如报纸、杂志、广播、电视和网络等)将大量复制的信息迅速、广泛地传递给人数众多、成分复杂的公众的一种传播活动。这种传播沟通的特点是传播者高度专业化和组织化,传播媒介高度现代化和技术化,传播对象大众化,信息反馈呈间接性和缓慢性,传播内容具有公开性和公共性。

5. 网络传播

网络传播是指在互联网上进行的传播。在新经济时代，网络传播作为一种新的传播模式，正逐步显示其巨大威力，而网络本身也成为公共关系工作中最重要的传播工具之一。互联网已经延伸到世界的每个角落，信息在互联网上流通已经不再受到时空的限制。互联网将全世界的计算机网络连接起来，从而形成一个巨大无比的数据库。任何组织和个人都可以通过互联网去发掘对自己有用的信息。互联网还可以综合大众传播媒介中不同媒介的优势，可以集文字、图形、声音和图像于一体，取得多种媒体整合的传播效果。网络传播还可以克服大众传播"单向"的局限性，可以采用多种形式的互动，更有利于公共关系工作的信息传播和信息搜集。

随着网络技术应用的深化，互联网进入自媒体时代。自媒体是指普通大众通过网络等途径向外发布自身的事实和新闻的传播方式；是普通大众经由数字科技与全球知识体系相连之后一种提供与分享自身的事实和新闻的途径；是私人化、自主化的传播者，以现代化、电子化的手段，向不特定的大多数或者特定的单个人传递规范性及非规范性信息的新媒体的总称。论坛、博客、微博、微信以及视频网站（抖音、快手等）构成了自媒体的主要表达渠道。自媒体的兴起为公共关系活动带来极大的便利，同时也带来了一个巨大的挑战。

任务二　了解公共关系的职能与作用

知识研修

公共关系职能是指其职责和功能，也就是公共关系在组织运行中"做什么"和"有什么用"的问题。

一、公共关系职责

组织的公共关系职责是多种多样的，经过长期的实践逐渐形成了一些基本职责，其中主要的职责有信息管理、辅助决策、宣传推广、沟通协调、提供服务、危机公关。

（一）信息管理

信息沟通是公共关系的本质。现代社会是一个高度信息化的社会，在信息社会中，知识与信息都是重要的战略资源，是竞争力与生产力。信息已成为一项宝贵的资源，是当今科技发展的三大支柱之一，是构成提高竞争力和创造经济成就的关键性因素。

从信息的角度说，公共关系可以看作公众公开的信息交流关系。现代社会信息的概念十分广泛，公共关系的信息是社会性、经济性的信息，而不是自然信息或生物信息。公共关系的本质，就是通过双方沟通，有效实现组织与公众之间的信息交流。

对于信息的搜集应当而且必须通过多种渠道和运用各种传播媒介，以保证信息的全面性；同时，对信息的处理要经过去粗取精、去伪存真、由此及彼、由表及里的筛选和分析，以确保信息的质量。

公共关系部门搜集、存储和处理同组织密切相关的各种信息，是组织的资料存储中心；公共关系部门集中观测社会环境的变化，是组织的环境监测中心；公共关系部门分析和预报同组织有关的发展趋势，是组织的趋势预报中心；公共关系部门向外发布组织的有关信息，又是组织的信息发布中心。

（二）辅助决策

公共关系作为一项管理职能，主要体现在其对经营管理决策所发挥的参谋作用。在这个意义上，公共关系部门就是组织的智囊机构，公关人员则参与组织决策的全过程。按照现代管理理论与决策理论，组织在决策前，公关部门与公关人员应向领导者、决策者提供详尽的有关公共关系方面的情报信息、评价、预测的咨询和建议，供决策者参考和选择，作为决策的依据。

咨询建议是指公共关系专业人员向组织领导提供有关公众方面的可靠情况说明和意见。公关人员向决策层提供的咨询一般包括公众的一般情况咨询、公众的专门性情况咨询，以及公众心理变化和趋势的咨询等。

（三）宣传推广

公共关系具有宣传推广的职能，即通过各种传播媒介，将组织的有关信息及时、准确、有效地传播出去，争取公众对组织的了解和理解，提高组织及其产品、人员的知名度和美誉度，为组织创造良好的社会环境，树立良好的组织形象。

当然，组织形象的形成，需要很长的时间，其中90%是要靠组织自身的行为，10%靠宣传。如果离开了组织的实际行为，10%的宣传也会变成负面宣传。

公共关系活动的有效性，很大程度上取决于公关人员能否成功运用现代传播理论和方法、传播媒介和手段，沟通组织和公众的关系，以提高组织的工作效率、提高组织知名度。

（四）沟通协调

公共关系可以帮助组织建立与环境之间的沟通协调机制，以追求交流、协作、互惠互利为特色的公共关系意识，运用公平、公正和公开的手段开展公共关系活动，建立起与各类公众的良好的"双向沟通"关系，求得企业"人和"的境界，为企业的生存、发展创造最佳的软环境。

现代组织的存在不是孤立的，而是处于一种立体化、错综复杂的社会关系网络之中。由于组织与公众之间（包括内部公众）的具体利益的差别，公共关系中充满了各种矛盾，很难避免各种公共关系纠纷。因此，能否正确、妥善地处理这些公共关系纠纷，就成为组织求得"人和"境界的关键。而要想求得"人和"境界，就必须及时准确地了解社会各界及公众的意见，这就必须借助公共关系工作来完成。

（五）提供服务

公共关系工作的本质就是一种服务，它的管理职能和日常业务都具有明显的服务性质。在组织内部为各个业务部门和职能部门服务，在组织外部为社会提供服务。公共关系工作的成效也需要通过其服务的质量和水平来衡量。公共关系通过信息性、传播性、协调性、支持性、辅助性的服务使组织内部运转更加顺畅，使组织外部环境更加和谐、美好。

（六）危机公关

危机公关是指企业为避免或者减轻危机所带来的损害和威胁，从而有组织、有计划地学习、制定和实施一系列管理措施和应对策略，包括危机的规避、控制、解决以及危机解决后的复兴等不断学习和适应的动态过程。

组织在经营发展过程中，难免遭遇各种各样的危机。有来自组织自身的危机，比如产品质量不过关、员工服务态度不好,引起公众的投诉;也有来自组织外部的危机,如自然灾害或人为的破坏。不管哪种危机,一旦处理不好,最后带来的都是组织形象的受损、经济效益的滑坡以及社会评价的降低。因此,危机公共关系管理亦是公共关系的重要职能之一。

二、公共关系的作用

公共关系除了对组织有作用之外,对社会和个人也发挥着重要作用。

(一)公共关系对社会的作用

公共关系对社会组织起作用的同时,也促使了社会环境的优化,促进了社会的和谐。主要表现在以下方面。

1. 促使社会互动环境的优化

社会互动是指社会上人与人、群体与群体之间的交往和相互作用。公共关系涉及群体与群体、群体与个人以及社会人际间的互动,它通过沟通社会信息、协调社会行为、净化社会风气来实现对社会互动环境的优化。

2. 促使社会心理环境的优化

公共关系提倡人们通过交往摆脱孤独和隔阂、恐惧和忧虑,从而促使社会心理环境优化。

3. 促使社会经济环境优化

公关倡导公平竞争,使营利性组织争取最好的经济效益,从而带动整个社会经济繁荣。

(二)公共关系对个人的作用

公共关系对个人的作用主要体现在以下方面。

1. 促使个人观念的更新

公共关系是塑造组织形象的艺术,组织的形象与个人的形象是分不开的。它传输给每个人有关形象的意识,在注重组织形象的同时也必须注重个人的形象;公关强调“顾客第一”“公众至上”,以尊重公众的意愿、满足公众的需求为己任,培养人们强烈的尊重他人意识;公关工作广结人缘,沟通信息,带给人们一种现代交际观念;公关谋求组织与公众之间的合作,表现出强烈的合作意识,并把这种合作意识传输给每一个人。

2. 促使个人能力的提高

为了树立组织的形象,公关部常以独特新颖的专题活动吸引公众,这种创造性的活动需要富有创造能力的人来胜任,在工作中培养了人的创造能力;公关活动常要和各种人、各种矛盾打交道,要处理各种突发事件,要适应不断变化的公众和环境,因而促使了个人交际能力、调节能力、应变能力的提高。

任务三　明确公共关系的目标与原则

知识研修

一、公共关系的目标

公共关系的基本目标是使一定的组织机构在社会公众心目中树立良好的形象。组织形象是公众对组织机构的总体印象。公共关系之所以把塑造良好的组织形象作为基本目标，是因为组织形象问题是公关理论的核心问题，它支配着公关活动的各个方面、各个环节乃至整个过程。良好的组织形象是组织无形的财富，对内可以产生强大的团体凝聚力，激励员工奋发向上；对外可以产生强大的吸引力，吸引投资、人才、技术、客户和消费者，为组织的迅速发展创造良好的内部环境和外部环境，从而顺利实现组织目标。因此，树立良好的组织形象是公共关系的基本目标。该目标实现可以从认知度、美誉度、和谐度三个维度进行分析。

（一）认知度

认知度是一个组织被公众所认识、知晓的程度，包括被认识的深度、被知晓的广度两个方面。认知度与知名度相比，其内涵更加丰富。它不仅指组织在多大范围内被公众所知晓，而且指组织有多少信息被公众所认知。任何组织开展公共关系工作，其目标之一就是希望拥有较高的认知度。

（二）美誉度

美誉度即一个组织获得公众赞美、称誉的程度，是公众给予组织评价的舆论倾向性指标。美誉度与认知度不同：认知度是中性的，不存在道德价值的判断，而美誉度则是有褒贬倾向性的评价指标，是对组织道德价值的判断。

（三）和谐度

与美誉度一样，和谐度也属于对组织道德价值判断的范畴，是美誉度在目标公众中的延伸，即一个组织在发展运行过程中，获得目标公众态度认可、情感亲和、言语宣传、行为合作的程度，是组织从目标公众出发，开展公共关系工作获得多少回报的评价指标。

一个组织在认知度、美誉度与和谐度上的提高，可以帮助组织内聚活力、外塑形象，营造良好的发展环境，帮助组织插上腾飞的翅膀。

二、公共关系的原则

（一）形象至上原则

在公众中塑造、建立和维护组织的良好形象是公共关系活动的根本目的，这种形象既与组织的总体有关，也与公众的状态和变化趋势直接相连。这就要求组织必须有合理的经营决策机制、正确的经营理念和创新精神，并根据公众、社会的需要及其变化，及时调整和修正自己的行为，不断地改进产品和服务，以便在公众面前树立良好的形象。可以说，良好的形象是组织最大的财富，是组织生存和发展的出发点和归宿，失去了社会公众的支持和理解，组织也就没有存在的必要了。

（二）沟通为本原则

在现代社会，社会组织与公众打交道，实际上是通过信息双向交流和沟通来实现的。正是通过这种双向交流和信息共享过程，才形成了组织与公众的共同利益和互动关系。组织和公众之间可以进行平等自愿的、充分的信息交流和反馈，没有任何强制力量，双方都可畅所欲言，因而能最大限度地降低副作用。

（三）互惠互利原则

对社会组织而言，只有在互惠互利的情况下，才能真正达到自身利益的最大化。组织的公共关系工作之所以有成效，之所以必要，恰恰在于它能协调双方的利益，通过公共关系可以实现双方利益的最大化。

(四)真实真诚原则

追求真实是现代公共关系工作的基本原则。尤其是现代社会,信息及传媒手段空前发达,这使得任何组织都无法长期封锁消息、控制消息。因此,公共关系强调真实真诚原则,要求公关人员实事求是地向公众提供真实信息,以取得公众的信任和理解。

(五)立足长远原则

公共关系是通过协调沟通树立组织形象、建立互惠互利关系的过程,这个过程既包括向公众传递信息的过程,也包括影响并改变公众态度的过程,甚至还包括组织转型的过程。这些,都不是一朝一夕就能完成的,必须经过长期艰苦的努力。因此,在公共关系工作中,公共关系组织和公关人员不应计较一城一池之得失,而要着眼于长远利益。

项目小结

各个学派对公共关系有不同的定义,本项目首先梳理各派观点并给出公共关系的基本定义,然后对公共关系三要素进行分析,从而使读者能够较好地把握公关的内涵。

公共关系作为组织管理的一种工具,承担着信息管理、辅助决策、宣传推广、沟通协调、提供服务、危机公关等重要职责,同时也发挥了促使社会环境优化、促进社会和谐的社会作用。

组织开展有效的公关活动,首先要明确树立良好的组织形象基本目标,这一目标有认知度、美誉度、和谐度三个判断维度;其次要掌握公共关系的基本原则,主要包括形象至上原则、沟通为本原则、互惠互利原则、真实真诚原则、立足长远原则。

任务单一

任务情境:公共关系亲身体验

一、任务描述

选择本地的某一组织(企业、学校、政府机关等),分析该组织目标公众类型和特点,并进行实地调查,了解该组织在目标公众心目中的形象,发现存在的问题,并针对问题给出相应的公关建议,最后形成一份2 500字左右的报告,根据报告制作20页左右的PPT进行汇报。

二、实施工具

计算机、网络、教材、打印机、相关期刊等。

三、实施方法

可以使用文献调查法、问卷调查法、入户访问、座谈法等方法。

四、实施步骤

步骤一:分组,每4~5人为一个学习调研小组;

步骤二:布置实训任务,提出实训要求;

步骤三:开展调查、搜集信息;

步骤四:撰写公关调查报告,制作汇报PPT;

步骤五:分组汇报并进行成果评价。

五、考核与评价

任务实施评价表

考核项目	考核要求	分值	得分			备注
			自我评分	组间评分	教师评分	
调查报告	格式正确、内容完整、有创意(50分)					
PPT制作	格式完整、图文并茂(20分)					
汇报过程	礼仪规范、形象端庄、表达清楚(30分)					

六、技能拓展

仔细观察常去购物的超市或者商场,试着帮助这些商业组织挖掘具有公关价值的元素与行为,不断培养自己的公关意识和公关敏感性。

任务单二

任务情境:公共关系案例搜集与分析

一、任务描述

分组搜集近三年发生的、比较有影响的公共关系案例,并挑选其中的一个进行案例分析。案例要求包括但不限于以下内容:公关主体简介、公关背景介绍、公关问题、公关策略与实施、存在问题分析、应该吸取的教训、对策。最后形成一份2 500字左右的案例分析报告,根据案例分析报告制作20页左右的PPT进行汇报。

二、实施工具

计算机、网络、教材、打印机、相关期刊、新闻报道等。

三、实施方法

可以使用文献调查法、网络调查法、头脑风暴法等方法。

四、实施步骤

步骤一:分组,每4~5人为一个学习调研小组;

步骤二:布置实训任务,提出实训要求;

步骤三:开展调查、搜集信息;

步骤四:撰写公关案例分析报告,制作汇报PPT;

步骤五:分组汇报并进行成果评价。

五、考核与评价

任务实施评价表

考核项目	考核要求	分值	得分			备注
			自我评分	组间评分	教师评分	
案例分析报告	格式正确、内容完整、有创意(50分)					
汇报PPT制作	格式完整、图文并茂(20分)					
汇报过程	礼仪规范、形象端庄、表达清楚(30分)					

六、技能拓展

搜集近期发生的有关企业的负面新闻报道,判断这些报道是否发酵从而影响企业形象、形成公关危机,并站在企业的立场提出危机公关策略,不断培养自己的危机公关意识和危机公关处理能力。

思考与练习

一、判断题

1. “公众关系”简称“公关”，英语缩写为 PR。（　）
2. 公关活动的根本目的是提高组织效率。（　）
3. 公共关系是一门内求团结、外求发展的“人和学”。（　）
4. 自我反省、独自思考、自我安慰、自言自语是一种人际传播行为。（　）
5. 网络传播可以克服大众传播“单向”的局限性，可以采用多种形式的互动，更有利于公共关系工作的信息传播和信息搜集。（　）
6. 公关倡导公平竞争，使营利性组织争取最好的经济效益，从而带动整个社会经济繁荣。（　）

二、单选题

1. 关于公关的学说中，下列说法不正确的是（　）。
   A. “管理说”强调公共关系在组织的生存和发展中承担着管理职能
   B. “传播说”侧重于公共关系的传播属性
   C. “协调说”强调公共关系是一种公众性、社会性的关系或活动
   D. “传播管理说”强调公共关系是组织的一种特定的传播管理行为和职能
2. 小米公司有一大批忠实顾客，他们被称为“米粉”，从公关的角度看他们属于（　）。
   A. 逆意公众　B. 顺意公众　C. 边缘公众　D. 内部公众
3. 关系组织的生死存亡，对组织具有决定性作用的重要影响力的公众是（　）。
   A. 次要公众　B. 一般公众　C. 首要公众　D. 临时公众
4. 大学校园每年都会毕业一届学生，也会迎来一届新生，从公关角度看，大学生属于（　）。
   A. 临时公众　B. 周期公众　C. 稳定公众　D. 边缘公众
5. 良好的形象是组织最大的财富，是组织生存和发展的出发点和归宿，从这个角度看，公关的首要原则是（　）。
   A. 形象至上原则　B. 沟通为本原则　C. 互惠互利原则　D. 立足长远原则

三、多选题

1. 公共关系三要素包括（　）。
   A. 公众　B. 组织　C. 传播沟通　D. 管理制度
2. 以下属于经济组织的是（　）。
   A. 华为集团　B. 阿里巴巴　C. 北京大学　D. 哈尔滨市政府
3. 以下属于内部公众的是（　）。
   A. 公司股东　B. 公司员工　C. 投资人　D. 公司管理者
4. 传播沟通包括（　）。
   A. 个体自身传播沟通　B. 人际传播沟通
   C. 组织传播沟通　D. 大众传播沟通

5. 自媒体是指普通大众通过网络等途径向外发布自身的事实和新闻的传播方式,以下属于自媒体的是(　　)。

A. 抖音　　B. 电视　　C. 快手　　D. 微信

6. 公共关系的主要职责有(　　)。

A. 信息管理　　B. 辅助决策　　C. 宣传推广　　D. 沟通协调

7. 树立良好的组织形象是公共关系的基本目标。该目标实现可以从(　　)维度进行分析。

A. 认知度　　B. 美誉度　　C. 和谐度　　D. 沟通度

项目二　熟悉公共关系工作流程

知识目标

(1)了解公共关系工作程序中的公共关系调查、公共关系策划、公共关系实施和公共关系评估四个阶段;

(2)理解公共关系调查的过程及内容、公共关系策划的类型及制定、公共关系效果评估的主要内容;

(3)掌握公共关系调查的方法,并对组织形象进行分析和评估。

能力目标

(1)帮助组织设计公关调查方案;

(2)帮助组织针对公关现状公关创意策划;

(3)制定合理科学的评估标准,并对公关活动效果进行评估。

素质目标

(1)构建公关关系思维逻辑;

(2)培养公关关系从业人员的专业意识;

(3)培育和践行社会主义核心价值观;

(4)深化职业理想和职业道德建设。

思维导图

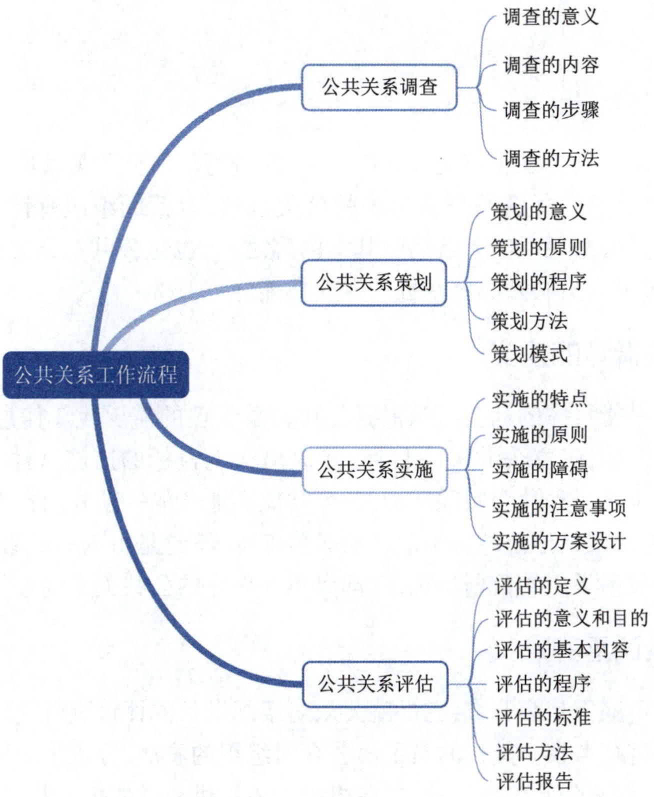

项目导入

“特大牛仔裤”

××百货服装店是一家特约经销牛仔裤的个体集体联营商店。该店店主想出了颇具公关意识的一招：订做了一条腰围 1.3 m 的特大牛仔裤悬挂在店堂，上面别着一张纸条，纸上写着“合适者赠送留念”。这一别出心裁的做法，引来了不少高个子和大块头，他们苦于无处购买合适的牛仔裤而到此碰碰运气。然而，这条牛仔裤实在太肥大了，他们只能望“裤”兴叹，小店的名气却由此而大振。这种奇妙宣传也引起了新闻媒体的注意，多家媒体纷纷对此作了报道，使这家小店变得家喻户晓。人们普遍关心的是：“牛仔裤被穿走了吗？”

不久，第一个“合适者”出现了，腰围 1.30 m 的退休工人陆××穿走第一条超大型牛仔裤时，人们的情绪陡然高涨，某日报以《腰围 1.3 米的牛仔裤被穿走了》为题报道了这一事件。××百货服装店又一次名声大振。

思考：

1. “特大牛仔裤”让你感受到公关的力量了吗？
2. 为什么说“特大牛仔裤”是一次非常好的公关创意策划？
3. “特大牛仔裤”的公关价值何在？

任务一　公共关系调查

知识研修

公共关系调查是公共关系工作流程的第一步，在进行任何公共关系项目操作之前，都必须通过调查去收集有关资料，了解并分析组织的公关现状，以帮助组织有针对性地制定公关文案。公共关系调查是公共关系实务活动的基本内容之一，也是公共关系工作流程中的重要环节之一，更是公共关系人员必须熟练掌握的专业技能之一。

一、公共关系调查的含义

公共关系调查是指具体的社会组织根据公共关系管理的需要收集信息和处理信息，依据对信息的研究发现问题，确立公共关系目标，并提出实现目标的措施这样一个完整的工作程序。公共关系调查也是一种社会实践活动，是公共关系业务的一项专门技术，它不仅是信息管理的基本手段，也是开展其他公共关系活动的必需前提，不论是组织的形象管理，还是协调、危机处理或具体公共关系举措的策划与运作，都离不开事先的公共关系调查。

二、公共关系调查的意义

公共关系调查不同于社会调查，它是就公众对组织形象的评价进行统计分析，或者就某一公共关系活动条件进行考察。其目的是了解公众对组织的看法，分析组织所处的环境，从而为制订公共关系计划、调整公共关系活动、塑造组织形象提供科学依据。其意义体现在以下几个方面。

（一）使组织形象准确定位

公共关系调查可以使组织准确地了解自身在公众中的形象地位。组织形象定位是指组织在公众中形象的定量化描述。通过形象定位，可以测量出自我期望与其在公众中实际形象的差距，然后针对差距策划有效的公共关系活动方案，增强策划的目的性与科学性。

（二）使组织及时把握公众舆论

公共关系的目的是与公众构建和谐关系，因此公众想什么、要什么、喜好什么、关注什么就成为组织开展公关前所必须了解的信息。公众舆论是指公众公开表达的对组织具有一致性的意见、议论和评价，它具有强大的引导和传播作用。积极、正面的公众舆论有利于组织形象的提升，而消极、负面的舆论则可能损害组织形象，给组织带来危机，甚至影响到组织的生死存亡。公共关系调查可以起到监测公众舆论的作用，以便组织及时采取有效的行动，扩大、增加积极舆论，缩小、减少消极舆论。

调查除基本情况（性别、地域、年龄、职业、学历、收入水平等）外，共分两部分。第一部分为必答题，涵盖党的十八大以来的成就以及展望；第二部分为选答题，依据“全面建成小康社会”“全面深化改革”“全面依法治国”“全面从严治党”分别设置题目，网友可随机抽取相关部分进行答题。为便于广大网友在移动互联网上参与调查，问卷除推出 PC（个人计算机）端版本外，同时推出移动端版本。

（三）为组织决策提供科学依据

公关关系调查的主要任务就是及时地为组织提供决策依据。公众是组织公关活动诉求的对象，组织通过公共关系调查可以了解公众的愿望和要求，从而制定符合并能满足公众愿望的企业决策。此外，公共关系调查还可以防止和避免组织把人力、物力、财力、时间和精力浪费在与公众意愿无关或公众不感兴趣的公关活动上，减少或避免组织公关活动的低效和无效劳动。

（四）提高公共关系活动的成功率

通过公关调查，组织能够了解和把握公众的意见、愿望和需求，能够预测社会发展的趋势，能够认清组织开展公共关系活动的主观条件和客观条件，这些都为组织开展卓有成效的公共关系工作提供了充分的准备和切合实际的操作计划，从而保证组织的公共关系活动取得最佳效果。

三、公共关系调查的原则

为保证公共关系调查的严密性与科学性，调查时应遵循如下原则。

（一）全面性原则

全面性原则就是在调查时必须全面收集公众对组织形象的评价，既要了解公众对组织形象称赞的一面，又要注意公众对组织的批评意见，同时还要注意各种意见之间的联系，不能一叶障目，不见泰山，以偏概全的资料对组织是十分有害的。

（二）客观性原则

客观性原则指的是公共关系调整应从客观实际出发，要注意区分公众的客观要求和主观愿望。只有把握了这两点，才能对公众的评价得出科学的结论。另外，调查者应实事求是，做到尊重客观事实，不回避、不掩盖事实，只有这样才能充分保证调查结果的真实性、客观性。

（三）典型性原则

典型性原则指的是调查对象必须具有代表性，能反映出大多数公众对组织的看法和评价。如果调查对象不具有典型性，尽管他们对组织形象的评价是客观的，但整体公众态度如何却难以体现出来。所以，调查者必须注意具有调查代表性的调查对象的客观态度。

（四）计划性原则

计划性原则就是将公共关系调查纳入组织的整体工作计划中，使之制度化、规范化。这不仅可以使组织及时得到有价值的信息，而且可以不断地总结调查的经验。此外，从另一种意义上来讲，只有在调查之前制订出周密的调查计划，才能保证调查工作的顺利进行。

四、公共关系调查内容

公共关系调查是通过对组织环境的实时监测，强化组织与公众的信息沟通，及时发现组织存在的问题，建立相应的预警机制，从而帮助组织塑造良好的形象。公共关系调查的内容范围十分广泛，涉及组织公共关系状态的各种因素，如公众对组织的观念、态度、看法和反应。具体而言，公共关系调查的内容应包括公共关系的主体——组织自身状况调查，公共关系的客体——公众状况调查，以及与公共关系的主客体密切相关的社会环境状况调查、组织与公众关系现状调查、传播媒介状况调查。

(一)组织自身状况调查

知己知彼,百战不殆。组织要想取得公共关系工作的成功,首先要“知己”。组织自身状况调查的内容主要包括以下几个方面。

1. 组织基本状况调查

组织自身状况调查首先要从组织自身基本状况入手。组织基本状况调查的内容主要包括:

第一,组织总体状况,如组织行业背景、规模、管理体制、机构设置、隶属部门等;

第二,组织经营状况,如组织经营发展目标、经营方针、经营战略、产品品牌影响力及服务特色等;

第三,组织历史状况,如组织发展脉络和重要转折点、发生的重大事件及影响、对社会的贡献、获得的各种奖励与荣誉等;

第四,组织文化状况,如组织信念、精神、道德规范、文化传统以及组织的名称和各种识别标志的文化含义等;

第五,组织内部员工关系状况,如上下级关系和同事关系是否和谐、融洽等。

2. 组织实力状况调查

组织实力状况调查主要包括:

第一,组织的物资基础,如组织拥有的固定资产等;

第二,组织的软实力,如组织员工的综合素质及学历构成情况、组织技术的领先程度等;

第三,组织的经济实力。

3. 组织认知度、美誉度与和谐度调查

组织认知度、美誉度与和谐度调查即指组织社会形象的调查。一个组织社会形象的好坏,取决于它的认知度、美誉度与和谐度的高低。

(二)公众状况调查

组织形象的评判者是与组织发生联系的广大公众,所以,组织必须将相关公众的状况纳入调查工作的重点。公众状况调查的内容主要有以下两个方面。

1. 目标公众构成情况调查

组织的公共关系活动不可能面向所有公众,所以组织应该了解其公众的构成,选择重要的公众作为其公关对象。公众的构成情况调查内容如下:第一,内部公众构成,即了解组织成员的基本情况,如数量、专业、年龄、性别、能力、学历、职业操守等,这些信息是组织做好内部公共关系的依据;第二,外部公众构成,即外部公众的数量、分布区域、对组织的态度和评价、社会影响力等。

2. 公众评价情况调查

组织形象的好坏取决于公众对组织的评价,而公众对组织的评价又是决定公众是否支持组织发展的重要因素。所以,组织要时刻关注自身在公众心目中的形象。公众对组织的评价应该是一种综合评价,具体包括:第一,对组织产品的评价,如公众对组织产品质量、产品外观、产品价值的评价等;第二,对组织服务的评价,如公众对组织服务项目、服务方式、服务措施、服务水平的评价等;第三,对组织管理水平的评价,如公众对组织管理机构及其办事效率的评价,对组织经营创新、管理创新和管理效益的评价等;第四,对组织人员素质的评价,如公众对组织

领导人、中层管理人员、专业技术人员、一般员工、公共关系人员及特殊人物的评价等;第五,对组织形象识别系统的评价,重点在于对各种视觉形象的评价;第六,对组织社会责任意识的评价,如公众对组织宣传活动、社会公益活动的评价等。

(三)社会环境状况调查

社会环境是指与组织生存和发展密切相关的外部社会条件的总和,其状况调查主要包括基本社会环境状况调查和具体市场环境状况调查。

1. 基本社会环境状况调查

基本社会环境一般是指组织所面对的政治、经济、文化等宏观社会环境因素。政治状况如国家和地区的政治体制、方针、政策和法律法规等,这是组织公共关系必须考虑的重要因素;经济状况如国家和地区的经济政策、经济发展水平与居民生活质量等;文化状况是指文化传统、教育水平、社会结构、风俗习惯、价值观念、生活方式、社会道德规范与精神文明建设等方面的状况。基本社会环境状况调查对于跨国公司尤其重要,因为它是跨国公司“本土化”的前提。

2. 具体市场环境状况调查

具体市场环境状况可直接影响组织行为,为保证公关策略的制定和实施更有针对性,需要对其进行经常性的调查。调查内容如下:第一,市场需求状况调查,如市场容量、居民的消费结构与购买力;第二,消费者状况调查,如消费者的总量与构成状况,消费者的偏好、消费热点等;第三,市场竞争状况调查,如竞争对手的市场份额、竞争优势、服务措施、公众评价、广告宣传的力度和公关促销的措施等。

(四)组织与公众关系现状调查

公共关系即组织与公众的关系,它是组织与相关公众在一定社会环境条件下结成的一种社会关系。组织与公众关系的现状,实质上就是组织公共关系状态的现有状态,它是组织公共关系调查的重要内容。组织与公众关系现状调查的内容主要有以下几个方面:①认知度调查;②美誉度调查;③和谐度调查。

(五)传播媒介状况调查

公共关系工作的本质是组织与相关公众之间的双向信息交流活动,它需要有效地利用传播媒介来进行。而要想有效地利用传播媒介来开展公共关系工作,组织就必须对传播媒介信息有所了解。传播媒介状况调查的内容主要包括以下几方面。

1. 大众传播媒介状况调查

大众传播媒介是公共关系信息传播的主体媒介,具有传播区域广、影响范围大、传播效率高的特点,能有效引导舆论方向,掀起报道热点。对大众传播媒介状况进行调查的内容主要包括:第一,大众传播媒介区域分布状况调查;第二,大众传播媒介影响力调查;第三,大众传播媒介兴趣点调查,即调查大众传播媒介需求的信息和关注的信息是什么。

2. 专题活动传播效果调查

传播效果是指组织的公关部门运用不同媒介进行传播的实际效果。调查内容包括专题活动筹办情况和专题活动效果评价。例如,通过赞助某电视台某档节目来提高组织的认知度时,组织应调查该电视台的覆盖区域、该节目的收视率、观众的构成等;又如,通过某杂志刊出公共关系广告时,应事先调查该杂志的读者群、发行量、广告阅读率等。此外,传播效果也可包括对内传播的效果,如调查职工对内部传播媒介的兴趣度、关注度、阅读率及其原因等。

五、公共关系调查的步骤

(一)调查准备

公关关系调查能否满足公关关系活动的需要,某种程度上取决于调查准备工作的内容与质量。其内容包括以下几点。

1. 确立调查目的

在开展调查工作之前,首先要确立调查目的,只有如此,调查工作才能有的放矢,避免失误。确立目的应依据公共关系活动对信息的实际需要。

2. 确定调查对象

确定调查对象就是依据调查的目的,对公众进行有针对性的调查。如果不明确对象,不但达不到调查目的,而且既浪费时间,又浪费人力、财力和物力。

3. 确定调查项目

调查项目就是调查的具体内容。确定调查项目,就是要明确向调查对象了解什么内容及其对组织有何意义。

4. 确定调查的类型和方法

调查的类型和方法取决于调查对象和调查内容。

5. 制订调查计划

调查计划包括调查的时间和进度,调查人员的选择、培训和组织等。这些都要通盘考虑。

6. 预算调查费用

调查费用主要包括方案设计、方案实施、资料整理等所需的费用。

(二)收集资料

收集资料是公共关系调查唯一的现场实施过程,也是调查过程中最为重要的阶段。

(三)整理资料

整理资料指的是对材料的研究。它是运用科学的方法,对调查所得的资料进行审查、加工、提炼,使之系统化和条理化。

(四)撰写报告

撰写报告是公共关系调查的最后一个环节。它是用来反映公共关系调查所获得的主要信息成果的一种书面报告,是公共关系调查成果的集中体现。

撰写报告应注意:其一,报告内容要简洁明了,避免套话及不必要的修饰词汇;其二,所用有关数字及统计资料,应认真地核对,务必准确无误;其三,结论要明确,如果没有明确的结论和建议事项,该调查就失去了实际意义和价值。

六、公共关系调查方法

(一)问卷调查法

问卷调查法就是调查者把需要了解的情况设计成不同类型的题目,并组合成书面问卷(又称调查表),由被调查者做书面答案,然后由组织进行统计分析,从而获得公众态度和意见的一种调查方法。

问卷调查法可以大规模进行,省时、省力,其调查质量的关键在于题目的设计。因此,调查者绝不能想当然地闭门造车，最好事先做好典型调查，了解实际情况之后，再由个别扩大至一般，设计出符合一般情况的调查问卷。

（二）重点访谈法

重点访谈法是调查若干对公众意见和态度有重要影响的人物，以了解他们的意见和态度，并进一步分析他们的意见和态度是怎样形成的、有无改变的可能的一种调查方法。

重点访谈法按其所采取的信息媒介与手段划分，有面谈、电话访谈、书面访谈、电子邮件访谈等；按其有无固定的访谈内容结构划分，有结构访谈和无结构访谈；按其访谈意图的显隐性情况划分，有公开访谈和隐秘访谈等形式。重点访谈法应注意，在平时就应逐步建立同各类公众中的重要人物的联系，以便需要时可以迅速方便地了解他们的意见和态度。

（三）新闻调查法

新闻调查法是通过新闻媒介上出现的新闻报道，间接了解公众的意见和态度，并据此研究采取何种措施去影响公众意见和态度的一种方法。新闻调查法应注意以下几个环节。

1. 跟踪调查

调查者在知晓新闻媒介上出现的内容之后，要马上跟踪调查，对各种类型的报道和评论进行系统的分析，以便在更大程度上了解公众对组织的态度和意见。

2. 分析原因

了解公众的态度和意见只是新闻调查的第一步，分析态度和意见形成的原因才是调查研究的关键。因此，调查者必须在了解公众态度和意见的基础上，进行必要的分析与研究工作，以找出问题的症结所在。

3. 制定对策

制定对策就是调查者在找到形成公众意见和态度的原因之后，分析研究用什么样的方法与记者、编辑沟通，以达到影响公众态度和意见的目的。

任务二　公共关系策划

知识研修

公共关系策划是在公共关系调查基础上进行的，是公共关系工作极其重要的一个环节。在这个环节中，公共关系人员首先要依据公共关系调查中所确定的组织形象的现状，提出新的形象目标和要求，以此设计出公共关系活动的主题。然后，通过分析组织内部的人力、物力、财力等具体条件及社会环境条件，制定出实现目标的最适当、最有效的行动方案。

公共关系策划分为战略策划和策略策划两个层次。组织对公共关系进行总体的长远发展规划，做出一种方向性的选择，称为战略策划；对每一个具体活动方案进行精心设计和安排，称为策略策划。只有把战略策划与策略策划有机结合起来，才能保证公共关系目标以及组织发展目标的顺利实现。可见，策划是一种思路、设想和方法措施，它本身不是目的，而是为了实现组织的公关目标，进而实现组织发展目标的一种手段。因此，不能为策划而策划，而要为达到公关目标而策划。

一、公共关系策划的含义

公共关系策划简称公关策划,是策划理论在公关活动中的具体应用。所谓公关策划,就是公关人员根据组织形象的现状和目标要求,分析现有条件,谋划、设计公关战略、专题活动和具体公关活动最佳行动方案的过程。

大小公关活动都是系统工程,要有人流、物流、信息流,要有时间、逻辑、知识三维的统筹。策划不仅仅是出点子,出点子是策划的一个环节,甚至是关键的环节,但是基础不是大厦,环节不是整个锁链。策划需要将一系列的点连成线、布成面、构成体,是一个多维的有机整体,同时还要加上时间维,是一个动态的系统工程。

二、公共关系策划的意义

公共关系的开展是为了实现某个目标,这就需要策划者运用智慧来创新设计一些活动方案。策划的好坏直接影响公关活动的成败。在整个公共关系工作程序中,公共关系策划处于核心的地位,发挥着承上启下的作用。进行公共关系策划的意义具体体现在以下几个方面。

1. 公共关系策划是公关活动的最高层次

我国公关活动大约可分为三个层次:一是初级层次的公关,如一些带有公关实务性质的工作,包括招待、布置、联络等;二是中级层次的公关,如为塑造良好的组织形象而进行的营销工作、管理工作,或组织的文化宣传和内外沟通工作等;三是高级层次的公关,即公共关系策划,这一层次的公关人员应当是组织的好参谋,要发挥自己的创造性,设计出高水平的公关活动。

2. 公共关系策划有助于组织公关工作的一体化

公共关系策划必须将公关目标与组织的战略规划和发展目标相结合,使公关活动的开展成为组织管理系统的一个有机组成部分,通过各部门及组织成员间的相互配合来帮助组织树立良好形象,提高社会效益和组织整体效益,保证组织的每项公关活动都有目标,有保障,力求发挥公关工作的整体效果。

3. 公共关系策划有利于提高组织公关工作的可控性

任何组织的公关工作的开展都不是只图一时,而是要做好打持久战的准备,因为公关活动是一个“润物细无声”的过程。通过公共关系策划,可以建立一种长期与短期相结合、创新与维持组织形象相结合的公关目标体系,并以此为基础,妥善安排日常工作、定期活动和专门活动的内容和项目,编制恰当的费用预算和时间预算,形成一张既积极主动又稳妥有序的公关活动进程表,以此作为控制公关工作、检查评价公关效果的依据,从而使公关工作在目标和计划的控制之下稳步开展,取得预期效果。

4. 公共关系策划有助于增强组织公关工作的前瞻性和预见性

公共关系策划是建立在公关调查的基础之上的。公关人员通过对公众态度分析和社会经济发展趋势的判断,能更清晰地认识到组织的发展方向,可以更加主动灵活地制定出适应环境变化的政策和措施,争取组织决策者对公关工作的理解和支持,从而尽量避免危机事件的发生,使公关工作主动超前,以防只是单纯扮演“救火者”角色。

5. 公共关系策划是竞争的法宝

在日趋复杂的社会环境中,一个组织想要生存发展或战胜竞争对手,不但要靠自身的实力，还要靠传播沟通，更要靠创意。公共关系策划就是通过策划一系列创意来塑造组织形象，赢得公众，从而提升组织的影响力和竞争力。

三、明确公共关系策划的原则

策划是指策划者利用现有的资源去创造性地制定有效而可行的实施方案，以期实现组织预期目标的思维全过程。公共关系策划，如前所述，就是指公共关系策划者为实现组织的公共关系目标，对公共关系活动的性质、内容、形式和行动方案进行谋划与设计的思维全过程。

公共关系策划的原则是指导公关人员开展公共关系策划的价值标准和行为规范准则。在公共关系策划的实践中，公关人员要遵循一定的原则，使之成为进行有效公共关系策划的行为依据和思想指南。公共关系策划的原则具体包括以下几个。

（一）目标导向原则

目标导向指的是公共关系策划活动必须“有的放矢”。在公共关系策划活动开始之前，策划者必须清楚此次策划的目标。公共关系策划的每一步骤和环节都必须紧扣组织的公共关系总目标——量化的三大目标：认知度、美誉度与和谐度。也就是说，公共关系策划的思维全过程必须始终围绕着公关的三大目标来进行。

（二）利益驱动原则

公共关系策划是要通过实际公关活动的开展来完成既定目标，它必然是以帮助组织实现某种利益为动力的。组织利益包括社会效益和经济效益两个方面。组织的公共关系行为首先体现在社会效益的获得上，通过组织良好形象的塑造和公众环境的协调，给组织带来有利于生存和发展的优越空间，进而带动组织经济效益的提高。

公共关系行为的投入必须考虑产出。高明的公共关系策划，总是在有利于公众的同时也有利于自己，那种毫不考虑组织利益的公共关系策划方案是没有实际价值的。

（三）真诚求实原则

公共关系策划中的真诚求实原则具体表现在以下几个方面。

1. 重事实、重实践、重科学

公关人员在进行公共关系策划时，首先，必须经过大量调查，全面收集和掌握有关信息，并对其加以客观公正的分析和研究；其次，依据此信息，结合组织现有的资源，设计出符合公众真实需要和组织自身利益的形象，谋划出最佳的形象传播策略，将该形象向公众进行有效的传播；再次，在传播实施过程中，根据环境事实的变化，不断修正、补充、完善策划方案和调整实践行为；最后，依据实施结果及其影响，对公共关系策划进行科学的总结和评估。只有以客观事实为策划基础，以客观实践为检验标准，以科学精神为工作态度，才能获得公众的积极响应、理解、支持和认可，才能塑造出公众信赖的良好组织形象。

2. 说真话、讲事实

“说真话”是公共关系的宗旨。真实和准确是公共关系的生命线。所有的公关策划内容及信息传播都要注意真实性和准确性，不能夸大事实或进行虚假宣传，否则就会偏离公共关系的正确轨道。

3. 从实际出发

公共关系策划虽然讲究创意，但要以组织的实际需要和具体状况为基础，不能为片面地追求轰动效应,而搞一些不切实际的虚架子,这样只会适得其反。

4. 要实事求是

公关不是万能的,公共关系活动取得的效果也不是无限的。策划要以打动并鼓舞决策者为宗旨,还要力求创新与可行,拿出多种方案供其选择,而不能言过其实、任意夸大公关效果。

(四)灵活创新原则

创新才能与众不同,创新才能聚集人气,创新才能吸引人们的目光。创新是策划的灵魂,创造性思维方法则是获取创新灵感的根本途径。在公共关系策划的全过程中,策划者不仅应在整体上进行创造性设计,而且应在公共关系活动的每一个步骤、每一个细节上,都采用创造性思维方法。

(五)合理可行原则

公共关系策划是一种思维活动,但它不能脱离实际而存在,它既然是事前对公共关系活动的通盘谋划,就必须考虑它在未来实施中是否合理与可行。具体要注意以下几个方面。

1. 风险性

公共关系策划应在充分考虑各种有利和不利因素及其组合给组织带来影响的前提下,尽量争取策划成功,把风险降到最低。

2. 经济性

公共关系策划必须对组织自身资源有充分的认识,策划必须量体裁衣、看菜吃饭,必须根据组织的经济实力和经济承受能力来进行。

3. 合法性

任何组织活动都不能脱离所在国家和地区的法律法规及文化传统和风俗习惯的制约。公共关系策划首先要考虑是否合乎本国国情和法律法规,其次要考虑是否有违当地的文化传统和风俗习惯等情况。

4. 可操作性

公共关系策划方案要切实可行,方便公关人员有效地组织和开展。

5. 融通性

组织形象是一个全方位综合体,需要多方面协调、多方位塑造才能实现。要使公共关系策划有效,除了必需的公共关系活动(如设计公共关系广告、参加社会公益活动等)外,更重要的是融公共关系意识于组织的管理意识之中,融公共关系行为于组织每一成员的自觉行为之中,融公共关系活动于组织的其他活动之中,融公共关系效益于组织整体效益之中。只有将公共关系行为渗透到组织行为的方方面面,培养全员公关意识,公共关系策划才有成效。

四、公共关系策划程序

在进行公共关系策划之前,首先要进行立项和调研。立项就是组织正式决定开展公关专题活动。只有明确项目,公关人员才能开始着手公共关系策划。影响立项的因素主要有以下几个方面:项目开展的迫切性,项目对组织会产生何种影响,项目是否有足够的预算支持,项目是否有可行性。

调研就是帮助公关人员了解组织在公众心目中的状态,确定为何要开展专题公关。任何公关活动都要找到其开展的价值和依据。一般来说,其价值和依据包括三个要素:项目是否符合公众利益;项目是否符合组织目标和利益;项目是否具有新闻价值。只有这三个要素都满足,才是最佳的公关项目。

(一)确定目标

确定目标即确定本次公共关系活动要达到的目的或要实现的具体指标。确定公共关系目标有以下内容可供参考:

(1)提高组织的知名度、美誉度。

(2)完善组织与公众沟通的渠道。

(3)依据社会环境的变化调整组织行动。

(4)妥善处理公共关系危机,化险为夷。

(5)提高组织的产品与服务的市场占有率。

公共关系策划在确立目标时必须注意目标应当是具体明确的,不应当是抽象的、模糊的,目标应当是切合实际、通过努力可以达到的,而不是遥不可及、无法实现的。

(二)确定公众

确定公众就是在公共关系活动策划过程中,根据实现目标的需要,去认定哪些公众是该项公共关系活动必须特别关注的目标公众。因为他们对组织的支持和依赖程度直接关系到组织的生存和发展,因此必须考虑他们的权利和要求。

确定目标公众的方法有以下几种。

1. 以活动范围确定公众

比如,商场的促销活动应当把商场所在社区的公众当作目标公众。

2. 以组织需要确定公众

比如,当组织出现形象危机时,应当把逆意公众和行动公众视为目标公众,以防止危机的扩散和加剧。

3. 以组织实力确定公众

比如,在公共关系实践活动中,有时组织需要面对的公众很多,组织的人力、物力、财力不足以应对。这时,组织就应根据公众对组织的亲近程度、影响程度,根据相关事情的急缓程度,选出当下最为重要的"部分"作为目标公众。

(三)设计主题

主题是对公共关系活动内容的高度概括。公共关系目标及公众确立之后,设计鲜明、简洁、亲切的主题就成为公共关系策划的一项重要内容。主题的表达可以是一种简洁的陈述,也可以是一句寓意深刻的话,还可以是一句撼人心魄的口号。主题的设计应突出组织的自身特点,便于组织围绕主题开展活动,树立独特的组织形象。设计主题,需要创意,但不能故作高深,故弄玄虚。

(四)选择时机

成功的公共关系策划总是考虑公共关系的最佳时机,如果错过最佳时机,公共关系活动就不能有效地进行下去。所以,对一个组织来说,选择公共关系活动的时机尤为关键。

一般来说,组织公共关系策划常选择的时机有以下几种情况:

(1)组织创办或开业之际。

(2)组织更名、转产或与其他组织合并时。

(3)组织的新产品、新项目、新服务、新技术推出时。

(4)组织获得荣誉、引起公众关注时。

(5)组织出现局部失误或被公众误解时。

(6)组织遇到突发事件或危机事件时。

(7)重要节日或社会上发生重大事件时。

(五)确定传播方式

不同的公众会有不同的特点,公共关系策划应当根据不同的情况去做不同的选择。最常见的方法包括以下几种。

1. 根据传播对象选择媒介

根据传播对象选择媒介的关键在于考虑传播对象习惯接受何种媒体传达的信息;他们对什么形式和内容的信息感兴趣;他们对信息的理解能力怎样;接受信息的条件如何等。

2. 根据传播内容和形式选择媒介

公共关系传播的内容千差万别,形式多种多样。因此,对媒介的选择也要求与传播内容和形式相吻合。

3. 根据组织实力选择媒介

公共关系传播需要一定的人力、物力、财力资源的投入和经济投入,因此,组织在选择媒介时,不能不考虑组织的实力。只要能达到公共关系策划预期的目标,媒体选择就应以节俭为原则。

4. 根据环境条件选择媒介

我国的地区经济和科技发展并不平衡,媒体的分布和发展程度在不同的区域也有不同。所以,选择媒介时,不能不考虑当地现有条件,任何不切实际的策划,都是不能成功的。

5. 把握时机,制造媒介事件

媒介事件指组织专门为吸引媒介报道并扩散自身所希望传播出去的信息而专门策划的活动。对一个急于宣传自己的组织来说,如能不断地制造一些媒介事件让媒介为自己进行宣传,可谓上策。这是一种媒介自愿投入的最直接、最有效的传播方式。组织应抓住时机,制造媒介事件以激发媒介的兴趣和吸引注意力,从而促使媒体参与。制造媒介事件具有较强的创造性和机遇性,要求公共关系人员必须具有较宽厚的知识和广泛的兴趣,对外界的变化有相当灵敏的反应,否则,只会弄巧成拙。

(六)编制预算

经费预算既是公共关系策划的目标,也是对实施经费开支的控制。策划方案时的精打细算,既可保证对相关开支做到心中有数,也容易使决策层认可方案。策划方案时编制经费预算是非常有必要的。公共关系活动经费预算一般包括两部分。

1. 行政开支

行政开支包括三部分:人工报酬,这是支付给专业工作者和一般工作人员的薪金或工资,还包括外聘公共关系顾问的工时报酬;文件印制及各种器材费用,这是由公共关系活动的需要决定的,一般包括各种印刷品、纪念品、摄影设备和材料、美术工艺器材、视听器材、展览设施和所需的各种实物、用品等所花的费用;日常行政费,如房租、水电费、保险费、办公文具费、通信费、交通费、照相洗印费、餐费等。

2. 项目开支

项目开支包括实施各种公关活动项目所需的费用,如赞助费、庆典活动费、专家咨询费、调研费、广告费及应付偶发事件的费用等。

确定公共关系活动经费预算的方法主要有:

(1)固定比率法,即按照经营业务量的大小确定固定的百分比来进行公关预算;

(2)量入为出法,即根据组织的财务状况来进行公关预算;

(3)实际操作法,即根据公共关系活动的目标和任务的难易程度来确定公共关系活动经费预算;

(4)竞争需要法,即根据地位相当的竞争者在公共关系活动上的投资额来进行公关预算,此种方法风险性较大。

(七)形成方案

形成方案是公共关系策划中的关键环节,它使公共关系策划由确定目标与公众、设计主题、选择时机、确定传播方式、编制预算等准备阶段进入实际策划阶段,即计划编制阶段,它是以上几个阶段的具体化和可操作化。

(八)审定方案

1. 优化方案

公共关系活动方案优化过程是提高其合理性的过程。一般从以下方面去考虑:增强方案的目的性和可行性,降低耗费。通常采用以下方法:

(1)重点法。即对一个方案进行优化时,先分析目的性、可行性、耗费三个方面,把影响最大的方面确定为重点,在有重点地突破薄弱环节的过程中使方案整体优化。

(2)移植综合法。即在基本确定某一方案后,将其他方案可以移植的优点部分综合到被选定的方案中,达到最优化。

2. 论证方案

论证方案一般是由有关领导、专家和实际工作者对方案的可行性提出问题,由策划人员答辩论证。方案进行过论证后,必须形成全面的报告。报告内容包括综合分析介绍、公共关系活动的计划书和方案论证报告。然后,提交有关领导审核批准。

五、公共关系策划方法

(一)群体策划法

现今社会,公关活动往往是综合性项目,需要多学科人才共同参与。对产品进行市场推广时,就需要营销人员、公关人员、广告人员协同作业。因此,群体策划法是现代策划的主要方式,其具体形式是组成一个专职策划小组,由策划小组共同完成策划任务。策划小组的最佳形式是由多学科的成员组成,而且应该有经验丰富的一线工作者参与,这样有利于知识、信息的互补,有利于脑力激荡。

策划小组的工作内容归纳为五个步骤:分头调研、共享信息、独立思考、小组讨论、专人提炼。在这五个步骤中,策划小组的成员首先分头收集、整理、研究基本的调查资料。然后将个人收集、整理、研究的初步结果向策划小组成员通报,形成第一次信息冲击效应。个人再次独立构思至一定程度,由项目召集人召开策划小组讨论会。这个策划小组经过脑力激荡的过程,互相启发,这十分有利于创造性意见的产生。有时一次会议未必产生结果,就需要重复前面的程序,择日再召开会议,直至有一个基本的结论产生为止。最后由专人将策划小组研究的成果整理在案,或者由不同的个人撰写不同的方案,形成多个方案。这是运用群体智慧的策划方式,最大优点是知识互补并产生思维冲击的力量。

(二)头脑风暴法

头脑风暴法是通过联想进行构思的方法。头脑风暴法的核心是进行高度自由的联想。这种方法一般是通过一种小型策划会议,使与会者毫无顾忌地提出各种想法,彼此激励,触发联想,促生新的构思方法。

(三)案例排列法

案例排列法也是通过联想进行构思的方法,主要是通过对过去案例的回顾而激发新的构思的方法。

这类策划会议主要由与会者将与过去的议题相同的同类案例排列出来,并在排列案例的同时促成新的构想。假设会议议题是讨论联谊会游戏的设计方案,与会者轮流发言,可以按座位顺序依次发言,也可以随时发言,发言者先将曾经有过的联谊会游戏构想排列出来,并随时可以提出新的构想。记录员要把发言者的构想记在记录板上。记录板分成两边,一边记录已有的构想,另一边记录新的构想,如此往返。案例排列法要力求挖掘与会者头脑中的构想,主持人要善于引导与会者进行联想推理,以便产生新的构想。

(四)创意策划法

创意就是创造性的思维活动,它可以是一个意象、一个联想、一个观念或一个念头与点子。创意包括策划目标、信息个性、公众需求等内涵要素。

公共关系创意策划是指公关人员为实现特定目标,在一定条件下进行的创造性思维活动。公共关系创意策划需要借助语言进行表达,一旦通俗、平白地表述出来,就成了一句话;而一旦精练、规整地表述出来,就成了策划的主题。

创意是公共关系策划的灵魂,有了好的创意,策划才能成功。成功的创意离不开科学的思维方法。

六、公共关系策划的模式

(一)宣传型策划

宣传型策划以运用各种传播媒介向外传播为主,目的是迅速地将企业的有关信息传播出去,形成有利的社会舆论,创造必要的声势或气氛。其具体形式有:发新闻稿、各种广告、各种视听资料、演讲或表演等。要广泛运用报纸、杂志、广播、电视、网络等不同的传播媒介,与新闻界人士保持密切、友好的联系。宣传型策划的特点是主导性强、时效性强、传播面广,推广企业形象见效快。

(二)交际型策划

交际型策划以人际交往为主,目的是通过人和人的直接接触,深化交往层次,巩固传播效果,为企业广结良缘,创造亲密气氛。其方式包括:社团交际和个人交际,如工作餐会、宴会、座谈会、招待会、谈判、专访、慰问、接待参观、电话沟通、信函等。总之,通过语言、文字、人与人之间的直接对话等来交往与沟通。交际型策划的特点是直接、灵活、亲密、富有人情味。

(三)服务型策划

服务型策划以各种优质服务为媒介,以行动去赢得公众的了解、信任和好评,使企业与公众之间的关系构成一座看得见、摸得着的桥梁。服务性策划包括各种消费指导、售后服务、免费保修、完善的服务措施等。服务型策划的最大特点是实在,商业痕迹不浓。

(四)社会型策划

社会型策划以各种社会性、文化性、公益性、赞助性活动为主,目的是树立企业形象,提高企业的社会知名度和美誉度,其形式有:赞助文化、教育、体育、卫生等事业;支持社会福利事业、慈善事业;扶持新生事物,参与国家和社区重大活动并提供赞助;利用本企业的庆典活动和传统节日为公众提供有益的大型活动或招待等。其特点是公益性、文化性强,影响力大,但成本较高。

(五)征询型策划

征询型策划以收集信息、舆论调查、民意测验、参与决策为主,目的是通过分析、研究信息,为经营管理者的决策提供参考,为公众服务。其形式有:开办各种咨询业务;建立来信、来访制度和合理化建议制度;制作调查问卷;设立热线电话;分析新闻舆论;开展社会调查;进行有奖测验;聘请兼职信息员;举办信息交流等。征询型策划的特点在于通过日积月累的努力,逐步形成良好的信息网络。

任务三　公共关系实施

知识研修

公共关系实施是解决公共关系问题和实现公共关系目标的重点环节。只有通过扎实、有效的实施工作,才能直接、实际、具体地解决问题。即使是完美无瑕的公共关系策划,如果不经过实施,而是束之高阁,也只能是毫无意义的纸上谈兵。

公共关系实施决定了公共关系策划创意能否实现,以及实现的程度和范围。有效的公共关系实施,不仅能执行策划创意,而且能创造性地修改和弥补策划的不足。这时的实施活动,表现为实施人员能够选择有效的实施途径和手段、方法和技巧。失败的公共关系实施,不仅不能实现策划创意,有时还可能使策划方案中想要解决的问题更加恶化,甚至完全与目标背道而驰。从这个意义上说,实施环节不仅决定了策划创意能否实施,而且决定了策划创意实现的效果。

公共关系实施的结果是后续公共关系策的重要依据与起点。任何一项公共关系策划的实施过程不论成功与否,都会在社会上产生一定的影响和结果,进行新一轮的公共关系策划必须以此为基础,针对新出现的问题策划新的方案,这是公共关系策划的继承性和可持续性规律的客观要求。

一、公共关系实施的含义及特点

(一)公共关系实施的含义

公共关系实施是在公共关系策划被采纳以后,将公共关系策划所确定的内容变为现实的过程,这是公共关系工作的第三个步骤,也是最为复杂、最多变的环节。事实上,只有通过把优秀的公共关系策划方案付诸实施,才能为组织塑造良好的社会形象、影响公众舆论,以优化组织环境。

(二)公共关系实施的特点

1. 艺术性

公共关系实施的艺术性包括两层含义。

其一,公共关系实施要勇于创新。同一公共关系策划方案的实施策略、手段、方法很多,要突破常规、别具一格,设计出竞争对手意想不到的、传播效果最好的操作方法。

其二,公共关系的实施在于"攻心"。目标公众具有不同的心理,如性别心理、年龄心理、职业心理、专业心理、地域心理、情感心理等,要针对目标公众的特定心理来设计与操作实施策略。因此,公共关系实施的过程是创新与"攻心"的过程。

2. 文化性

公共关系实施策略具有鲜明的文化色彩。许多传统文化和现代文化成为公共关系实施可利用的重要资源。这样既能体现文化品位,又能满足公众的文化需求,用文化的力量去感染公众。没有文化品位的操作方法和手段是低层次的公共关系实施行为。

3. 感情性

公共关系实施是帮助组织赢得公众的赞美和认同,这其实是一种感情交流的过程,因此公共关系实施要体现温情感。要注重分析和趋从公众的心理和感情倾向,以情感人,以情动人,以情服人,让公共关系实施行为充满真情。这是公众的客观需要,也是公共关系的生命根基。

4. 形象性

公共关系实施的根本目的是树立良好的公众形象和社会形象,并进一步赢得公众和社会的理解和信任。

5. 关系性

公共关系实施是以建立和协调组织与公众的良好关系为基础的,因此应力求充分利用资源,以构筑和巩固良好的关系网络,为组织的生存和发展铺平道路。

6. 传播性

在公共关系实施过程中,要注重各种传播媒介的综合运用,尽可能发挥各种媒介传播的优点,最大范围、最有效地传递组织的理念、行为,以实现公共关系整合传播的最佳沟通效果。

二、公共关系实施原则

公共关系实施原则是公共关系实施的工作准则,是公共关系管理者(领导者)和操作者在错综复杂的实施环境中,排除各种困难,完成公共关系实施及实现公共关系目标的成功法则。

(一)准备充分原则

准备越充分,公共关系实施就越顺利,失误就越少。具体就是要建立准备工作责任制,要分工明确,责任到人。

(二)策划导向原则

公共关系策划在具体实施过程中,难免会因为各种突发因素而导致行动方案有所调整。公关人员须谨记公共关系实施要以策划为导向,要严格按照既定策划方案中的公关目标、策略来开展工作。那种完全脱离了原有策划方案而实施的公关活动只能导致团队成员无所适从，效果也将偏离既定目标。

(三)控制进度原则

控制进度原则就是必须按照公共关系实施方案中各项工作内容实施时间进度的要求，随时检查各项工作内容的完成进度，及时发现滞后(或超前)的情况，做好协调与调度，使各项工作内容按计划协调、平衡地发展，并确保按时完成。控制进度的原则要求做好预测和及时发现各种可能影响实施工作进度因素的工作，针对关键原因采取有效的预防和应急措施。

(四)整体协调原则

整体协调原则是指在公共关系实施过程中，要使各项工作内容之间达到和谐、合理、配合、互补和统一的状态。公共关系实施是一项系统工程，各项工作只有相互有机配合才能达到整体最佳。各自为政只能增加内耗，严重时必然导致公共关系实施的失败。要行动一致，保证实施活动的同步与和谐，做到统一意志、统一指挥、统一行动，提高工作效率。

(五)反馈调整原则

反馈调整原则是指通过监督控制及时发现公共关系实施中的方法偏差甚至错误，并及时进行调整与纠正。由于各种因素干扰，不按照既定工作方法实施的情况时有发生。由于策划设计错误，或由于实施环境突然发生变化，原来设计的实施方法无法操作，这些都是实施中的严重问题。要建立一种灵敏的监督反馈机制，及时发现问题，并立即采取有效措施调整实施方法。

三、公共关系实施的障碍

尽管公共关系计划实施方案是经过认真论证(可行性论证)的方案，但由于实施主体、客体和实施环境存在许多意想不到的实施障碍因素，由于同一种实施方案要在多种实施环境(如不同区域市场、不同时间市场、不同社会条件等)同时或先后实施，公共关系计划实施常常会遇到意想不到的困难，严重时会使公共关系计划实施夭折。因此，较为重要、涉及范围大、影响大的公共关系计划实施，有必要对实施方案的实施障碍因素进行调查，并通过对方案的局部(小范围)试验，进一步了解、认识实施障碍因素，寻找和设计排除障碍因素的途径与方法，取得成功实施的经验，以利全面推广。影响公共关系实施的因素是众多而复杂的，一般来说有三种类型：实施主体障碍、实施沟通障碍、实施环境障碍。

(一)实施主体障碍

实施主体障碍是来自实施主体自身的影响因素。产生这种障碍的主要原因是组织的人员素质、管理水平、策划与论证存在问题与失误。

1. 实施人员障碍

实施人员障碍主要包括：公共关系计划实施人员违反实施制度，工作不认真负责，没有积极性，职业道德素质和工作能力欠佳；实施人员心情不愉快，身体健康状况差；实施人员之间关系紧张，工作不协调。排除来自实施人员的障碍，关键是选择优秀的实施人员并进行严格培训，建立一套有效的激励机制和约束机制。

2. 公共关系策划的目标障碍

公共关系策划的目标障碍主要包括：目标不明确，不具体；目标过高或过低；目标的实现条件不具备;目标不符合目标公众和社会利益;公共关系目标之间相互矛盾;公共关系目标没有服从于组织总体目标;公共关系目标与组织内部其他工作目标矛盾;近期目标与长远目标矛盾。在进行公共关系目标策划时,一定要征求各方面的意见,要形成目标共识;要对目标进行可行性论证(甚至进行不可行性论证),切实确立出正确、明确和具体的公共关系目标。

3. 公共关系策划的创意障碍

公共关系策划的创意障碍主要包括:公共关系策略、点子不符合公众心理需要和行为规律;策略、点子的传播力、感染力、冲击力和吸引力不够,难以打动公众;目标公众和竞争对手不明确;策略、点子的针对性不强;各种策略、点子之间难以耦合(存在矛盾或相互关系不密切);策略、点子的可操作性差,实施风险大。减少创意障碍,提高公共关系策略、点子的质量,关键在于提高策划素质,充分利用组织内外策划专家,集思广益,应用创造技法。特别需要注意的是,如果公共关系调查工作失误,依据错误的调查结论来做公共关系创意,这样的策略、点子必然也是错误的。

4. 公共关系策划的预算障碍

公共关系策划的预算障碍主要表现为经费预算不足,造成公共关系实施经费短缺。要了解开支标准并反复测算,且要留有充分余地。尽管如此,有时也会出现超过"余地"的经费开支,只要是实事求是的又是必要的,追加经费也是应该的。

5. 公共关系计划实施方案障碍

公共关系计划实施方案障碍主要包括:工作内容实施方法不正确;各种工作内容之间配合不好;公共关系计划实施时机决策失误;工作进度安排不科学;预算分配不合理;公共关系计划实施组织不健全,人员配备不合理;公共关系计划实施制度不完善、不具体。公共关系计划实施方案要由具有实施经验、实施能力强、管理能力强、责任心强、忠诚的公共关系人员来设计,要多征求各方面意见,力求实施方案科学、适用、有效、节约。

(二)实施沟通障碍

公共关系沟通指在组织与公众之间展开的某种程度的交流。它通过语言、文字或其他方式的交互作用,引起公众思想或观点的变化。公共关系实施过程中的沟通并不是一帆风顺的,常常会出现各种不利因素使沟通受阻,从而形成沟通障碍。常见的沟通障碍有以下几种。

1. 语言文字障碍

语言文字与思维不可分离,是人类特有的表达方式。人们只有借助语言文字才能完整地表达情感、交流思想、协调关系。然而,语言文字是一种极其复杂的工具,掌握和运用它绝非易事。由语言文字所引起的沟通障碍随处可见。

2. 习俗障碍

习俗是在一定历史文化背景下形成的具有固定特点的调整人际关系的社会因素,包括道德、礼仪和审美等。因忽视习俗因素而导致沟通失败的事例屡见不鲜。

3. 心理障碍

当沟通对象对沟通者轻视、不信任或者紧张、恐惧时,就会拒绝接受或曲解其所传递的信息,从而影响沟通。比如,在谈判中,如果双方感情用事,为了各自的利益而争吵不休,就会使谈判破裂。

4. 年龄障碍

不同年龄的人有不同的内心世界、审美观,从而对事物形成不同的看法。一般而言,年轻人愿意接受新事物,因此他们愿意接受有关新事物、新问题的信息;老年人更乐于接受有关传统的事情、方法、手段的信息,从而形成了一种倾向:即人们乐于接受与其原有认识或态度相一致的信息,而回避或拒绝与其原有认识或态度相矛盾的信息。

5. 观念障碍

观念由一定的经验和知识积淀而成,是一定社会条件下人们接受并用以指导自己行动的理论和观点。观念本身是沟通的内容之一,同时又对沟通产生巨大作用。有的观念能促进沟通,有的观念则会阻碍沟通。

(三)实施环境障碍

公共关系方案是在一种复杂多变的社会环境、市场环境中实施的,因此环境中各种因素会从正面(促进)和反面(制约)影响实施工作。公共关系实施环境障碍是指来自实施环境的各种制约因素、对抗因素、干扰因素。这些障碍因素有如下类型:①政治环境制约因素,包括政府的有关政策、法规的管制,以及政治形势、政策变化的影响;②经济环境制约因素,包括经济体制、经济政策与经济形势的影响;③社会文化环境制约因素,包括传统的民族文化、区域文化以及各种现代文化的影响;④科技环境制约因素,包括各种新知识、新技术、新工具、新材料、新产品、新能源的影响;⑤竞争环境对抗与干扰因素,包括竞争对手的认识度、美誉度、占有率以及开展的各种公共关系宣传活动的影响;⑥自然环境制约因素,包括地理条件、气候自然资源、生态的影响;⑦国际政治、经济环境制约因素,包括国际形势、外交关系、国际市场与金融形势的影响。

总之,在公共关系实施过程中要努力排除各种公共关系障碍,保证公共关系工作的顺利实施。

四、公共关系实施的方案设计

公共关系策划的主要成果是产生了一个(或一组)公共关系策略和点子(即公共关系创意),确定了主要的公共关系工作手段与策略(如形象塑造手段与策略、传播沟通手段与策略、关系协调手段与策略),并进行了总体预算,但是没有策划公共关系策略、点子及其所选手段与策略的详细操作方案,这正是公共关系实施方案要解决的问题。公共关系实施方案又称公共关系技术方案或公共关系策划的实施方案,其核心内容是公共关系策略、点子的具体操作方法。同样的策略、点子,不同的操作方法可能产生不同的效果。因此,公共关系策略、点子的具体操作方法也需要进行精心策划与设计。

(一)设计实施内容与方法

1. 设计实施内容

一种公共关系策略(或一个公共关系点子)的实施,往往要做多方面的工作。可以把"一个方面的工作"称为一个工作项目,这是一级工作项目。一级工作项目又可分解为若干二级工作项目(即更小的工作项目),二级工作项目同样可分解为若干三级工作项目,直到不能再分解为止。把不能再分解的最后一级工作项目称为工作内容。

2. 设计实施方法

公共关系实施工作要求是指各项公共关系实施工作内容的操作目标、原则和注意事项,它对具体工作方法设计和实际工作过程具有重要的指导作用。因此,在公共关系实施工作内容设计完成后,就要对每项工作内容提出要求,根据这一要求设计具体工作方法。对工作项目只存在分解方法(分解为更小、更细的工作项目的方法),而不存在操作方法。公共关系实施工作方法的策划设计要符合以下原则:

(1)工作方法的设计要具体、仔细、实在,工作量要小,尽量简单,具有较强的可操作性。

(2)工作方法的形象要好,成本要低。

(3)完成工作任务(内容)和实现策略(点子)的可靠性要高,防止"实现功能不足"。

(4)必要时进行多种方法组合,有利于增加完成工作任务和实现策略(点子)的把握度,但要防止"实现功能过剩",以免造成实施成本增加。

(5)要为有风险的操作方法设计备用方法,确保万无一失。

(6)工作方法要符合目标公众心理,符合政策法律和各种社会风俗习惯、伦理道德。从理论上讲,完成一项工作内容的具体方法很多,但实践中可寻找的方法却是有限的。要深入调查分析组织自身和实施环境所提供的各种实施条件和产生的实施制约,针对目标公众的公共关系心理,寻找和策划出多种工作方法,反复比较论证,从而确定出能圆满完成工作任务(工作内容),达到甚至超过工作目标的相对最佳的工作方法。

(二)确立实施时机、进度与流程

1. 选择实施时机

选择实施时机是指能够使公共关系实施获得最佳效果的开始工作时间和结束工作时间。在现代社会,时间就是效率。不善于利用时机,事后即使投入更大的力气,也无法收到好的公共关系实施效果。

公共关系实施的最佳时机,有时表现为一刻一时一日,有时表现为一个较长的时间段,如几日、几周甚至几个月等。这些时机,有的是日常性的,有的是固定的,而有的则具偶然性。一项公共关系创意的实施,往往有若干项工作内容,其中,与公众发生关系的工作内容的实施开始与结束时间特别重要,必须准确把握,科学决策。

2. 确定实施进度

确定实施进度是在确定公共关系实施时机后,规定各项公共关系实施工作内容所需的时间,并进行进度安排,以便保证在所确定的最佳开始时间启动有关工作,在最佳结束时间完成操作。实施时间进度安排,要充分估计各种因素的干扰,要留有余地。最直观的时间进度安排方法是拟出时间进度表。

3. 确立实施流程

公共关系实施各项工作内容之间存在着一种客观的分工与协调关系。只有合理分工,有机协调,才能保证各项工作顺利完成。公共关系实施各项工作内容之间的衔接、协调和配合关系及其有机组合的过程称为公共关系实施流程。它反映了各项公共关系工作内容之间的一种内在的联系规律,是公共关系实施作为一项系统工程的体现。

公共关系实施流程中的时间衔接、分工协调和有机组合关系通过流程图来表示,并配以文字说明。

流程图的文字说明主要是对各项工作之间的协作关系、责任关系进行规定,必要时形成一种制度。一定要防止彼此责任不清等现象发生,否则,将严重影响实施工作的进度和质量。

(三)实施预算编制

在公共关系策划工作中,已对所选择的传播媒体操作等活动的经费做出了总体预算,这是进行公共关系实施工作预算分配的依据。将公共关系策划的总体预算经费合理分配到公共关系实施的各项工作内容中去,以保证各项工作的开支需要,这就称为公共关系实施预算分配。

一般来说,公共关系策划工作中的经费预算只做到一级工作项目预算,也只能做到这一级预算。因为这时的详细工作内容及其工作方法尚未策划设计出来,所以不可能做到具体预算。

公共关系实施工作预算分配的结果应表述于公共关系实施时间进度表右侧,这样一目了然,便于了解与管理。

需要提醒的是,公共关系策划中的一级工作项目经费预算(或总体经费预算)是留有余地的,目的是防止意外工作增加或策划不周遗漏工作而造成经费不足。留有余地仍然是具体工作内容预算分配的原则,这主要表现于不要把一级工作项目预算的经费分配完,一般需要留下5%~10%的经费备用。

(四)实施工作机构与人员安排

组织的公共关系实施主体有三种:组织内部公共关系部(或相关机构)、公共关系公司和公共关系社团。不管是哪种操作主体,都必须建立项目公共关系实施机构,配备得力的实施人员(包括实施领导和操作人员)。实施人员的素质与能力十分重要,优秀的实施人员不仅能顺利完成工作任务,而且能修改完善实施方法,弥补实施方案的不足。

所谓公共关系实施机构,是指为完成某一项公共关系任务、实现公共关系目标而建立的专门组织。规模较大的公共关系活动实施,其机构具有多层级特点,从低级层次到高级层次,人数依次减少,权力依次增大,形成“金字塔”式的稳定结构。应按照精简、统一、节约、效能的要求来构建公共关系实施机构。一般应以领导中心机构为核心,下设智囊机构、执行机构、监督反馈机构。其中,领导中心机构是决策角色,人员要少而精,办事效率要高;智囊机构作为领导决策的参谋部门,其组成人员应具有科学分析问题的能力以及较宽的视野和战略眼光;执行机构作为实施方案的具体操作部门,其组成人员应具有较强的指挥、协调、组织、交际和操作能力;监督反馈机构作为保证和检查实施的部门,其组成人员应具有敏锐的洞察力、实事求是的科学态度和强烈的责任观念。公共关系实施机构设置的程序是:①明确指导思想,确定组建机构的目的和任务;②制定编制方案。根据领导机构的任务和工作量,确定部门、职务和人数,规定每个岗位的职责;③确定领导体系,明确纵向隶属关系和横向协作关系;④报批机构编制方案;⑤任命领导人和安排工作人员。

一定要将每一项工作内容落实到具体人员。一项工作内容安排两个以上人员操作时,要确定一个负责人,并进行相对分工。一个人负责多项工作时,要考虑工作之间的内存关系,使其运作起来高效、方便。每一项工作内容的实施人员姓名表述于公共关系实施时间进度表右侧。

(五)实施规章制度的建立

要依据公共关系职业准则和组织中有关规章制度,以及公共关系实施的具体情况,制定出各项公共关系实施的工作进度。

组织的公共关系部(或公共关系公司、公共关系社团)具有共性的公共关系人员行为准则和公共关系实施制度,是任何一次公共关系实施都必须遵守的工作制度。但就某一项公共关系活动来讲,其实施具有特殊性,应根据这种特殊性制定特殊的工作制度作为补充。这些工作制度涉及的内容包括:①职业道德;②信息保密;③经济关系;④行政关系;⑤分工协调;⑥交际形象与礼仪规范;⑦宴请接待;⑧奖罚机制;⑨危机处理(紧急处理);⑩差旅出勤。

(六)实施人员的培训

在公共关系方案实施之前,对实施人员进行一定培训是很有必要的。这种培训的主要内容是实施工作制度教育和操作方法学习与研讨。

公共关系方案实施工作制度的教育,除了让大家明白各种规定及其意义外,特别要对特殊规定、容易违反的规定进行重点说明与强调。配合制度教育,反复传输组织文化与理念,提高实施人员的思想与道德素质,增强其抵御腐蚀的能力。

要组织实施人员认真学习研讨公共关系方案实施工作内容的操作方法,反复体会,彻底弄懂,绝不含糊。重要的方法可通过讲解、讨论、答辩、模拟训练促使其正确掌握。有使用风险的方法要反复做模拟演习,切实提高操作的把握度,把失误率降至最低。很重要的工作内容的实施,除了第一工作方法外,还配有第二工作方法甚至第三工作方法,作为备用方法。备用方法的启用规定及其操作技能必须重点掌握。重要工作内容的第一工作方法如果是两种以上方法的组合,则其相互配合关系也是学习研讨的重点。

任务四　公共关系评估

知识研修

一个完整的公关过程,不仅要做充分的公关调查,设计完美的策划方案,创造性地组织实施,而且要检验公关活动开展的效果。

公共关系评估是指公关人员依照特定的标准,对公共关系工作过程的各个环节,如前期准备、调查、策划、实施及效果,进行检查和评价,以判断公关活动成败的过程。公共关系评估影响并控制着公共关系工作实践的各个活动环节,在公共关系工作全过程中具有重要的作用。

一、公共关系评估的含义

公共关系评估是指组织或机构依据特定的标准和方法,对公共关系的准备过程、整体策划、实施过程及活动效果进行测量、检查、评估和判断的一种活动。

公共关系评估是对公共关系工作进行全面深入的研究,是公共关系“四步工作法”(调查、策划、实施和评估)中的最后一步。它既是改进公共关系工作的重要环节,也为后续公共关系工作的开展提供参考依据,同时还能使决策者认识到公关活动的价值。

二、公共关系评估的目的和意义

(一)公共关系评估的目的

公共关系评估的主要目的是提供关于既定公共关系工作的各种信息,包括:计划制订得是否正确合理；计划实现的程度、范围、效果怎样；计划实施方法、程序是否需要调整或修正；计划所需资金是否恰当；为了成功达到战略目标，在既定的成本条件下，哪些实施方法最为有效；计划实施的关键是什么；哪些计划与实施中的要素密切结合能得到最高效益；实施对哪些公众产生了什么样的影响；哪些方法和技术可以有效地排除沟通中各种不同的障碍。总之，公共关系评估的目的就是取得关于公共关系工作过程、工作效益信息，作为决定开展，改进公共关系工作的制订公共关系计划的依据。

(二)公共关系评估的意义

公共关系评估的意义重大，主要表现在以下四个方面。

1. 改进公共关系工作

公共关系评估是改进公共关系工作的重要环节。它对一个社会组织的公共关系工作具有“效果导向”的作用。任何一项公共关系计划在实施后都面临着成功或失败两种结局，无论成功还是失败，其经验与教训都将成为下一个公共关系活动或环节改进的基础。评估就是通常所说的“总结经验，吸取教训”。

2. 开展后续公共关系

评估是开展后续公共关系工作的必要前提，没有这种对原有公共关系工作的评估，就不可能制订新的公共关系计划。这是公共关系工作连续性的一种表现。

3. 鼓舞员工士气

评估可以鼓舞士气。一般来说，内部员工很难对本组织与其公共关系活动有全面、深刻的了解和认识。评估使他们能认清本组织的利益和实现途径，以便将实现本组织的战略目标与自己的本职工作紧密联系在一起，并成为一种自觉的行动。

4. 引起领导人的重视

评估的另一重要意义在于使组织的领导人看到开展公共关系工作的明显效果，从而使他们能更加重视公共关系工作，真正起到鼓舞士气、激励内部公众的作用。

此外，在现实生活中，评估还决定着公共关系公司是否该承接该项工作，客户是否满意、是否付款、能否获得某项荣誉、形成无形资产等。

三、公共关系评估标准

(一)公共关系实施过程评估标准

1. 检查发送信息的数量

检查发送信息的数量应包括组织在实施公共关系活动中所进行的电视和广播讲话次数、发布新闻的次数以及发出信件和宣传资料的数量等。这项工作不但可以反映公共关系活动不理想的环节和实施过程中存在的问题，而且也可发现组织宣传工作的努力程度。

2. 信息被传播媒介采用的数量

之所以要特别重视信息被传播媒介采用的数量，是因为只有通过传播媒介，才能有效地保证公众接触到这些信息，并受到一定的影响。如果制作的信息不能被传播媒介采用，不仅达不到宣传效果，而且还会造成人力、物力、财力的浪费。

3. 检查收到信息的目标公众数量

这一标准就是将收到信息的各类公众进行分类统计，从中找出目标公众的数量。对于评估来说,收到信息的公众绝对数量并不重要,而重要的是这些公众对扩大组织的影响所起的作用。报纸、杂志的发行量以及事件、会议、展览的出席人数都可以作为评估组织信息传播效果评估的依据。但这些数据却不能真实地、全面地体现组织传播信息的实际效果。要想得出一个全面的、综合性的评估结论就必须综合运用多种方式,如评估人员的直接观察、对实施者及实施对象的调查、各种汇报资料的分析等,并对几种方式进行比较分析和相互印证。只有如此,才能真正检测到信息发送的数量、被采用的数量及注意到信息的公众数量。

以上是对公共关系活动实施过程的评估标准,强调的是评估的监控、反馈作用,通过实施过程的评估可以发现哪些决策是正确的,哪些决策是错误的,哪些决策不利于公众对组织的信任,以便及时做出调整。

(二)公共关系实施效果评估标准

1. 了解改变观点和态度的公众数量

了解改变观点和态度的公众数量是评估实施效果的一个更高层次的标准。这种标准通常使用"水准基点研究"来衡量公众的观点和态度在公共关系前后的变化。评估一个人的态度变化与否,要根据一段时期内他在所有有关组织问题上的立场和观点,并不能仅凭一时一事来判定。

2. 发生和重复期望行为的公众数量

发生期望行为的公众数量指的是在社会组织开展的公共关系活动及其传播影响下,有多少公众做出了组织所期望的行为。重复期望行为的公众数量评估的不是有多少人做了什么事,而是有多少人重复做了什么事。有效力的公共关系活动不仅能改变人们的某些行为,而且能改变人们的行为习惯。重复期望行为的公众数量是一种公众行为能否得到相当一段时间改变的标志。

3. 对经济和文化发展产生的影响

对经济和文化产生的影响旨在从组织目标的实现对整个社会、经济和文化的发展将起到怎样的促进作用来评估。评估公共关系活动对社会、经济和文化发展的影响,并非公共关系人员所能单独完成的,它需要社会学家和心理学家的共同参与。因为这种影响要同其他因素一起发挥作用,并在较长时间里以复杂的综合形式表现出来。

以上是实施效果的评估,也是一种总结性的评估,这种评估较之准备阶段与实施阶段的评估更为重要。

四、公共关系评估的基本内容

根据公共关系活动内容的要求,公共关系效果评估确定为不同的形式。一般而言,可分为组织形象评估、工作成效评估、传播效果评估和目标效果评估等。

1. 组织形象评估

当公共关系计划付诸实施后,组织形象会发生哪些变化,需要重新进行评估。重新评估组织形象仍然沿用公共关系组织形象调查的基本方法。通过对公众进行调查分类,然后对组织知名度和美誉度进行分析以测量组织形象地位,再应用"语义差别分析法"对组织形象的内容进行分析。

公共关系人员应了解组织目标形象与组织实际形象之间的差距,找出组织目标形象没有实现的原因,并针对问题改进工作,防止类似的问题再次发生。

2. 工作成效评估

公共关系工作包括的内容很多,对其成效进行评估要根据组织开展公共关系活动的情况而定。一般而言,有日常公共关系工作效果评估、专项公共关系工作效果评估和年度公共关系工作效果评估。

(1)日常公共关系工作效果评估。这种评估根据组织所确定的评估内容和标准进行。通过日常工作总结、公共关系人员座谈会、职工评议并结合公众平时的反映等形式进行。一般情况下,在日常公共关系工作中可以随时总结,没必要进行专门评估。

(2)专项公共关系工作效果评估。这种评估要严格根据具体公共关系活动的内容及特点确定评估内容及标准,并由负责专项活动的公共关系人员组织实施。通过调查,以了解通过专项活动、社会舆论的变化对组织产生的影响。

(3)年度公共关系工作效果评估。这种评估以年度公共关系计划和预算为依据,将一年来公共关系工作成效与预期目标和计划相比较,对公共关系各层次计划的实现程度和存在差距提出有说服力的总结报告。

在一个组织工作中,公共关系年度报告往往和公共关系调查报告融为一体,即在报告中要对过去一年的公共关系工作进行总结,客观反映公共关系调查的内容,为制订新的计划提供依据。

3. 传播效果评估

传播效果评估通过对大量的信息传播调查资料所提供的情报和数据进行分析、评估,看其是否实现了公共关系信息传播的目标,是否保证了公共关系计划方案的贯彻落实。传播效果评估包括组织内部信息传播效果评估和外部信息传播效果评估。

4. 目标效果评估

公共关系计划中,有许多具体明确的目标,对这些目标进行评估,看其是否达到预期结果,对总体目标的评估有着重大意义。这种评估,要求应有严格规定的定量和定性分析的各项指标,客观地进行评价;要求以公共关系调查所掌握的资料和公共关系计划方案的具体实施结果为评估的依据;要求以求得社会公众的满意及满意程度作为指标实现的标准;还要注意在评估中实事求是,不另立标准或降低标准。

五、公共关系评估程序

对公共关系工作来说,有效的评估不仅仅是事后的总结,还应贯穿于整个公共关系活动过程。因此,准确的定义可为:公共关系评估是社会组织对其公共关系活动以及结果的分析、评价和总结,它是公共关系工作最后一个不可缺少的环节,它有助于检查公共关系工作的效果,对公共关系活动进行控制,提高公共关系工作的科学性,争取本组织领导对公共关系工作的重视和支持,总结经验教训,提高公共关系工作的水平,并为今后公共关系工作的顺利开展奠定基础。可以说,公共关系评估在公共关系工作中发挥着十分重要的作用。

公共关系评估要在科学的程序下进行。公共关系评估的程序可以界定为评估从开始到结束工作安排的先后次序和具体步骤,合理安排评估的程序,有助于保证评估工作的顺利进行。评估工作需要进行以下一些具体步骤。

1. 确定评估目标

评估目标是检验公共关系工作的参照物。有了参照物才能通过比较来检验公共关系计划与实施的结果。目标不明确，评估工作就不能顺利开展；标准不统一，则会在调查中搜集许多无用的材料，影响评估的效率与效果。

2. 获得最高决策者认可并将评估过程纳入公共关系计划之中

评估不是公共关系计划的附属品或计划实施后的事后思考和补救措施，而是整个公共关系计划的重要组成部分。因此，组织应该对评估给予足够的重视，对评估的方法、程序等方面予以充分的考虑和周密的筹划。

3. 公共关系部门内部对评估标准及其内容要统一认识

要让公共关系部门内部人员有足够的时间对评估标准及其内容进行统一认识，并允许他们通过自己的亲身体验加深这一认识。

4. 量化评估目标并使之具体化

在项目评估过程中，组织首先应该将项目目标具体化。例如，谁是目标公众，哪些预期效果将会发生以及何时发生等。没有这样的目标分解，项目评估就无法进行。同时，目标分解还可以使公共关系计划的实施过程更加明确化与准确化。

5. 选择适当的评估标准、目标，说明组织的期望效果

例如，如果一个组织将“让公众了解组织积极参与慈善活动，塑造组织社会公民形象”作为公关活动的目标，那么评估的重点就应该是了解公众对组织的认知情况，及其对组织的观点、态度和行为的变化。

案例链接

某超市公关活动的评估标准

评价项目	评 价 内 容
总体公关效果评价	1. 本次公共关系活动的目标是什么？是否符合实际？活动的主题是否明确？号召力如何？ 2. 超市内部各部门、各环节成员对这次公关活动了解和支持的状况如何？ 3. 本次公关活动传播媒介的选用及效果如何？信息被目标公众接受的程度如何？公众态度有何变化？是否收到了预期效果？ 4. 本次公关活动计划方案是否周密？是否存在重大纰漏？ 5. 本次公关活动预算执行情况的分析。 6. 本次公关活动的成果是什么？对今后的影响如何？提出对遗留问题及隐患的处理意见和建议。
日常公关效果评价	1. 商品供应者是否愿意与本超市打交道并建立长期的供货关系？ 2. 顾客对本超市所经营的商品是否放心？是否愿意购买？ 3. 顾客是呈递增趋势还是递减趋势？原因何在？ 4. 是否有良好的社区环境？ 5. 企业凝聚力怎样？员工是否热爱本企业？工作是否安心？ 6. 是否重视各类公众的意见与建议？

6. 确定收集评估资料的有效途径

为进行效果评估，组织还要通过科学的方法来收集整个公关流程中的相关资料，即明确从何处了解公众知晓的范围、公众的态度、公众的感受及评价等。

7. 保持完整的计划实施记录

这些资料能够充分反映公共关系人员的工作方式和工作效果，反映策划的可行性。

8. 提高评估结果的使用效率

公关活动往往需要连续性，而且希望一次比一次获得更大的影响力，这就需要进行不断的评估、反馈、调整与提高。对评估结果的充分使用，有助于更加准确地确定问题及分析形势，使公共关系目标更加符合组织发展的要求。

9. 将评估结果上报组织领导层

将评估结果及时上报，一方面，可以保证组织管理者及时掌握情况，有助于公关工作的全面协调；另一方面，可以进一步发挥公关活动在实现组织目标过程中的重要作用。

六、公共关系评估方法

（一）专家评定法

专家评定法是公共关系方面的专家来审定公共关系计划，观察活动的实施，对计划实施的对象进行调查，与实施人员交换意见，最后撰写评估报告，鉴定公共关系活动的成效。专家评定是否准确取决于他们对某些领域的知识与情况是否熟悉。

（二）自我评定法

自我评定法是通过调查公共关系活动对象，并以他们的切身感受来评估公共关系成效的一种方法。这种方法的缺点是，有可能会产生不真实的测量结果。对敏感问题宜采用灵活、婉转的方式进行调查。

（三）实施人员评估法

实施人员评估法是由实施人员对公共关系活动计划和实施的进展情况进行的评估。这种评估能及时、充分地利用实施过程中的实际情况，对该项活动进行判断，但由于实施人员在评估时，有可能会融入个人的主观看法，因此可能会出现失真现象，从而无法看出公共关系活动的其他影响。理想、科学的评估最好能尽量排除公共关系活动以外的因素。

七、撰写公关关系评估报告

公共关系评估报告是提供给组织的一种正式的文体。它是通过文字、图表或相应的其他形式来体现开展公共关系工作的成绩、经验、教训、建议等评估工作的成果形式。它具有业务性强、理论性强、经验性强等特点。

撰写公共关系评估报告的主要意义，在于为公共关系评估成果的运用提供依据。通常，评估小组将公共关系评估报告分别提供给管理层领导，作为他们统筹管理和发布新决策的依据；送达各职能部门，作为各部门改善工作的参考；提供给全体员工，以利于员工了解外界的评价，提高士气，改善行为。还可以公开发表，供同行或其他社会组织参考与借鉴。通过撰写公共关系评估报告，社会组织对公共关系过程与绩效可以总结过去，积累经验；着眼现在，克服缺点；

指向未来,指导工作。

(一)评估报告撰写的准备工作

公共关系评估报告,顾名思义,就是对某一项公共关系工作(活动)进行评价而提出的研究报告。它所评价的对象,可以是某一项公共关系工作(活动)的全部过程和整体效果,也可以是公共关系工作(活动)中某一个重要环节,如工作(活动)的策划方案、准备阶段、实施过程、操作规范、传播效应等。在实际操作中,评估对象的确定一般根据特定的需要或委托人的要求而定。

从公共关系实践来看,公共关系评估报告比较多地用于对一项公共关系工作(活动)的整体评价。这种运用于整体评价的公共关系评估报告的撰写难度最大。一个毋庸置疑的事实是:公共关系评估报告的撰写,必须建立在对一项公共关系工作(活动)准确评价的基础上。因此,在动笔撰写评估报告前,应先认真做好前期准备工作。

1. 评估标准的最后确定

要对一个事物进行评价,事先必须确定一个参照系数,否则就会引起判断上的某种混乱。公共关系评估同样如此。比如,某企业通过一个年度的公共关系工作,企业在社会公众中的知名度达到80%,美誉度达到70%。对此如何评价?这就涉及评估的标准问题:如果以该企业一年前社会知名度70%、美誉度65%作为参照系数,则同比提升了510个百分点,应当说是颇有成绩。但如果以该企业本年度公共关系工作要求达到社会知名度90%、美誉度80%的目标来衡量,则又明显不足。同样,一次公共关系专题活动的新闻发稿达到30篇(次),如果以该社会组织以往公共关系活动一般发稿只有15~20篇来看,这一活动在新闻传播方面已有明显进步。但如果以其他社会组织同类公共关系活动的新闻发稿往往可达50~60篇(次)为标准,则说明工作还做得不到位。所以,事先确立什么样的评价标准,直接关系到对一项公共关系工作(活动)的最后评价。

问题还不仅如此。因为这里重点讨论的是对一项公共关系工作(活动)的状态评估。它涉及许多方面,需要确定多方面的评估参照系数,并要求这些参数系数之间本身具有某种逻辑联系,从而构成一个科学的、综合的评估体系。如果这一评估体系不能有效确立,评估工作固然无法开展,评估报告的撰写自然更是无从谈起。

要确定一个比较客观、科学的评估标准体系,最直接的方法是以某项公共关系工作(活动)的预期目标作为参照体系。任何一项公共关系作业或活动,在制订计划时,都会事先设定其工作目标。鉴于这一计划是经过批准才付诸实施的,因此,以计划中设定的工作目标为参照体系,并以这一工作目标最后是否实现以及实现的程度来进行评判,自然是最为公正的。但应该注意的是,由于种种原因,这类计划中的工作目标有时定得过低,有时则定得过高,乃至根本无法实现。更何况,公共关系评估内容中,本身就包含对工作计划制订得是否合理的评价。所以,完全以某一工作(活动)的预期目标为依据来确定评估标准,既难免失之偏颇,在逻辑上也会陷入某种悖论之中。

因此,在确定评估标准时,还必须参考其他要素加以综合考虑,包括:①这一组织公共关系工作和形象建设的中长期目标是什么?本项工作(活动)是否有效地构成了其中一个不可或缺的环节,推进了这一目标的实现?②这一社会组织以往同类工作(活动)的实施情况和实际效果如何?本项工作在前期计划、具体实施和最终效果上是否有明显提高?③其他社会组织类似工作(活动)的实施情况和实际效果如何？本项工作(活动)在同额费用投入的情况下,是否取得了比其他社会组织类似工作(活动)更好的效果？④规范的公共关系工作(活动)应该如何运作？本项活动是否达到这一规范水准？等等。至于这些要素如何综合运用,则可根据实际情况灵活掌握,不必过于拘泥。

事实上,评估标准的确定,是在制订评估方案时就必须加以考虑的。但在某些情况下,随着评估工作的实际展开,这一标准会发生一些技术性的修正。所以,在撰写评估报告前,就应对这一标准进行最后确定。这一最后确定下来的评估标准,应明明白白地写入评估报告中。

2. 有关信息的全面搜集

根据评估的目的和要求,全面搜集评估对象(某项公共关系工作或活动)的情况和有关信息,无疑是对评估对象做出准确评价的重要前提。一项公共关系(活动)的整体评估,一般需要搜集以下信息:

(1)这一社会组织的基本情况、发展规划和公共关系形象建设目标;

(2)这一社会组织以往公共关系工作(活动)的文献资料;

(3)其他社会组织类似工作(活动)的大致情况;

(4)本项公共关系工作(活动)设想和策划方案与实施方案;

(5)本项公共关系工作(活动)各环节具体实施情况和现场反应情况的记录资料;

(6)本项公共关系工作(活动)的信息传播情况和信息的实际覆盖面;

(7)本项公共关系工作(活动)的内外评价;

(8)本项公共关系工作(活动)所引起的公众舆论改变的有关情况;

(9)本项公共关系工作(活动)的经费预算和实际使用情况等。

当然,如果仅仅是对公共关系工作(活动)中某一环节的评估,则只需要搜集与此相关的信息即可,不必面面俱到。

这些基本信息的搜集有多种方法,与公共关系调查所采用的方法大致相同。例如:通过文献调查搜集这一社会组织的基本情况、以往公共关系工作(活动)材料和本项工作(活动)的策划、实施方案,以及有关新闻报道资料;通过访谈调查了解各类公众以及执行人员对本项工作(活动)的评价和感受;通过观察、调查实地考察本项工作(活动)的现场情况和参与者的反应;通过问卷调查把握本项工作(活动)的信息覆盖面和公众舆论变化情况,包括这一社会组织知名度和美誉度的实际提高情况等。这些计划信息资料,有些可由评估项目的组织者(或实施者)提供,有些则需要评估人员自行搜集。另外,对被评估项目的组织者(或实施者)提供的某些信息资料,在评估前还须作一一甄别,以免在评估时发生偏差。

3. 对评估对象的客观分析

完成了前两项工作,就可以考虑公共关系评估报告的撰写了。但在正式动笔之前,应对评估对象有一个全面、深入的了解,并做出客观的分析。这里的关键,是评估报告撰写者自身立场的公正:他必须依据某项公共关系工作(活动)的成败,切忌因某种考虑而故意迎合或打压被评估项目的执行机构或人员,也不能撇开有关数据资料而仅凭主观印象随意臆测和判断。比如,对某项公共关系工作(活动)成功与否的评估,不能只看这项工作(活动)表面热闹,必须认真考虑其是否切实推进了组织形象建设和管理目标的实现，是否具有创意，是否做到了规范操作，是否达到了预期传播效果，以及投入产出比的情况如何。如果一个投入经费50万元的活动，最终只达到其他同类组织20万元经费投入所产生的效果，则尽管这些工作（活动）初看颇具声势，似仍不能称之为成功。同时，在进行评价时，有时还得考虑客观环境的变化因素。不能排除这类情况：某公共关系工作（活动）从策划到具体实施均十分规范，却因客观环境发生不可预计的突然变化，未能达到预期效果。诸如此类问题，均是实际评估时需要加以注意的。

（二）公共关系评估报告的内容

公共关系评估报告具有特定的目的，不同的目的，决定了评估的范围和对象不同。因而，公共关系评估报告书的内容不完全一样。根据公共关系评估实践的总结，公共关系评估报告的内容主要有以下几方面：

（1）评估的目的及依据。即为什么要进行公共关系评估，通过评估解决什么问题，以及评估所依据文件或相关会议要求之精神等。

（2）评估的范围。公共关系活动涉及方方面面。为了突出重点，缩短篇幅，利于评估结果的运用，报告书必须明确公共关系评估的范围。

（3）评估的标准和方法。在报告书中，应说明评估的标准或具有可测量的具体化的目标体系，以及评估过程所采用的方法。比如直接观察法、问卷调查法、比较分析法、文献资料法、传播审计法等。

（4）评估过程。简要说明评估过程是怎样进行的，分哪些阶段。从阅读报告书的过程和采用的方法等可以判断评估是否科学、系统、规范、完整等。

（5）评估对象的基本情况。在公共关系评估报告书中，必须明确评估对象本身的情况，包括活动或项目名称、开展时间、实施的基本情况与特点等。

（6）内容评估、分析与结论。在评估报告书中写明被评估的公共关系活动、工作或项目的内容，对运行与执行以及效果、效益进行分析，进而得出客观、公正的结论。

（7）存在的问题及建议。评估人根据掌握的实际材料、相关情况，有针对性地提出问题，并提出有利于解决问题的建设性意见。

（三）公共关系评估报告的格式

“文无定法”，公共关系评估报告书没有固定的结构格式。按照评估的目的与要求，公共关系评估报告的结构可以采用不同的格式，灵活安排结构。结构服从于内容表达的需要。通常，公共关系评估报告书的结构格式如下所示。

1. 封面

封面的主要内容包括评估书或项目的题目、评估时间、评估人（单位名称）以及保密程度、报告书编号。题目要反映出评估的范围和对象。排版应醒目、美观。

2. 评估成员

评估成员反映哪些人参加了评估工作，负责人是谁。

3. 目录

目录用来方便阅读报告书的人。

4. 前言

前言反映评估任务或工作的来源、根据、评估的方法、过程以及其他特别需要说明的问题。也有的评估报告书把评估的方法、过程等写进正文部分。

5. 正文

正文是评估报告书最重要的部分，也是评估报告书的主体。它包括评估的原则、方法、范围、分析、结构、存在的问题、建议等。公共关系评估报告的正文撰写要注意：

(1)一篇合格的公关评估报告，应突出"准确地对组织所进行的公共关系工作(活动)做出评价和判断"这一个性特点。与调查报告相比，在客观分析有关数据、资料和情况的基础上，评估报告主观评判色彩相对浓厚一些，结论性的意见也更多一些。

(2)公关评估报告必须先按照评估对象的工作(项目)情况分阶段进行分析和评判，然后再做出一个总结性的整体评价，切忌不分阶段地混为一谈，并笼统下一个结论了事。

(3)公关评估报告的批判依据主要是有关数据资料(包括评估者所观察或听到的有关反映)，也应尽可能以各种数据和资料说话，并巧妙地应用各种数据和资料的对比分析来做出评价。但在某种情况下，评估者的逻辑分析和经验判断亦可以对有关结论起到相当重要的支持作用。

(4)公关评估报告的结论性意见，尽管具有较多主观评判色彩，仍应力求科学、客观和公正。尤其在对某一工作环节的评判没有绝对把握的情况下，下结论时仍应该注意用词的委婉和留有一定余地。

还需要指出的是：一篇公共关系调查报告的正文，篇幅长者可达数万字。公共关系评估报告的正文则不同，一般篇幅不长，强调言简意赅。所以，在行文上，应力求简明扼要，切忌啰唆和拖沓。

6. 附件

附件内容是对正文内容的详细说明和补充，是正文的证明材料。附件主要包括附表、附图、附文三部分。

7. 后记

后记主要说明一些相关的问题。比如，报告书传播的范围、致谢参加人员及相关单位等。

8. 评估时间

由于公共关系活动处于动态的状态下，不同时间评估所得出的结论会不同。因此，评估报告书必须写明评估时间或评估工作开展的阶段。

(四)撰写公共关系评估报告应注意的问题

公共关系评估报告书的写作是有相当难度的。在写作过程中，既要求执笔人员客观、公正、全面，又要求报告可读、简洁、明了。为此，除格式方面的要求外，在写作过程中，还应注意如下问题：

(1)定量与定性相结合。通常，评估结论是定性的，但必须用定量的指标作说明。注意定量与定性的紧密结合。

(2)建议与策略具有可操作性。只有切合实际情况的建议才具有可操作性。

(3)语言准确、精练。尽量用最少的文字、篇幅来说明问题，提出建议。切忌太多的学术词汇,以免让评估报告的阅读者难以理解。

(4)结论客观具体。评估结论要客观,既要看到成绩和效益,又要看到缺点和不足。在结论中,要避免"可能""大概""也许"等模糊语言。所有的结论都应该有相应的材料作证明。

范例:

携"天下好面"打造新体验,××食品进校园活动效果评估

一、引言

20××年6月15日,××食品股份有限公司策划的"天下好面"品牌进军校园活动在××城市职业技术学院成功举办,得到了全校师生的一致好评,取得了良好的社会效应和宣传效果。"天下好面"品牌成功走进校园,拉近了师生的距离,为以后的销售之路打下了坚定的基础,塑造了良好的品牌形象。

二、效果评估

1. 从组织策划方面看

"天下好面"本着让师生不出校门就能吃到地域特色好面的初心,专注地域特色面食,并制定严格的面条管控标准,甄选优质面条,创新推出汤面、拌面等六大系列50多款产品。除了传统的中华私房骨汤面、老北京炸酱面等,还有川味椒麻鸡拌面、韩式爆辣火鸡面、博多浓汤豚骨拉面等潮流产品,满足学生多元化的口味需求。此外,为了保证产品口味一致,"天下好面"有一套严苛的产品操作标准,并强化供应链管理,按照规范标准流程操作,30 s即可出餐,在保证美味口感的同时提高了出餐速度,优化师生就餐体验。

"天下好面"的标准化采购机制、生产机制和运营机制可以有效保证校园餐的规范化管理和操作,为师生提供安全美味的"一碗好面"。多年来,××食品始终坚持把食品安全放在首位,坚持选用绿色天然的原料保障原料安全,不断地对生产设施、设备进行升级保障生产安全。如今,××食品入驻校园食堂,以大品牌的力量、全流程一体化运营的模式,在提供健康美味的同时,用坚实的品质为高校师生的饮食安全保驾护航。

首先,从树立"天下好面"的公益形象着手,专为师生开展××食品历史文化讲课活动,让师生全面了解××食品始终坚持"天下好面""严选""特色""好面"的餐饮理念。

其次,在校园内设摊点,免费试吃、发放传单、填写调查问卷、免费发放××食品公司的相关产品,参与人数众多。得到广大师生的一致好评。

再次,活动准备充分。在活动开展前期就将需要的产品等准备齐全。

最后,整个活动井然有序,且有××食品公司人员专门讲解。

2. 从实施方面看

活动过程中没有出现任何意外,××食品公司事先准备的各种产品涵盖了整个公司的产品以及新产品。整个活动过程井然有序,学生的参与热情非常高。

3. 从宣传方面看

(1)得到了师生的一致好评。

(2)学生渴望经常开展类似活动。

(3)提高了××食品公司的知名度和美誉度,为以后销售之路打开了大门。

项目小结

本项目首先介绍了公共关系调查的含义,然后详细介绍了公共关系调查的内容和调查方法;重点介绍了公关策划的原则、内容和程序,提出了公关策划应遵循的基本原则,并从多方面介绍了公关实施的原则,阐述了公共关系实施是整个公关活动的中心环节以及有可能遇到的障碍;分析了公关评估的意义,阐述了公共关系评估的程序、内容和方法。

公共关系调查、策划、实施与评估是组织公共关系活动的基础,本项目内容会为有效的公共关系行动提供方法论指导,也是后续内容的必备理论知识,应该扎实掌握。

任务单一

任务情境:公关理念素质训练

一、背景资料

20××年5月25日,某省工商局公布了该省市场儿童食品质量抽检报告,其中××公司生产的一款奶粉被列入碘超标食品目录。同时,该省工商局通报各地,要求对销售不合格儿童食品的经营单位予以立案调查,依法暂扣不合格商品;不合格儿童食品生产厂家生产的同类不同批次商品必须先下柜,抽样送检,待检测合格后才可重新销售。

由于该公司的产品一直受消费者信赖,当该公司碘超标被媒体披露后,消费者感到异常震惊。

当日,该公司的公关代理表示,公司已经知道了这件事情,并且非常关注,并称××食品一向对消费者负责,一定是安全的。但公司也会积极配合工商部门,妥善处理该起事件。目前该公司正在调查碘超标事件,详细情况的公布可能还需一段时间。

26日,××公司迅速反应,发布声明称,该公司产品碘检测结果符合《国际幼儿奶粉食品标准》,是安全的。

继全国各大超市将该款奶粉全面撤柜后,部分超市开始无条件退货,但××公司表示对问题奶粉不实行召回。

二、实训目标

通过使学生了解公关理念错误和素质低下的不良影响,帮助学生树立正确的公关理念,并进行相应的公关策划。

三、实训要求

本项目要求有实训机房,配备与实训人数相当的计算机、投影仪、互联网环境等,以便搜集背景企业的相关信息,撰写实训报告,开展实训交流。

本实训要求学生以小组为单位,通过对实训背景资料的学习讨论,分析其中公关理念素质方面存在的问题,提出应该有的良好理念素质和正确的应对策略。在此基础上,各小组通过情景模拟,再现在正确理念指导下高素质发言人的应对策略。

本实训要在4节课内完成,教师应控制好每个实训步骤的时间。

四、实施步骤

步骤一:布置任务。

教师说明实训的目的、任务、要求、应提交的成果、考核方式等。

步骤二:分组。

教师将全班学生按每5~6人为一组,分成若干实训项目小组。分组的基本原则是学生自由组合,但要求注意能力搭配,即在一个小组内既要有文字功底比较好的,也要有善于人际沟通,或者组织协调能力比较强的学生。同时,要求性格特长互补(原则上以后的实训按本次分组进行)。

步骤三:确定项目组名称等。

要求各组选出小组负责人(在以后的实训中可轮流担任),确定相应的项目组名称、标识、口号、行动纲领、行动准则,根据实训任务进行成员职责划分和角色分工(如在角色扮演中分别扮演记者、发言人、消费者等)。

步骤四:学习讨论。

分组分析讨论,指出公关素质方面存在的问题。

步骤五:情景模拟。

小组成员分别扮演记者和发言人等,情景再现背景资料中发言人的正确应对策略(安排一人为各小组的表演拍摄视频)。

步骤六:完成策划书(实训报告)。

各组完成实训报告,内容主要包括项目组名称、标识、口号、行动纲领、行动准则,成员职责分工;背景资料涉及企业及其公关人员理念素质方面存在的问题;应该拥有的良好理念素质及正确的应对策略;情景模拟的脚本;实训小结等。

步骤七:实训交流。

将实训报告中的主要内容制作成 PPT,在全班分享交流。

步骤八:实训评价。

老师对各组的实训情况进行点评,并按规定评定成绩。

五、实训成果

(1)各组提交实训报告书和实训分享 PPT 一份。

(2)各组完成 5 分钟以上角色扮演视频一个。

六、考核与评价

学生的实训评价由老师、学生共同来完成。其具体构成如下:

实训成绩=实训报告×30%+实训视频×30%+PPT 分享×20%+组员互评×20%

任务实施评价表

考核项目	考核要求	分值	得分			备注
			自我评分	组间评分	教师评分	
公关四步法	调查					
	策划					
	方案实施					
	效果评估					

七、技能拓展

深入人心的“花”

××公司是一家专门致力于女性健康事业的公司。该公司深知前进的每一步都离不开广大妇女的支持,为了回报杭州市妇女的厚爱,××公司杭州分公司于母亲节当天,举办了免费为母亲送鲜花、送祝福活动。“打个电话,我们就会把您最想和妈妈说的话与一束鲜花,在母亲节这天送到您的母亲手中。”××公司杭州分公司举办的送鲜花活动别出心裁,得到了广大市民的赞赏和踊跃参加。短短三天,打电话参加活动的人数超过一千人。“妈妈,您是儿子永远的港湾,无论走多远,最后都要回到您的怀抱。”“妈妈,真的感谢您,您是女儿永远的爱。”“妈妈,我们爱您到永远。”当儿女们饱含着深情的话语随着一束束鲜花送到一位位母亲手中时;当看到一位位母亲捧着鲜花脸上绽放出比鲜花还灿烂的笑容时,浓浓的母亲节氛围也在杭州城洋溢着。一时间,××公司杭州分公司举办的母亲节活动成为市民们关注的热点。

问题:

1. 简述××公司杭州分公司这次活动的性质和技巧。
2. ××公司杭州分公司在活动策划中有何特点?对你有何启发?

任务单二

任务情境：七夕节特别策划

一、背景资料

七夕节（乞巧节）是中国的传统节日，随着历史的发展被赋予了牛郎织女的传说，所以也成了象征爱情的节日。当今越来越多的人重视中国优秀传统文化，加之商家的宣传，很多情侣在七夕节互送鲜花、珠宝。因此，七夕节成为各大珠宝品牌大显身手的时机。为了巩固自身的市场地位，进一步提升品牌的形象，扩大公司的影响，××珠宝公司准备在七夕节举办系列公共关系宣传活动。

二、实训目标

提高公共关系策划的创新性和艺术性。

三、实训要求

将学生分成每3~4人为一组，每组为公司设计一份构思新颖、创意独特、具有一定可操作性的情人节公共关系活动策划方案。

四、实训建议

可以通过各种媒体与方法广泛收集的相关背景材料，多关注其他产品的公共关系活动信息以资借鉴。

五、考核与评价

任务实施评价表

考核项目	考核要求	分值	得分			备注
			自我评分	组间评分	教师评分	
公共关系活动策划方案	调查					
	构思					
	创意					
	可操作性					

六、技能拓展

事与愿违

某大型商场开业在即。为使企业开业伊始便有较高的知名度，企业策划了一个别出心裁的活动，以期引起当地媒体的关注。开业当天，在商场外进行了发礼券活动，活动当天，先后有数万人参加了抢礼券活动。受活动影响，商场周围交通被迫中断，导致市政当局和部分市民的不满。同时，活动本身秩序失控，导致一些人被挤伤。对此，当地几家媒体对活动所带来的问题进行了报道。尽管活动的开展客观上使企业有了知名度，但知名度带给企业的却是企业不希望看到的结果。

思考讨论题：

(1)公共关系实施中应注意哪些问题？

(2)用所掌握的公共关系知识对该商场的开业活动加以评析。

思考与练习

一、想一想

1. 简述公共关系调查的内容和意义。

2. 公共关系策划的程序有哪些？

3. 简述公共关系实施的原则和障碍。

4. 公共关系评估的意义是什么？评估的标准和方法有哪些？

二、做一做

1. 请为你所在的学校开展一次公关调查，了解学校的公共关系现状。为学校策划一次公关活动，以提高学校的知名度和美誉度。

2. 某职业技术学院教务处拟开展一次调查，目的是了解学生对学院开设的人文素质讲堂有何看法和建议。请你就此活动设计一份调查方案，展开调查并撰写调查报告。

项目三　组织公关活动

知识目标

(1)学习和把握公共关系专题活动的特征与目的、社会赞助的意义等陈述性知识;
(2)掌握公共关系专题活动的各种模式的含义;
(3)掌握公共关系专题活动的各种模式的工作程序;
(4)掌握庆典活动的方法;
(5)掌握展览会的准备与组织流程;
(6)掌握社会赞助的原则、程序与方法。

能力目标

(1)能够举办新闻发布会;
(2)能够策划、组织和协调庆典活动;
(3)能够掌握展览会的组织与实施工作;
(4)能够掌握赞助活动的有效开展;
(5)能够组织班级参观活动。

素质目标

(1)培养学生在常见公关专题活动中的实践能力;
(2)培养与提高公关活动素养;
(3)培养学生不畏艰难、锲而不舍的精神。

思维导图

- 组织公关活动
  - 组织新闻发布会
    - 新闻发布会的含义与特点
    - 新闻发布会前的筹备
    - 新闻发布会的程序
    - 新闻发布会过程中的注意事项
  - 组织庆典活动
    - 庆典仪式的类型
    - 庆典活动工作程序
  - 组织展览会
    - 展览会的特点
    - 展览会的类型
    - 展览会工作程序
  - 组织赞助活动
    - 赞助活动的目的
    - 赞助活动的类型
    - 赞助活动的工作程序
  - 组织参观活动
    - 开放参观活动的对象
    - 开放参观活动的组织程序

项目引入

××市委网信办开展助力“爱心早餐”志愿服务活动

深秋的清晨，透着微微的清寒。一来到爱心早餐点，××市委网信办的志愿者就和其他义工一起忙碌了起来。有的人擦箩筐、摆桌椅，有的人洗菜、切菜，有的人清理卫生，为当天的爱心早餐做准备。

一切准备就绪后，早餐点负责人将志愿服务的义工召集到一起，分享了一日正能量。之后，志愿者开始为前来就餐的环卫工人盛菜、打饭、发馒头，并在用餐完毕后擦桌子、收拾桌椅。

随后，××市委网信办主任指出，环卫工人作为城市的美容师，不分严寒酷暑，奋战在城市的各个角落，改善环境。他们发扬“宁可一人脏，换取万人洁，无私做奉献”的优良作风，任劳任怨、勤恳工作，美化、绿化、净化我们的城市，感谢环卫工人的辛苦付出。

活动结束后，志愿者纷纷表示，参加助力“爱心早餐”志愿活动，不仅是弘扬中华民族传统美德的善举，也是每个公民应尽的社会责任；要以此次活动为契机，在今后的工作中更加积极主动地参与社会公益事业，为建设美丽的××市做出应有的贡献。

项目思考

1. ××市委网信办开展的公益活动主题是什么?
2. 这类公益活动成功的因素有哪些?

任务一　组织新闻发布会

知识研修

一、新闻发布会的含义与特点

(一)新闻发布会的含义

新闻发布会是社会组织或个人把各新闻机构的记者请到一起,公开发布新闻的会议,是利用媒介与公众进行沟通的例行方式,是广泛传播某一重要信息的有效方法。

消息发布过程中可以允许记者提问,然后由召集者做出回答。这是一种组织与新闻记者之间双向沟通、信息交流的好机会,是组织信息迅速广泛传播的有效途径。此外,由于新闻发布会先由组织将信息告知记者,再由记者所在的新闻机构将信息告知公众,所以它也是一种引导舆论的基本方法。

(二)新闻发布会的特点

1. 条理清晰

新闻发布会的程序和内容比较简单、清晰,往往一个主题贯穿发布会始终,很少涉及其他问题。即使面对一些记者"旁敲侧击"的提问,主办单位也会巧妙地将"枝节"问题引导到会前设定的主题上来。

2. 节奏明快

一方面,新闻发布会的时间是有限定的,新闻发言人的演讲和说明一般都非常简洁明快;另一方面,新闻媒介的截稿时间也是有限制的,所以新闻记者也要保持快节奏的工作作风。这两方面的因素都决定了新闻发布会在时间安排上要紧凑明快。

3. 程序规范

新闻发布会形式比较正规、隆重,规格比较高,易于引起社会广泛的关注,并且多年来在国内外实践过程中,已经形成了相对规范的程序并延续了下来,除非出于组织机构的特殊需要,一般不会进行大的改动。

4. 可以发掘有价值的新闻

在新闻发布会上,记者可根据自己的兴趣进行提问,能更好地发掘消息,充分地对组织进行采访;同时组织也可以更深入地了解新闻界。在这种形式下的双向沟通,能够更好地发掘有价值的新闻。

5. 对新闻发言人要求很高

新闻发布会对于组织的发言人和会议主持人要求很高,如要求发言人和主持人对和组织有关的资料特别熟悉，需要十分敏感，善于应对，反应迅速，思维敏捷，应变力强，口齿伶俐等。

二、新闻发布会前的筹备工作

新闻发布会是传播信息、谋求新闻界对某一事件客观报道的行之有效的手段，也是组织与新闻界建立和保持联系的一种重要的活动方式。新闻发布会的工作程序包括三部分：会前的筹备、会中的工作以及善后工作。

筹备工作是关系到新闻发布会能否成功、能否取得预期效果的大问题，因而非常重要。

召开新闻发布会前要做好以下准备工作。

（一）要确定新闻发布会召开的必要性和主题

企业组织在新闻发布会举行之前必须对所要发布的消息是否重要、是否具有广泛传播的新闻价值、新闻发布的紧迫性与最佳时机进行分析和研究。只有在确认召开的必要性和可能性后，才可决定召开新闻发布会。

一般来说，传播信息的最佳时机，或者说企业举行新闻发布会的原因，主要有以下几种：企业有新产品问世，新技术开发，有新项目合作；组织经营方针的改变，组织高级主管人员的变更；开业或倒闭，合并或转产；企业对社会做出重大贡献；组织合作，组织产品的获奖；重大纪念活动；重大危机事故等，这些都具有一定的发布价值。

（二）要确定新闻发布会邀请的对象

新闻发布会要根据不同的内容和需要确定不同的邀请对象，具体包括：

（1）根据消息发布的范围来确定记者的覆盖面和级别。比如，在媒介选择上，可以选择电视、广播等电子媒介，也可以选择报纸、杂志等印刷媒介；在媒体级别上，可以选择属于地方性的，也可以选择属于区域性的，还可以选择属于全国性的。

（2）根据新闻发布会的主题，应当有选择地邀请有关的新闻记者参加，许多媒介在文化、教育、体育、经济、法制和社会生活等方面各设有专门的记者。

（3）根据本企业与媒体记者的远近关系来邀请相关单位和人员。比如，对本次新闻发布会的主题有直接了解和兴趣的记者；与本组织有长期良好的合作关系的记者；与本组织有过接触、有初步印象的记者；对本组织有误解、需要改良关系的记者；知名度高、通过合适的方式可以邀请到的记者。

（4）就邀请的记者类型而言，要能够满足宣传的需要。比如，不仅要有报纸、杂志的记者，还要有电台、电视台的记者；不仅要有文字记者，还要有摄影、摄像记者。

此外，确定好邀请对象之后，根据定好的新闻发布会具体举行的时间，要提前1~2周向记者发出书面邀请，让记者充分安排时间。并非所有的记者都能到会，因此，为使新闻发布会圆满成功，最好在邀请函中附一张回执。邀请函发出后，临近发布会举行时还要认真落实记者出席的情况。

（三）要选定新闻发布会的主持人和发言人

出于记者的职业要求和习惯，他们常常在新闻发布会上提出一些尖锐深刻甚至很棘手的问题，这就对主持人和发言人提出了很高的要求。主持人和发言人都是组织形象的代表，出场时一定要由内到外地给媒介公众以良好的“首因效应”。

（1）新闻发布会的主持人一般可由企业公关部的负责人或具有较高公关专业能力的人来

担任。会议的主持人负责介绍本次会议的基本情况和议程等。会议主持人应思维敏捷、反应机敏、口齿伶俐,有较高的文化修养和专业水平。

(2)会议的发言人应由企业的高层领导来担任。因为高层领导掌握企业的方针、政策和计划,对企业本身以及相关的情况比较了解,并且能够代表企业形象和地位,回答问题具有权威性。可以在会前进行必要的训练和准备,以具备在会上应对自如的能力。

(四)要准备好会议发言提纲和宣传辅助材料

根据会议主题收集相关信息,准备好相关材料,具体包括:

(1)撰写准确生动的有关材料,如主持人和发言人的讲话提纲、发言稿、答记者问的备忘提纲。

(2)为记者准备的会议报道提纲、新闻统发稿、所发新闻的背景材料和论据材料。

(3)准备好会议所需的其他相关图片、实物、影像等辅助材料。

此外,需要特别注重的是,会议召开前,应将会议主题、发言稿、报道提纲和新闻统发稿在组织内部进行通报,以免在会上因口径不一而引起记者的猜疑和出现混乱现象。

(五)选择好合适的工作人员

在新闻发布会之前应当确定好合适而具体的工作人员,包括材料准备人员、发布会现场的服务人员(布置会场、准备好必要的视听材料、主要负责安排与会者签到、引导与会者入席等),同时还要安排一名摄影师专门拍摄会场情况,以备将来宣传或纪念之用。

(六)预演

如果条件允许,最好进行一次预演,以保证届时新闻发布会能顺利进行。如果是来宾较多、影响较大的新闻发布会,事先则一定要进行预演。开会前应当进行研究,考虑每一个可能提出的问题,做好准备,以防出现纰漏。

(七)其他准备工作

应根据会议的规模和规格进行费用预算。费用项目一般有场租、会场布置、印刷品、茶点、礼品、文书用具、音响器材、邮费、电话费、交通费等。

三、新闻发布会的程序

新闻发布会现场的一般程序包括以下步骤。

(一)宣布会议开始

由会议主持人宣布新闻发布会开始,并致以简短欢迎词,再介绍本次会议的主要议题和议程,然后介绍新闻发言人。

(二)发布新闻内容

新闻发言人讲话,可以直接宣读事先准备好的新闻发布稿,也可以按发言提纲发布新闻。

(三)回答记者提问

由主持人指定提问记者,由新闻发言人回答记者提问。主持人要自始至终控制时间和节奏,按事先规定的时间,宣布“最后一位记者提问”。

(四)宣布会议结束

新闻发言人答完“最后一位记者提问”后,主持人宣布新闻发布会结束。有时发言人根据场面需要,也可破例再回答1~2位记者提问。

(五)提示会后安排

如果会后安排有活动,主持人应提示记者会后参加,如参观企业生产车间、了解企业科技成果等。如果有礼物提供,主持人可以提示记者会后领取所赠礼品。

一般在会后为记者准备工作餐,最好的形式是自助。安排自助餐的目的在于给记者提供交流和对组织领导人进行深入采访的机会。同时,在举办新闻发布会的现场后方可以摆放一个大圆桌,适当准备一些热饮,也可以准备一些果汁或小甜点。

四、新闻发布会过程中的注意事项

(一)主持人要充分发挥引导会议的作用

主持人要以庄重并富有感染力的言谈来活跃会议气氛,引导记者踊跃提问。此外,因为新闻讲究的是时效性,所以新闻发布会的议程要求是议题紧凑、节奏明快。如果新闻记者的态度与发言人的意见明显不一致,发言人只能力争用肯定的语调公布确凿的信息。而此时的主持人则应该审时度势,尽量将记者的提问和发言人的回答及时引入符合主题的正确轨道。

(二)会议发言人和主持人应相互配合

新闻发布会在进行过程中,应始终围绕着会议主题进行。这就需要会议的发言人和主持人配合一致,相互呼应。如当记者的提问离开主题太远时,主持人要能巧妙地将话题引向主题,发言人要能通过回答问题将话题引到会议的主题上来。

(三)发布信息必须做到准确无误

发布信息必须准确无误,如果发现记者理解有误,应及时予以纠正;发布信息不能闪烁其词、吞吞吐吐,以免引得记者怀疑企业的诚意并造成尴尬局面。

(四)对可能的各类刁钻问题要委婉处理

各类刁钻问题可能包括:

(1)所提问题过于尖锐,或挑衅,或带有偏见。主持人和发言人都应当表现出优良的涵养,绝不能用语言或非语言表示不满,也不能拍案而起,针锋相对地进行反驳,应用冷静的态度和缓和的话语陈述事实,对不实之词应予以坚决纠正和反驳。

(2)对于不愿发表和透露的内容,应委婉地作出解释。不可以用“我不清楚”或“这是保密的问题”这类语言简单处理。

(3)遇到难以回答的问题,应告知如何去获得圆满答案的途径,不可不计后果随意说“无可奉告”或“没什么好解释的”,以免引起不满和反感。

(4)如果出现发言人不能回答但又无法回避的问题,应当果断而得体地申明本次新闻发布会不会探讨某个特殊的问题,请给予谅解。

当然,无论发言人如何准备,都有可能会遇到一些棘手的问题,要做好真诚作答的准备。

五、新闻发布会后的善后工作

(一)整理新闻发布会的资料

新闻发布会结束后要尽快地整理出各项记录资料,对新闻发布会的组织、主持、发言、回答等方面的工作进行总结,收集与会记者及其他来宾的反应,检查发布会中接待、安排等方面的工作是否有欠妥之处,并从中吸取经验和教训,然后立卷归档,以便以后查找。

(二)收集媒体报道并检查是否起到预期效果

此外,还要注意与会记者在各种媒介上的报道,检查是否达到了发布会的预定目标。首先要注意与会记者是否都发了稿,并对已发稿件的内容与倾向性进行分析,以此作为以后举办新闻发布会的参考依据。其次,对于会后出现不利于组织的新闻报道,如果确实属于自身问题,应虚心接受并及时向公众致歉,对检查出的问题要查明原因;如果确属记者问题,应及时向报道机构提出更正要求,采取行动说明真相,必要的话可以采取法律措施。

任务二　组织庆典活动

知识研修

庆典是隆重的庆祝典礼。庆典活动是组织自身重大事件的仪式活动和组织所处社会环境中相关的节日庆典和大事庆典活动的总称,是组织经常开展的专题活动之一。庆典活动具有特殊性和隆重性,可以使组织利用举办此项活动的契机广交朋友,振奋士气,提高组织的知名度和美誉度。

一、庆典仪式的类型

(一)节庆活动

节庆活动即利用盛大节日而开展的公关活动。节庆日是开展公共活动的极好时机,各种重要的节日都可以策划开展相应的公关活动。各国、各民族、各地区的节庆名目繁多,大致可以分为以下三类。

1. 官方节日

官方节日有世界性及国家性节日之分,如元旦、妇女节、劳动节、青年节、护士节、儿童节、建党节、建军节、教师节、国庆节等。

2. 民间传统节日

民间传统节日有中外之分。外国的节日如欧美国家的圣诞节、感恩节、母亲节等。我国民间传统节日如春节、元宵节、清明节、端午节、中秋节、重阳节等。

3. 地方传统活动节庆日

还有很多地方根据各自地理文化环境、习俗、民间传统、土特产、民族等特点举办具有浓郁地方特色的节庆活动,如山东潍坊风筝节,哈尔滨冰雪节,北京地坛庙会,浙江慈溪、余姚的杨梅节,云南西双版纳的傣族泼水节,广东荔枝节,四川龙舟节等,这些节庆活动本身就具有公关活动的性质,组织可以积极参与,开展各种符合节日特色的公关活动。

(二)纪念活动

纪念活动即利用社会上或本行业、本组织各种具有重要纪念意义的周年纪念日开展公关活动。主要包括以下两类。

1. 属于全社会的纪念日

例如,历史上重要事件发生纪念日;领袖、英雄模范人物以及学者、科学家、发明家、著作家等的诞辰或逝世纪念日;重大科技发明纪念日;等等。

2. 属于本组织的重要事件纪念日

例如,周年纪念活动,如逢五、逢十周年纪念,百年大庆;本组织重要建筑物竣工纪念、重要活动开展周年纪念等。这类活动每个现代组织都可以开展,它有利于树立组织的良好形象,使社会公众熟悉并支持本组织的各项工作,是一种有效的公关广告。

(三)典礼仪式

可用于公关专题活动的重要典礼仪式很多,主要包括以下两类。

1. 开工、竣工典礼

开工、竣工典礼包括新建筑奠基、新设施落成、企业开业剪彩、竣工典礼,甚至可以是社会组织的转产、迁址和装修结束,以及开设新的分支机构等。

2. 颁奖、捐赠、授勋仪式

颁奖、捐赠、授勋仪式是具有"里程碑"意义的事项,是以举行签字、互换正式文件或表彰先进、授予荣誉为载体的公共关系实务活动。虽然参加仪式的基本上是参加会谈的人员或内部人员,但也可以邀请上级部门、相关单位,特别是新闻媒体参加,这种仪式往往是提高公关效果的好方法。

(四)活动

可以利用社会上其他相关部门开展的活动,如电影节、艺术节、植树节、爱鸟日等,还有本部门内部设立的有关活动日,如优质服务日等,有针对性地开展一些纪念庆典活动,加强与公众的联系,以提高组织的知名度和美誉度。

二、工作程序

(一)准备工作

1. 邀请宾客

拟定出席庆典仪式的宾客名单。其中应包括主管单位负责人、同行企业负责人、社区负责人、各界社会名流、新闻记者、协作单位代表等。有关领袖人物、英雄模范人物以及著名的学者、科学家、发明家、著作家等的诞辰与逝世纪念活动,可考虑邀请其后裔参加。

拟定名单后,经领导审定后,印制成精美的请柬,请柬要写清仪式的时间、地点、采取的方式等,并提前两周将其寄送给宾客。活动前两天再进行电话核实,确认有无变动;对 VIP(贵宾)在活动前一天再核实一次。

2. 拟定程序表

拟定庆典仪式的程序。庆典仪式的一般程序是:确定主持人、介绍重要来宾、介绍组织负责人、重要来宾致辞、剪彩或授旗、签字与互换文本、安排参观等。此外,还要印制一些材料,如庆典活动的主要内容、意义,来宾名单和致辞,组织经营项目和政策等。

3. 布置场地

庆典仪式现场布置的总体原则是热烈、大方、得体、有喜庆感。举行仪式的现场要张灯结彩,悬挂庆典的会标。如属开张或开业庆典,会场可设在开张公司或商店的门口。参加开业活动的宾客一般是站立的,可以在来宾站立处和剪彩处铺设红色地毯,以示尊敬和庄重。会场两边可放置来宾赠送的花篮,四周悬挂彩带和灯笼。

有时还可以准备放飞鸽子、舞狮表演，使整个会场气氛显得隆重而热烈。在布置会场时还需要关注其他一些物品，如剪彩用的剪刀、手套、托盘等。

布置和检查音响设备，在主席台上至少装两个麦克风，有些特殊的活动应在群众和宾客席安放麦克风；了解无线麦克风电磁波的方向性、频率高低、音量大小，不要出现“吱吱”的噪声或间断噪声。还要事先设计好讲话、演示、产品介绍时表演者的路线。如果可能，对移动的演讲者、表演者最好用移动无线麦克风，或尽可能将线的一部分藏在地毯下面，以免绊倒人。

4. 准备好各类文件材料

要做好各类材料的准备工作，包括组织标识和宣传品的安排，各种文稿（演讲、致辞、报告、讲话等），设计好迎宾词、介绍词、演讲报告内容等。同时需要分发给各位记者的文字材料也应该撰写、打印、装袋，并且及时分发给参加的人，以便于记者筛选材料，有选择地进行报道。需要来宾发言时要提前沟通，让来宾事先做好准备，并在活动之前逐一落实。

此外，还要准备好贵宾留言册。设置签到簿，在活动开始前提供一份准确无误的主宾名单给会议主持人，以便向与会者介绍；筹办签字仪式应摆好签字者的桌椅，并标明哪一方是哪一位签字者；贵宾留言册不要用普通签字本，应用红色或金色锦缎面高级留言册；应准备好毛笔、砚墨或签字笔，还要准备好来宾签到处和来宾休息室。

5. 安排专人负责礼仪和接待

接待工作要事先指派专人负责，同时安排服务人员。重要来宾应由组织负责人负责接待。

必要时组织排列迎宾线。如果有剪彩环节，礼仪小姐的人数应比剪彩领导人数多一人，礼仪小姐一般应身着礼服或旗袍。中国人的传统观念认为红色为吉庆象征，礼仪小姐最好穿红色旗袍，身披绶带，绶带上要有开业或庆典标识及组织名称等，发式可以是齐耳直发，也可是典雅的发髻。一般情况下，礼仪小姐要化淡妆。

6. 准备馈赠礼品

在庆典仪式上要准备好赠送给各位来宾的礼品。此时赠送的礼品也是一种宣传性传播媒介，如果准备得当，往往能产生很好的效果。从公共关系的发展考虑，礼品应该具有以下几点意义：

（1）纪念意义。作为纪念本次庆典活动的礼物，发给各个宾客，可以使人不时地想起或向别人提起曾经参加过某个庆典活动、曾经当过某某代表、曾经去过某个地方。

（2）象征意义。准备的礼品要讲究“个性”，应当能够代表和象征本组织，让宾客们能从礼品的形状及内容上一目了然地明确它的含义。

（3）宣传意义。从公共关系角度出发，准备的礼品应当达到宣传目标。可使用自家商品作为礼品，为庆典活动设计专门包装，并在包装上印上组织标识、庆典开业日期、服务承诺、产品图案或企业宣言。

（二）仪式过程

1. 来宾签到

宾客来到庆典现场后，由专人引导至签到台签到。签到结束之后，可以安排专人将有关产品经营项目及公司全方位说明的材料，散发给宾客，扩大本组织的知名度。此外，还可以准备两个盒子，一个装本单位领导或公关部经理的名片，另一个装来宾的名片，以便于收纳以及制作通信录。

2. 接待

宾客签名后，由组织接待人员将其引到备有茶水、饮料的接待室，让他们稍事休息并相互认识。组织应有专人在此陪同宾客进行交流，对宾客到来表示感谢。

3. 剪彩

如果是大型工程破土动工奠基仪式、工程竣工仪式、公司成立、商场开业等庆典活动，活动开始时都需要进行剪彩。剪彩开始前，在热烈音乐的衬托下，由礼仪小姐手托托盘，托盘上可以放置红色方口布，将用彩带扎成的花朵相互连着放在托盘上，剪刀也放在托盘上。

当主持人出场时，音乐停止，主持人进行简单致辞，宣读与会来宾名单，并向各位来宾表示感谢。

剪彩开始，由主持人宣布剪彩人员的姓名、职务，主席台上的辅助人员一般要位于剪彩者身后 1~2 m 的地方。剪彩者穿着端庄整齐的服饰，并保持稳重的姿态，走向彩带，拿剪刀时以微笑向服务人员、礼仪小姐表示谢意。剪彩时，向手拉绸带或托彩花的左右礼仪小姐微笑点头，然后神态庄严地一刀剪断彩带，待剪彩完毕时，将剪刀放回托盘，并向四周观礼者鼓掌致意。

4. 领导致辞

由主客双方领导或代表致辞。开幕词、贺词、答谢词均应言简意赅、热烈庄重，切忌长篇大论。

5. 节目表演

典礼完毕，可以适当安排些符合典礼气氛的节目，如锣鼓表演，舞龙、舞狮表演，歌舞表演，播放喜庆音乐等。此外，还可以请专业乐队前来演奏。并且，每个节目或者活动都要别具匠心，如设计醒目的口号，既要令人耳目一新，又要便于传播和记忆，可以大大强化宣传效果。

6. 参观、座谈或聚会

主持人宣布仪式结束，即可引导客人参观组织本部、工作现场、生产设施、商品陈列等。可介绍主要设施或特色产品、商品以融洽与同行的关系，也可以举行短时间的座谈或请来宾在留言簿上签字。之后，还可以安排茶话会、恳谈会、舞会、宴会答谢来宾。通过座谈会、留言簿的形式广泛征求意见与建议，使组织与公众的关系更为密切，以不断改进工作中的失误，达到更好的发展目标。

7. 赠送纪念品

在庆典活动期间或者最后，可以准备、制作纪念品赠送给来宾和员工，使来宾有受到尊重的感觉，也使员工感受到主人翁的意识，以此来加强双方的感情交流和互动；还可以进行职工文艺表演，以示庆祝；也可以举行大型促销活动。

任务三　组织展览会

知识研修

展览会是一种复合型的传播方式。展览会从满足人们的心理需求出发，把要宣传的某种思想观念、技术成果或商品,用实物、文字、图表等方式直观地展现出来,充分展示组织的特征、风貌、成果。

一、展览会的特点

(一)复合性

会展活动利用实物、图片、文字、音像、示范、宣传手册、人员讲解、模型、表演、演说、销售等多种传播手段,突出主题,渲染气氛,传播信息,形成综合性的传播能力,这是其他传播方式所无法比拟的。

首先,会展活动可以进行实物展示,使公众一目了然地了解商品,利用眼、耳、舌、鼻、身等感官形成较完整的感性认识,给公众以"眼见为实"的真实感觉,有助于达到广泛传播的目的。

其次,会展活动上可以进行人员讲解、宣传服务、答疑咨询等工作,使公众能充分了解到企业的特点、商品形象和组织形象。

再次,会展活动上可以进行示范、操作表演,能使大众从中获得对商品的功能、使用效果的进一步认识,形成对商品的整体印象。

最后,展览会还可以配上剪彩、新品发布会、公众代表座谈会或洽谈会、个别访谈等相关活动方式,从而使展览会的传播活动呈现出立体的、复合的特点。

(二)双向性

展览会不仅通过展台的布置和人员的讲解等向公众传播信息,展示企业形象,更要创造条件收集和了解公众的信息。展览活动可以为组织提供与公众直接进行双向交流的机会。

通过展览会,公众得以了解组织和行业情况,组织也得以直接地了解公众的需求和行业的动态。

展览会一般都要安排专人回答参观者的问题,并同参观者就感兴趣的问题展开深入讨论。

组织在让公众了解自身的同时,也了解了公众对自身形象、展品等的反应,组织可以根据公众反馈的信息进行改进工作,从而实现双向交流的目的,增强了解和加深友谊。

在展览会上展览组织可以与参观者面对面地进行交谈,也可以搜集公众对产品的意见与建议,还可以解释与解决一些问题从而消除误解。

(三)高度集中、高效率

展览会是一种高度集中和高效率的沟通方式。展览会可以一次展示许多行业的不同产品,也可以集中同一行业的多种品牌产品来展示。它既为参观者提供了比较产品和购买产品的方便,节省了大量的信息传播的时间和费用,也为组织之间的相互交流和沟通信息提供了良机。组织及其优秀产品可以在展览会上脱颖而出,从而提高知名度,打开销售市场。

此外,在展览会上,组织和客户可当面洽谈,当场成交,缩短交易时间。同时,展览会上会展出全国甚至全世界的各类品牌的同类产品,这样,供销人员可在短时间内和多个厂家洽谈,组织也可以了解同行业的情况,吸取其先进经验,克服自身工作中的不足。

(四)媒体关注度高

展览活动是一种有主题、有影响的综合性大型活动,除本身能进行自我宣传外,还会成为新闻媒介重点追踪报道的对象,从而形成舆论热点,对公众产生较大的影响。

展览活动的吸引力来自其能满足人们的多种需求,并且具有一定的社交性,亦含有一定的娱乐价值。一般来说,很少会有别的方式能如此吸引公众的注意力。如我国的“中国进出口商品交易会”“中国国际高新技术成果交易会”常能吸引数百万公众的注意力。

案例链接

中国进出口商品交易会

中国进出口商品交易会又称广交会,英文名为 Canton Fair。中国进出口商品交易会原为中国出口商品交易会,创办于1957年春季,每年春秋两季在广州举办,是中国历史最长、层次最高、规模最大、商品种类最全、到会客商最多、成交效果最好的综合性国际贸易盛会之一。自2007年4月第101届起,广交会由中国出口商品交易会更名为中国进出口商品交易会,由单一出口平台变为进出口双向交易平台。

中国进出口商品交易会有数千家资信良好、实力雄厚的外贸公司、生产企业、科研院所、外商投资/独资企业、私营企业参展。

中国进出口商品交易会贸易方式灵活多样,除传统的看样成交外,还举办网上交易会。广交会以出口贸易为主,也做进口贸易,还可以开展多种形式的经济技术合作与交流,以及商检、保险、运输、广告、咨询等业务活动。来自世界各地的客商云集广交会,互通商情,增进友谊。

思考:

1. 展览会的定义是什么?
2. 该展览会具有什么特点?
3. 怎样组织与实施展览会?

二、展览会的类型

(一)按照展览会的性质划分

按照展览会的性质划分,可分为宣传展览会和贸易展览会。

宣传展览会是指只展示而不销售物品的展览会,目的是宣传一种观念、知识、成就、成果等。宣传展览只要求达到与公众沟通的目的,没有直接的商业目的,不进行直接的贸易活动。宣传性展览会具有非常明显的公关效用,并且可以起到间接促销的作用。

贸易展览会是一种通过展示商品而进行的直接促销活动,是指用实物做广告,促进商品销售,如“成都春季糖酒交易会”等,这类展览会既展示实物,又当场出售产品。

贸易展览会的目的是开拓商品市场,促进商品销售。

(二)按照举办展览的地点划分

按照举办展览的地点划分可分为室内展览会和露天展览会。

室内展览会就是在室内进行实物展出的展会。室内展览较为隆重,如计算机产品展览、服装展览、食品展览等。这类展览不受天气影响,举办时间也可以根据需要延长,但设计布置较复杂,需要较多的人力、物力和财力。室内展览一般为中、小型会展活动所选用。

露天展览会就是在室外露天地方进行的展览,如大型机械产品展览、花卉展览、轿车展览等。露天展览气氛热闹,可容公众多,会场布置简单,所花费用比较少,但受天气影响大,时间不宜过长,一般为大型会展活动所选用。

一般来说,如果当地具有大型的专门展览设施和场所,大型会展活动亦可选用室内形式。

当然,也有室内、露天兼而有之的会展活动,这要视不同展品的需要而定。

(三)按照展出商品的种类划分

按照展出商品的种类划分可分为单一商品展览会和混合商品展览会。

单一商品展览会展出的商品品种单一,如冰箱博览会、空调展览会等。在单一商品展览会上,厂家众多,商品型号与牌号各不相同,因而往往竞争非常激烈。

混合商品展览会展出的商品种类很多、琳琅满目,如家电展览会、床上用品博览会、家具展销会等都是这种类型。

(四)按照展览的规模划分

按照展览的规模划分可分为大型的综合展览会、小型展览会和袖珍展览会。

大型的综合展览会,如国际博览会、全国性展览会、大型批发企业的展览订货会等。这类展览会一般由专门的大单位举办,规模大,要求高,参加人员、参展品种都较多,它既可以是综合展览,也可以是专项展览,其组织难度较大。

小型展览会一般由各企业独家举办,如在各地举行的美术作品展览。这类展览会主要是应时应季商品的展览,灵活性强,组织简便。

袖珍展览会规模极小,有的只需一个展台或一个橱窗,如橱窗陈列展览和流动车展览等。在这种情况下,为引人注目,就需要注意考虑展品的艺术设计。

(五)按照展览地点是否固定划分

按照展览地点是否固定划分,可以分为固定展览和流动展览两种。

固定展览是指地点不变的展览,常常是指组织自己举办的小型展览会。对于一个要接待各种参观团体的组织来说,拥有一个永久性的固定展览是最理想不过的。在企业内部或者相关城市的贸易中心设有自己固定的展览室,可以充分展示企业的形象和产品的特色。

流动性展览指那些巡回展览,它借助各种交通工具和拆卸、组装自如的组合柜架,将展览从一地转移到另一地,还有的组织利用交通工具作为展览场地,如在各地巡回举行的兵马俑展览、美术作品展览、新电影作品展览等。这类展览除了设计布置需要开销外,根据物品的贵重程度还要花费一定的运输费、保险费等。

三、展览会的工作程序

展览会的一般工作程序如下所示。

(一)明确展览活动的主题和目标

每一次展览会都应有明确的主题和目标,只有明确主题和目标,才能确定展览活动的传播沟通方式和接待形式,使各种传播手段的运用具有针对性,才能够使展品、实物、图片、文字资料等各项展览内容有机地结合起来,给人以有条不紊、层次分明之感,使展览活动的整体效果得以实现。

此外,每一个展览会的主题都可以通过各种形式反映出来,如主题性口号、主题歌曲、徽标、纪念品等。同时,还要根据所拟定的主题确定相应的目标效果等,从而为举办展览会做好充分的准备。

由于展览会的各项人力、物力、财力成本都比较高，因此展览会的发起单位和参展单位还必须进行必要性和可行性分析。

（二）明确参展单位和参展项目

大型展览会通常有许多单位和许多商品参展，主办单位可以通过广告、举办新闻发布会或发邀请函等形式联系参展单位，并将参展时间、地点、项目、收费标准、展览活动的宗旨、展览规模、传播形式、接待规格等告知参展单位，并对参观者的性质、层次、范围、人数、需求特点进行分析预测，以便企业进行决策。

（三）指定展览活动主创与主编人员

必须指定专门的主创人员和主编人员，依据展览会的主题和目标进行整体活动的规划和构思。一般来说，主创人员主要构思展览会的整体结构、策划新闻宣传、安排开幕式和闭幕式的活动内容、确定剪彩嘉宾等；主编人员负责设计并确定会标、撰写展览会的前言和结束语、向各部分的编辑讲明总体布局及各部分之间的衔接要求等。

此外，主创和主编人员还要做到针对展览会的目标公众来设计、规划传播手段与沟通方式，以保证展览活动的效果。例如，对一些专家或专业观众要配有专业的解说人员和专业化的资料介绍；对一般的参观者则要求解说员采用通俗易懂的语言进行讲解，或采取直观普及性的宣传。

（四）明确参观者类型和数量

每一次展览会的策划与举办之前，主办单位都必须明确下列问题：展览会针对的公众是谁？范围有多大？需求特点有哪些？职业与层次如何？等等。参观者的类型、数量等将直接影响信息传播手段的选择和效果。

（五）选择展览活动的时间和地点

在展览活动的时间选择上，要考虑所展示内容有无季节性和周期性，如农副产品、花卉、服装、糖酒、饮料等；展览活动是否与重大社会活动的时间发生冲突等。

在展览活动的地点选择上，主要考虑三个因素：第一，交通是否便利；第二，周围环境是否与展览活动的主题和内容相协调；第三，辅助设施如灯光系统、音响系统、安全系统、卫生系统等是否健全。

（六）准备好展览活动的宣传资料

在展览会举办之前，要准备好各种辅助性的宣传资料。具体包括：设计展览会的徽标，准备好展览会的纪念品以及录音带、录像带、领导人的致辞、展览会的背景材料、前言及结束语、展品目录、参展单位、人员名单、解说词等。此外，其他各种文字、电子辅助宣传资料、各种辅助设备以及各种相关服务都应在前期做好准备。

为了实现对上述资料的准备，各部分编辑就需要提前根据展览活动大纲收集各参展单位的实物和文字、图片、招贴画、目录表、录音、录像等资料，然后撰写展览脚本，交设计室完成设计，再由制作组完成制作。

（七）成立展览活动的新闻发布机构

展览活动中会有很多具有新闻价值的信息可供公关人员挖掘，并写成新闻稿件通过媒介发表，也可以邀请新闻记者亲临现场进行采访报道。当然，这项工作专业性较强，应该由为展览活动专门成立的对外发布新闻的机构制订计划和组织实施，以扩大展览活动的社会影响力。

(八)培训展览活动的工作人员

展览活动工作人员的素质与技能对整个展览效果起着重大影响作用。因此,活动前必须要对展览会的工作人员进行分类培训,主要包括以下方面。

(1)对各部分的编辑人员、设计人员、美术人员、制作人员的培训,要明确他们工作的具体要求,以确保总体布局和各部门之间的合理安排与衔接。

(2)对于讲解员、接待员、服务员、业务洽谈人员的培训,可以围绕公关技能、展览专业知识和专业技能、推销技能和社交礼仪等方面的内容进行。要尽可能地通过培训,使他们既懂得展览项目的专业知识,能为观众提供咨询服务;又善于运用文明礼貌的语言和大方得体的举止,与各类观众交际和交流;还能在服饰仪表方面端庄大方,不落俗套。

(九)费用预算

举办展览要花费一定的资金,具体包括场地和设备租金、电费、运输费、设计布置费、陈列费、装饰费、材料费、传播媒介租金、宣传资料制作费、通信费、工作人员的劳务费、保险费等。

公关人员在预算费用支出时,应留有5%~10%作为备用金,供调剂补充用。

(十)布置展厅

布置展厅的工作主要包括以下方面。

1. 对展品进行选择与处理

根据展览的性质和整体设计选择展品的品种和数量,还要对有些展品提前进行各种处理,如拍成幻灯片、电影拷贝和录像片,制成标本,适当的物理或化学处理等。易破损的物品要进行严格包装,并准备好备用品。

2. 装饰室内展厅

展厅布局结构要合理,布置要美观大方。展厅的主色调、背景选择、展板设计、灯光照明等,都应认真考虑和规划。

3. 进行展品陈设

展览不仅仅是实物展示,更是一种艺术。同一件物品,由于摆设的角度、方向、部位不同,在不同的背景和光线下,在其他不同展品的衬托下,给人的视觉效果就会大不一样。所以,主办单位要对展品的陈设进行精心的设计,展示出艺术性的一面,以给参观者留下深刻的印象。

(十一)展厅开放

当展会的一切准备工作安排妥当之后,就可以择日开放了。开放时要注意以下几点:

(1)开放前应做好宣传工作,以引起人们对本次展览的关注。

(2)选择的展出时机要合适,不同的时机会有不同的效果。

(3)观展人数要控制得当。

(4)展品或实物的展览词要简洁明了,但解说词要生动具体,以使静态的实物和图片鲜活起来。

(5)在展会上要做好会务工作,要接待好每一位观众。

(6)在展厅入口处应设立咨询台和签到处,并贴出整个展览会的平面图和展品目录表。

(7)可适当发放一些纪念品,悬挂展览会的会标和会旗,播放会歌,以强化参观者的记忆。

(8)应做好安全防卫工作,防止事故发生。

(十二)会后总结

在展览会结束后,可以通过测定展览会的效果,来评价本次展会活动的成败,总结经验,为今后改进工作提供参考。测定展览会效果的方法具体包括:

(1)可在出口处设置留言簿以征求参观者的意见。

(2)可以结合展览会举办座谈会,请参观者谈谈自己的感受;也可以在展览会后登门访问或发出调查问卷,了解展览的实际效果。

(3)展会现场的订货合同及金额大小是测定展览效果的最直接的指标。

(4)还可以通过专家的评价、新闻媒介的报道和参观者的人数测定展览会的综合效果。

任务四　组织赞助活动

知识研修

一、赞助活动的目的

赞助活动是指组织以不计报酬的捐赠方式,出资或出力支持社会活动、社会事业等。这种公共关系活动形式比较容易引起公众和新闻界的注意,是树立组织形象、推广产品的极好方式。

(一)增强广告的说服力和影响力

许多出现在各种体育比赛和文艺演出场地周围的企业名称或产品商标,就是通过赞助在做广告,以配合企业组织在其他媒介上进行的广告宣传,从而增强广告的说服力和影响力,对公众形成直接的视觉冲击。

通过赞助做广告之所以可以起到很好的效果,是因为有以下两个特点:

其一,赞助性广告具有垄断性。通过对某一活动的赞助来做广告,可以对此活动过程中的此类产品或服务广告进行垄断,而使竞争产品无法在此活动中进行广告宣传,从而提升企业产品广告的影响力。

其二,赞助性广告具有隐蔽性。一些组织由于其所生产的产品品类比较特殊,不能直接利用广告进行宣传和推销,但可以通过赞助社会活动的方式来做广告,从而达到宣传和推销的目的。

(二)树立良好的组织形象

企业组织经营管理的目的是获取收益,而对社会活动或社会公益事业的赞助,则是以奉献自身利益为前提。两者表面上似乎相互抵触,但实际上并不矛盾。企业组织除了获取利益之外,还必须承担一定的社会责任和社会义务。而且,正是通过支持各类社会公益事业,来表明自己是社会的一员,表示组织对社会公益事业的关心,为社会贡献自己的一份力量,从而树立企业良好的形象。

(三)扩大知名度与美誉度

企业组织所提供的赞助资金或物质能使目标公众直接受惠,这样就能够比较有效地建立和培养组织与有关其他组织和目标公众的良好感情,从而改善组织的社会关系,扩大知名度,提高美誉度。

此外,根据企业组织目标市场的特性,可以选择特定的社会活动作为其赞助项目,加强与特定社会公众的联系和交流,达到培养与特定社会公众良好感情的目的。例如,有许多公司经常赞助少年儿童喜爱的活动,以此培养他们对公司的好感。

二、赞助活动的类型

(一)赞助体育活动

赞助体育运动是赞助中最常见也是最成功的一种形式。随着人民生活水平和体育运动水平的提高,人们对体育运动越来越感兴趣。体育也因此而成为企业最愿意赞助的项目之一。

通过对体育运动的赞助,以增强对公众施加影响的广度和深度,还可以扩大组织的影响。

(二)赞助文化艺术事业

文化艺术事业是现实生活中常见的赞助项目之一。企业组织赞助文化艺术事业,不仅可以促进文化事业的繁荣,还可以培养与公众的良好感情,而且可以大大提高企业组织的社会效益和知名度、美誉度。

(三)赞助壮举和探险

由于各种类型的壮举和探险活动,经常会在一段时间内成为社会公众和新闻界关注的焦点,因而,赞助壮举和探险也就成为许多企业喜欢赞助的项目之一。

(四)赞助社会慈善和福利事业

赞助社会慈善和福利事业,是表示企业组织对社会公益事业的关心,体现社会成员的社会责任感,也是组织向社会表明其承担社会责任和义务的有效方法。赞助社会慈善和福利事业可以帮助企业组织塑造良好形象。例如,我国许多企业向"希望工程"捐款,以救助失学儿童等。

(五)赞助教育、科学研究和出版事业

"百年大计,教育为本。"教育事业关系到国家的千秋大业,日益受到社会重视。企业组织赞助教育事业,一方面有利于组织后备力量的培养及人才招聘;另一方面体现了企业组织的社会责任,为组织树立了关心下一代、支持教育的可敬形象。

此外,现在参与赞助的组织越来越多,赞助的范围也越来越大,不少企业开始对科学研究和出版事业进行赞助,以支持其发展。如我国很多企业在高等院校设立专门的科研基金、奖学基金和教材出版基金等;还有很多企业对一些国家重要的基础科研项目、学习优秀和科研成就突出的人才进行奖励,以及对有学术价值的教材和科研成果的出版给予资助。这些赞助内容和方式都会给企业带来意想不到的效果和收获。

三、赞助活动的工作程序

(一)成立专门负责赞助的机构

为充分发挥赞助的作用,达到目的,首先成立专门负责赞助的机构,如赞助委员会或赞助审查小组,具体负责处理与赞助有关的所有事宜。

(二)研究赞助方案

首先,要明确赞助的目的。要从分析社会的需求与组织的需求入手,分析组织的公共关系政策和目标,并在此基础上确定赞助方向和赞助政策,以保证社会和组织双双受益。其次,无论是企业主动选择赞助对象,还是接到请求后再做出反应,都要论证赞助的价值与赞助形式的合理性,进行赞助的成本和效益分析,以保证社会和组织都能受益。

(三)制订赞助计划

在赞助方案研究的基础上,由公关部制订出赞助计划。虽然赞助计划要有一定的灵活性,但是一定要把好关。

赞助计划的内容一般包括赞助对象的范围、赞助费用、赞助形式、赞助项目和费用预算等。赞助计划是赞助研究的具体体现,其作用是做到有的放矢,控制赞助范围;在经费使用上应留有余地,以防超出组织的承受力,并节制浪费现象。此外,组织还应该选择最佳的赞助方式,介入被赞助单位的具体活动,以取得预期的赞助效果。

(四)审核和评定具体的赞助项目

专门负责赞助的机构应根据企业的赞助政策、赞助方向和赞助计划,并依据"成本-效益"分析原则,对具体的赞助项目进行详细的分析研究和审查,逐项审核评定,确定其可行性、具体方式和款额以及赞助时机,以便制定赞助的具体实施方案。大型赞助有时还要经过董事会、主管领导审定批准,履行法律咨询、公证证明等手续。

任务五　组织参观活动

知识研修

组织为了增加透明度,让公众更好地了解自己,获得公众对其经营发展的支持,可以有计划地组织公众参观,如邀请组织的员工家属、社区公众、新闻工作者以及其他对组织感兴趣的人深入组织内部进行参观访问,并借此机会向公众进行宣传,从而帮助组织塑造良好形象。

对外开放参观活动是树立组织形象的良好时机,但如果接待组织工作做得不好,则会招致适得其反的效果。因此,一定要认真对待,充分准备。

一、开放参观活动的对象

开放参观活动的对象既要考虑参观者的代表性,又要重视特定的目标公众,也要考虑组织的承受能力。因此,参观对象要仔细选择和确定。

参观活动的对象主要包括:

(1)目标公众,包括客户、经销商、消费者、原材料供应者、生产协作者等。

(2)一般公众,包括社会团体、学校、文化单位、研究机构、社会各界代表、员工家属、社区居民等。

(3)股东公众,包括股东、证券商、证券专家、证券从业人员、证券主管部门等。

(4)党政部门,包括各级党政部门、主管部门、上级部门等。

(5)其他相关部门,包括金融机构、保险公司、新闻媒体、司法部门、环保部门等。

(6)社会名流,包括专家学者等。

(7)投资者、客商、观光者、旅游者等。

(8)各类慈善组织和社会福利团体等。

二、开放参观活动的组织程序

1. 明确参观活动目的

参观活动是一项细致而复杂的工作,涉及组织内部和外部的各种因素,一定要明确参观活动的目的是什么,解决组织什么问题,达到什么样的目标和效果。只有在此基础上,才有可能进一步策划和组织好参观活动,使整个活动有的放矢。

2. 明确参观活动主题

组织参观活动,应有一个明确的主题来体现组织的精神和活动宗旨,既突出中心,又能以鲜明的主题给参观者留下深刻的印象。

3. 确定参观日期

在确定参观日期时应注意不要和重大节假日或组织的重要活动发生冲突。在重大节假日,大部分公众都有自己的安排,可能导致无法参加组织的开放活动,如果组织正处于举办重要活动的期间,可能事务繁杂,腾不出更多时间和人力来接待、照顾参观者,导致参观组织工作混乱,反倒会给组织形象带来负面影响。

4. 成立专门机构

组织举行参观活动需要成立一个专门机构来统筹安排。专门机构中应至少有一名决策层的人来做总协调人,并安排相关部门的负责人和具体的工作人员参与其中。

5. 做好宣传准备工作

组织应充分重视参观活动的宣传工作。首先是通知新闻部门,利用新闻媒体来扩大影响。同时,应对组织内部的全体员工做好宣传工作,使每个人明确参观活动的意义与目的,让组织成员自觉地参与这项活动。还应储备各种相关的宣传材料,如广告、关于组织和产品的说明书、画册、纪念册,配备有关的视听材料。有条件的组织还可以向参观者赠送一些宣传材料、纪念品,以保持参观的持久效应。

6. 确定参观活动内容

可通过现场观摩、介绍、实物展览三种方式来确定开放参观内容。组织可以事先准备一些印刷精良的宣传册,深入浅出、图文并茂地展示某些参观活动的内容。让公众进行参观时最好配以口头讲解,通过现场实物和员工的形象展示来展现组织风采。

7. 选择参观路线

参观路线应有明确的路标。在参观活动开始前,需要事先采取安全措施,组织的安全人员应在必经的地方设置警告信号和障碍,以防止发生意外。

8. 做好解说和接待工作

参观活动要有一些具有一定素质的接待人员和向导从事接待组织工作。要提前对接待人员和向导进行培训,使他们不但充分了解组织情况,而且具备一定的专业知识和公共关系素质,特别是演说口才、接待礼仪等。

9. 收集参观者意见

参观活动结束后，要做好欢送工作，并认真听取参观者对组织的看法和建议。注意收集参观者的意见，并对这些意见进行整理分析，提交给组织相关部门。对组织采纳的意见，还应把意见实施情况反馈给建议者。

10. 营造真诚、开放的活动氛围

组织要以真诚的态度对待参观者，应热情相待，接待态度、规格、程序不能因人而异。

项目小结

本项目内容从新闻发布会、庆典活动、展览会、赞助活动、参观活动五个方面对公关活动策划进行了详细介绍和阐述。

公共关系活动是运用传播沟通的方法去协调组织的社会关系，影响组织的公众舆论，塑造组织的良好形象，优化组织的运作环境的一系列公共关系工作。成功的公关活动能持续提高品牌的知名度、认知度、美誉度、忠诚度、顾客满意度，提升组织品牌形象，改变公众对组织的看法，累积无形资产，并能从不同程度上促进销售。成功的企业离不开公关活动。

任务单一

任务情境:组织新闻发布会

一、任务描述

模拟新闻发布会,以本地某著名企业为新闻发布单位,学生分角色扮演,全程实施。

二、实施工具

教室、计算机、投影仪、麦克风。

三、实施方法

角色扮演。

四、实施步骤

(1)班级内分组,每 4~8 人一组,分组讨论后确定人员分工。

(2)拟定工作流程,进行模拟。

(3)学生自评。

(4)老师总体点评。

五、考核与评价

任务实施评价表

考核项目	考核要求	分值	得分			备注
			自我评分	组间评分	教师评分	
明确任务获取信息	能有效利用图书资源、网络资源、教材资源等查找有效信息;能用自己的语言有条理地去解释、表述所学内容;能对查找到的信息有效转换到工作任务中	10				
感知任务制订计划	是否熟悉任务,认同工作价值;是否具有执行力;小组计划制订是否合理、具有可操作性	10				
实施任务	与教师、组员之间是否相互尊重、理解、平等;与教师、组员之间是否能够保持多向、丰富、适宜的信息交流	10				
	探究学习,自主学习不流于形式,处理好合作学习和独立思考的关系,做到有效训练;能提出有意义的问题或能发表个人见解;能按要求正确操作;能够倾听、协作分享	10				
	遵守实训任务要求,实训过程符合目标;训练过程出勤情况和完成工作任务情况;善于多角度思考问题,能主动发现、提出有价值的问题	20				

考核项目	考核要求	配分	得分			备注
			自我评分	组间评分	教师评分	
展示成果	在展示成果中考核小组工作计划、训练技能是否符合目标与要求;是否获得进一步发展的能力和创新能力;是否有良好的语言表达能力	10				
	在展示成果中发现学习者是否具有发现问题、提出问题、分析问题、解决问题、创新问题的能力	15				
评价反馈	按时按质完成实训任务;较好地掌握了专业知识点;具有较强的信息分析能力和理解能力;具有较为全面严谨的思维能力,并能条理明晰地表述成文	15				
总分:100						

六、技能拓展

2023 年 9 月 23 日晚,第 19 届亚运会在杭州开幕。作为备受海内外关注的国际体育赛事,本届亚运会赛事规模创新高,12 000 多名运动员、近 5 000 名技术人员和上万名记者云集西子湖畔。

与此同时,这一届亚运会也成为国内外企业关注的重点体育 IP,176 家企业竞相赞助,众多上市公司运用人工智能、VR、电竞、文创等方式,“花式”参与杭州亚运。业内人士指出,亚运会的举办有望为合作企业提供商业价值、贡献业绩增量。

思考:亚运会赞助活动对企业有何意义?

任务单二

任务情境:组织庆典活动

一、任务描述

假如你是某职业院校50周年校庆的秘书组成员,请拟出参与校庆活动的重要领导和来宾名单。选择庆典筹备方式,进行庆典议程安排及设计庆典的规范服务,进行庆典活动的整体策划、组织,并熟练应用与庆典活动相关的技能。

二、实施工具

计算机、学校网络会议室、大礼堂、本班教室、校内空旷场地。

三、实施方法

角色扮演。

四、实施步骤

第一步:分组。

第二步:编制一份校庆活动庆典仪式的程序。

第三步:模拟演示庆典仪式的大会场景。

五、考核与评价

任务实施评价表

考核项目	考核要求	分值	得分			备注
			自我评分	组间评分	教师评分	
庆典活动方案撰写	在训练中认真负责,积极配合	20				
	能很好地体现庆典活动的目的	30				
	团队配合默契	20				
	小组整体表现出色	20				
	报告符合要求	10				
合计		100				

六、技能拓展

某酒店开业前,对如何进行开业庆祝活动,酒店公关部进行了热烈的讨论。大家议论纷纷,出了不少点子,归纳起来有五种方案:

第一种方案,主张开业那天要把气氛搞得越热闹越好,请名演员登台献艺,大造声势,吸引各方民众。

第二种方案,主张除搞些演出活动外,关键还要请来知名企业家,搞好剪彩仪式,给予高度评价,产生轰动效应。

第三种方案,主张进行开业大酬宾,通过抽签选出幸运观众,进行500人的宴请品尝活动。这样既增强吸引力,扩大影响面,又使品尝者得到实惠,使之赞不绝口,将此次活动传为美谈。

第四种方案,主张举行隆重的开业典礼,播放喜庆音乐,请劳动模范剪彩,然后召开顾客与酒店领导座谈会,为酒店出谋划策,中午便餐招待。

第五种方案,主张召开简单的开业典礼,把省下的资金捐献给希望工程,请记者参加采访,形成材料,通过媒体传播产生广泛影响。

对以上策划方案,你认为哪一种比较好?提出意见。也可以利用或创造条件,提出更好的方案。

思考与练习

一、判断题

1. 按照展览时间不同将展览划分为一年一次。 ( )

2. 投照展览面积划分，可分为专业展览和综合展览。 ( )

3. 在展会上要做好会务工作，要接待好每一位观众，尤其是特殊观众。 ( )

4. 庆典仪式现场布置的总体原则是热烈、大方、得体、有喜庆感。 ( )

5. 通过展览会，公众得以了解组织和行业情况，组织也得以直接地了解公众的需求和行业的动态。 ( )

二、单选题

1. 发言人应由组织的( )来承担。

A. 主持人　B. 记者　C. 发言人　D. 高级领导

2. 庆典活动是一种( )传播。

A. 现场　B. 直接　C. 二级　D. 间接

3. 庆典活动可引起( )效应。

A. 新闻　B. 宣传　C. 发酵　D. 合力

4. 庆典活动发放请柬，可提前( )天。

A. 3　B. 7~10　C. 3~5　D. 一周以上

5. 致词人和剪彩人分为己方和( )。

A. 社区　B. 同行　C. 客方　D. 官方

三、多选题

1. 以下( )是庆典活动的助兴节目。

B. 研讨会　A. 年会　C. 角色扮演　D. 酒会

2. 无论主持人还是发言人，都是企业形象的化身，其外表形象的设计也应下一番功夫，( )都应给人以礼貌真诚的感觉。

A. 服饰礼仪　B. 言谈举止　C. 互动　D. 商业

3. 记者招待会需用的材料包括( )。

A. 发言提纲　B. 会议筹备　C. 宣传辅助资料　D. 报道提纲

4. 庆典活动的关键仪式人选有( )。

A. 记者　B. 同行代表　C. 社区负责人代表　D. 知名人士

5. 赞助性广告具有( )。

A. 垄断性　B. 隐蔽性　C. 局限性　D. 完整性

项目四　化解公关危机

知识目标

(1)了解公共关系危机的含义和特点；
(2)熟悉公共关系危机的原则；
(3)掌握公共关系危机管理的程序。

能力目标

(1)能够搜集与分析近期社会上发生的公关危机事件；
(2)能够为自己班级可能出现的公关危机情况分析出处理原则；
(3)能够进行班级公关危机情况的处理模拟。

素质目标

(1)培养学生对于突发危机事件临危不惧的心理综合素质；
(2)培养学生具备公关危机应变和处理及预防能力；
(3)激发每个学生的使命感、民族自豪感和爱国之情。

思维导图

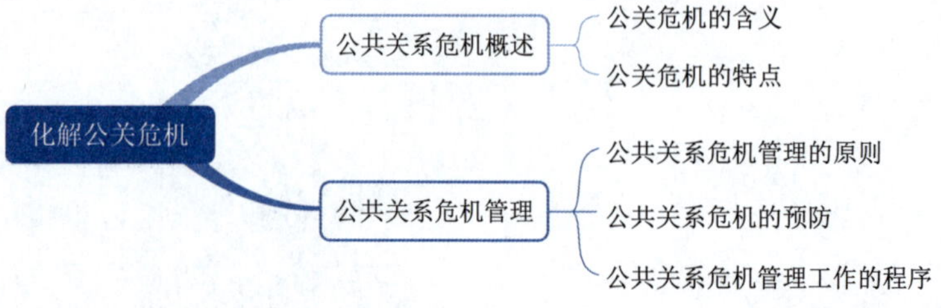

项目引入

××市一用户家中的××牌电冰箱突然发生爆炸,其生产厂家立即组织人员火速赶往用户家中处理。

他们先到用户家中看望,结果发现接通电源后,压缩机工作正常,但门被炸飞了;而且在他们到来之前冰箱已收拾干净,调查变得比较困难。厂方代表决定一方面继续查找事故原因,另一方面请求公安机关进行现场勘验。

他们在与用户交谈中向其说明,无论多么困难,一定要彻底查清事故原因,且会依规进行赔偿。他们坚定的原则以及耐心与真诚终于使用户说出了实情:他承认是自己在冰箱中存放了易爆的丁烷气瓶。厂方代表马上通过当晚的电视节目公布了事故真相,解开了爆炸之谜,挽回了工厂的声誉,树立了良好的企业形象。

项目思考

分析该电冰箱生产厂家成功渡过企业危机的原因。

任务一　了解公共关系危机

知识研修

一、公共关系危机的含义

公共关系危机简称公关危机,是指由于主观或客观的原因,企业与公众的关系处于极度紧张的状态,公众之间产生了明显不利于企业组织的舆论,对企业的声誉、信誉和形象都产生严重不良影响的现象。公关危机会使一个组织陷入舆论的压力之中,失去公众的信任并影响组织的生存与发展,它是企业公共关系状态严重失常的反映。

公关危机不同于一般的危机,但又与一般的危机相连,如果一般的危机控制处理不好,常常会导致公关危机。企业公关危机的发生会导致企业与公众关系迅速恶化,企业的正常业务受到影响,企业形象遭受损害,甚至会威胁到企业的生存。

二、公共关系危机的特点

了解公共关系危机的特点,既有利于组织认真做好公关危机事故的预防工作,又有利于在危机发生时更好地处理危机,以减少损失,减轻负面影响。

1. 紧迫性

公共关系危机事件会在社会上迅速扩散开来,对社会造成严重冲击,也会迅速引起社会不同反应。所以,公关危机事件的应对和处理行为具有很强的时间限制,若不及时采取有效措施制止,就容易使整个组织形象遭到彻底破坏。

2. 复杂性

组织一旦发生公共关系危机，就不可避免地要牵涉顾客、媒体、政府等方方面面，处理起来更是错综复杂。比如，一个企业发生因灾难事故而引发了公共关系危机，如果既造成经济和物质损失，又造成人员伤亡，那么其涉及的单位、部门从十多个到几十个不等，其沟通协调的难度是非常大的。

3. 严重破坏性

公共关系危机事件不同于一般的矛盾冲突。它涉及面广，错综复杂，危害严重。一方面，公共关系危机会给企业造成不同程度的破坏。由于危机的突发性和紧急性，所以不论什么性质和规模的危机，都必然给企业的正常运转和生产经营秩序以及组织形象造成不同程度的破坏。而且由于决策的时间以及信息有限，往往会导致决策失误，从而带来无可估量的损失。另一方面，从社会的角度来看，公共关系危机事件的发生，也会给社会公众带来直接的物质损失或健康损失，有时还会带来心理恐慌。

4. 高度关注性

公共关系危机事件由于影响到了公众的利益，所以公众关注度非常高。公关危机事件常常成为社会舆论关注的焦点和热点，以及新闻传播媒介的新闻素材与报道线索。公共关系危机事件不仅会引起国内各界公众的关注，严重的甚至还会引起世界各国的关切和注意。当公共关系危机发生的时候，组织的形象和信誉面临巨大的压力或损害，组织需要动员所有的传播资源去应对和处理。

任务二　进行公共关系危机管理

知识研修

一、公共关系危机管理的原则

公共关系危机管理不是少数几个危机管理小组成员或公共关系机构的局部领域的行为活动，而是组织中所有成员都有责任，都应积极、主动、共同努力去办才能办好的重要事项。因此，社会组织在处理公共关系危机事件的工作中，应上下统一，全员统一，遵循恪守公共关系危机管理的原则和标准。公共关系危机管理的原则主要有如下几个。

（一）及时性原则

在危机发生后，公众对信息的要求是迫切的，他们会密切关注事态的进展，再加上现代传播渠道多种多样，所以在危机出现的最初 12~24 小时内，消息会以裂变方式高速传播。而此时企业组织的一举一动将是外界评判企业如何处理这次危机的主要依据，媒体、公众及政府都密切注视企业发出的第一份声明。对于企业在处理危机方面的做法和立场，舆论态度往往都会立刻见诸传媒报道。

而且，危机事件常给相关组织造成措手不及的被动局面，如果组织反应迟钝，行动缓慢，态度暧昧，有可能导致事件的进一步恶化，给组织带来更大的被动，甚至发展到不可收拾的地步。

因此，当危机事件一发生，企业组织就要当机立断，快速反应，果断行动，赶在第一时间主动采取切实可行的应急措施，与媒体和公众进行沟通，从而迅速控制事态，将危机事件所带来的负面影响降到最低程度；否则会扩大突发危机的范围，甚至可能失去对全局的控制。危机发生后，能否首先控制住事态，使其不扩大、不升级、不蔓延，是处理危机的关键。

（二）诚意性原则

通常情况下，任何危机的发生都会使公众产生猜测和怀疑，有时新闻媒介也会有片面的或夸大事实的报道。因此，要想取得社会各界公众的信任，必须采取真诚、坦率的态度。企业只有开诚布公地说明事情的原委，诚恳地接受批评，才能淡化矛盾、转化危机。

所以，处理危机事件的基本态度是诚恳，对待和处理问题要做到是非分明。无论是对内部公众，还是对媒体记者、顾客公众、主管领导等，都不能隐瞒事实真相，而要实事求是，以争取主动，求得公众的理解和信任。

此外，无论面对的是何种性质、类型及起因的危机事件，企业都应该主动承担义务，积极进行处理。即使起因在社会公众一方，也应首先消除危机事件所造成的直接危害，以积极的态度去赢得时间，以正确的措施去赢得社会公众，创造妥善处理危机的良好氛围。诚意性原则还表现为维护消费者利益，以顾客代言人的身份出现，主动弥补顾客的实际利益和心理利益。

（三）权威性原则

在公关危机事件发生后，企业组织不要只是自行辩解，可以请出权威的第三方进行解释，使消费者解除警惕心理，重获他们的信任。

许多大企业日常联系的公共关系名单中，有一群在企业相关业务范围里很有影响的专业权威人士，这些人包括了权威机构的行业专家、大学教授等。他们不仅学识丰富，分析问题专业性强，而且新闻媒体往往在征询过他们对企业的意见和建议之后才会发布相关信息。

所以，当危机发生时，由这些权威机构和专业人士作出的评价远比企业自己为自己辩护有用得多。企业可以充分利用权威机构和专业人士在公众心目中的良好形象，为自己解决危机问题提供有力的帮助。比如，处理危机时，可以邀请公证机构或权威人士辅助调查，以赢取公众的信任，这往往对企业危机的处理能够起到决定性的作用。

（四）冷静性原则

由于公关危机事件具有突发性、紧急性的特点，所以当危机到来之后，危机处理人员一定要沉着、冷静，不要因为头绪繁生、关系复杂的突发事件而变得急躁、烦闷并因此随意处理危机事件。只有保持冷静的头脑和平和的心态，才能在处理危机事件的过程中应对自如。如果心里着急、仓促上阵，就会导致简单粗暴的行为，就会使本已发生的危机事件，朝着更严重、更无法控制的方向发展。

（五）灵活性原则

俗话说，计划赶不上变化。公共关系危机事件随着外界情况的发展而不断地发生变化，原定的预防措施或紧急处理方案可能由于考虑不周全、不完善而部分或完全不适用于实际情况，因此，企业组织在具体的实施危机处理工作的过程中，必须视具体情况灵活运作，要随客观环境的变化而有针对性地提出有效的措施和方法，绝不能墨守成规，照搬教条。

此外，公共关系危机具有不同的类型和性质，即使类型和性质相同或相似，所面临的外部环境也会不一样。因此，企业组织在提出应对方案、解决措施、处理程序时，应具有较强的针对性和适应性，以适应不同类型的危机和不同的环境要求，从而取得更明显的效果。

（六）充分处理好与媒体关系原则

媒体的义务就是信息报道。对媒体来说，新闻是稍纵即逝且竞争激烈的商品。因此，当哪个组织有危机发生时，媒体会在第一时间抢先报道。所以，组织应该努力控制局面，接受媒体的报道，并积极同他们合作。

（七）积极行动原则

在公关危机事件中，积极的行动要比单纯的辩解更能有效地恢复企业的声誉。在当前这种强调企业责任感的大环境中，仅有口头的承诺，而没有实际的行动，只能招来消费者更多的怀疑和谴责。

所以，在公关危机事件中，全力以赴做好危机事件各项处理工作是企业组织争取主动的前提。企业组织首先要积极主动承担起事故责任，才能迅速控制事态向恶性发展；其次要积极热情地对受害者提供服务，才能得到他们的谅解和合作；再次要积极发布危机相关的各项信息，才能得到他们的理解和支持，逐渐摆脱困境。总之，在处理危机过程中，组织要积极对待出现的问题，不要消极等待，或抱着可以逃脱批评、逃脱处罚的侥幸心理坐等时机流失。

二、公共关系危机的预防

（一）树立起全体员工的“危机意识”

伊索寓言里有这样一则故事。森林里有一只野猪不停地对着树干磨它的獠牙，一只狐狸见了不解地问：“现在没看到猎人，你为什么不躺下来休息享乐呢？”野猪回答：“等到猎人出现时再来磨牙就来不及啦！”所以，野猪抗拒被捕猎的利器，不是它那锋利的獠牙，而是它那超前的“危机意识”。

组织中的各层员工都要树立起“危机意识”，尤其是组织决策者，不仅要有敏锐的危机感，还要居安思危，做好应对各种类型危机的策略准备。首先，组织高层领导要提高企业的危机感，重视危机管理各项工作。领导层的重视是公关部门做好危机预防的重要保证。组织的最高领导层对公共关系理解并重视，他们就会给予公关部门人员、经费、权力等方面的关心和支持，有助于消除企业内外的各种危机隐患。

其次，对组织内部全体员工进行经常性的危机感教育，给员工树立起科学的“危机观”，使危机意识成为整个组织的共同意识，这样才能起到人人防危机的效果。

（二）建立防控危机的预警机制

对于组织来说，建立起完善的公关危机预警机制是非常有必要的，因为最好的危机公关就是把危机“扼杀在摇篮中”。“凡事预则立，不预则废”“有备无患”都说明了预测、谋划的重要性。企业组织要全面、清楚地对可能发生的各种危机情况进行全面预测，并针对企业自身的内外部环境，制定危机公关的具体步骤和防范策略，并使之制度化、标准化、富有操作性。

1. 制定“危机处理预案”

一般来说，危机事件可以分为“可预见的”和“不可预见的”两种类型。据调查显示，只有14%的危机是真正不可预料的，78%的危机来自管理不善。因此，组织可以更加积极、主动地应对危机事件，根据可预见的意外情况，制定出一套处理各种危机事件的预防计划方案和守则，并将其列入组织的公关手册或安全手册中，使得预防和处理危机的工作进一步条例化和规范化。

危机处理预案可以有效地预防或减少危机的产生。企业公关人员可依据预案进行各种类型危机事件的应变训练;发生危机时,也可作为制订公关计划的依据,公关人员可据此采取合理措施,有条不紊地开展工作,这就可以避免仓促应变所带来的不必要的损失。

危机处理预案的内容一般包括以下三方面:

第一,灾难性危机事件的预防与反应计划。主要是针对各种灾难,如地震、暴雨、爆炸、火灾等,或生产安全事故而制订的预防和处理计划。

第二,突发紧急事件的预防和反应计划。主要是针对企业外部各类突发事件,如产品投诉问题、负面新闻问题等而制订的公关工作程序和计划。

第三,日常防卫性或安全措施性的反应和预防计划。主要是根据预测,对各种日常可能出现的危机事件,制定出一套科学的操作工作的规章制度,用于减少或避免危机事件的产生。

2. 经常进行预测分析

在制定"危机处理预案"之后,企业组织就要经常根据预案,对组织可能发生的事件做好预测和分析,对可能产生的影响范围及事件性质、规模、后果进行分析,根据预测与分析的情况,与组织的各有关部门共同确定危机处理的策略、应采取的主要措施,以及做好危机处理的传播沟通计划工作。

3. 进行危机处理预案的演练

在根据危机处理预案进行预测之后,企业组织首先应对公共关系危机的预测分析的结果和情况以及准备采取的应急措施等内容,用通俗易懂的方式向员工宣传,以提高预防效果;其次要进行处理公共关系危机的模拟演练和训练,以锻炼员工在紧急情况下冷静处理问题的能力,积累处理公共关系危机的应对经验。此外,还要在演练过程中,实际做好处理公共关系危机的精神准备、物质准备、行为准备,与可能发生关系的各类单位,如新闻媒体、消防队、医院、公安部门、上级主管部门等建立关联网络,便于日后的联系与沟通。

在演练完成后,企业组织可以依照以下问题清单,进行自我检查,客观评估危机处理预案的真实可行性。

(三)成立危机管理委员会

处理好危机,需要有关部门和公众的全面配合和支持。公共关系危机管理委员会的建立,一方面可使预防措施得到贯彻执行;另一反面能够集中各专业人员的长处和技巧,恰当地处理危机问题。

建立危机管理委员会,主要应考虑以下几方面问题。

1. 规模和编制

危机管理委员会的规模和编制,取决于组织面临危机时环境的复杂程度,以及必须参与的人员结构。一般来说,委员会由5~20人组成,但从实际经验来看,编制应比实际需要略多一些。另外,委员会中还应设有明确具体的"候补队员",以防某些人员因事、因病而影响危机处理工作。

2. 成员结构

成员组成的原则是领导主持,各方面专家依据需要参与,达到优势互补。现实运作中危机管理小组成员应包括:

(1)企业领导。企业领导是重要问题的最终决策人物,其加入有利于尽早作出权威决断。

(2)公关专业人员。公关专业人员是公共关系危机处理过程中的理论参谋和具体执行者,负责具体操作和实施。

(3)产品、质量主管。他们熟悉产品生产流程,容易把握生产过程出问题的环节,并专门负责解释产品质量方面的问题。

(4)财务主管。财务主管熟悉企业财务运营状况,在企业曝出经济问题的危机中负责解释、澄清等工作。

(5)法律顾问。法律顾问熟悉企业日常的各类法律问题,从而可以在法律程序上保证公关危机事件处理过程中各项行为的合法性。

(6)消费者热线接待人员。他们是接受顾客投诉、对外沟通信息和树立企业形象的首要环节,是危机事件处理工作的第一道门户。如果处理得当,往往会把由投诉引起的危机消灭在萌芽状态。

3. 明确工作任务

危机管理委员会建立后,需要完成自己应该做的任务。具体包括:

(1)选择处理危机事件的办公地点。危机事件处理办公室应设两处,以防火灾等不测因素影响危机处理工作。办公场地要比较大,要能容纳下前来陈述并需要休息的一定数量的人。

(2)添置必要的办公硬件设备,备齐有关资料。硬件设备包括复印机、传真机、计算机、电话、摄像机、录音设备等;有关资料包括企业的历史发展、产品介绍、各种媒介的通信录、危机管理委员会成员之间的通信录等。

(3)编制危机管理手册,并发给危机管理成员保存。

(4)预测和评估有可能发生的危机。预测和评估有可能发生的危机,列出组织的危机隐患。还应对组织可能发生的危机事件进行分析,包括预测危机事件的原因、性质、时间、地点、规模、影响范围以及损失大小等,并形成书面的危机调查和预测报告。

(5)选择并训练发言人。发言人应具备以下素质:在公司中拥有权威,能代表公司对外讲话;形象好,身体语言出众;有很好的沟通能力;反应迅速,善于倾听;有全面的知识结构,并通晓危机管理;在外界压力下,能保持冷静,临危不乱,沉着稳健。此外,为了防止意外,应同时训练多个发言人,而不是仅仅一个人。

(6)组织危机预演。通过预演,可以对原有的处理危机事件的措施和办法进行修正,并增添新的符合实际要求的内容。

(7)随时让危机管理机构的成员了解组织所有的动态变化,做到心中有数,防患于未然。

(四)建立危机处理的外部联系网络

组织可根据预测到的有可能遇到的各种类型危机,与有关协助处理单位建立起经常性的日常合作网络,具体包括新闻媒体、上级主管单位、政府科研机构、各级医院、保险公司、消防队、银行、邻近驻军等。平时加强沟通和联系,使他们能够及时了解组织情况,以便在危机到来时能提供最迅速、最急需的援助。

(五)定期进行员工危机管理培训

任何组织行为都是通过员工的行为来实现的,因而有必要对企业员工进行危机管理培训。

企业可有计划、有针对性地组织专门处理危机的培训班,进行专项模拟危机事件处理的培训。

让受训人员做出迅速反应,以培养处理危机的能力。

对员工进行危机管理培训,具体包括以下几方面:

(1)强化员工的危机意识。要向员工强化"居安思危"意识,强调许多大的、灾难性的危机可能仅仅源于小的疏漏,提高他们对于危机事件发生的警惕性。

(2)培训和提高员工防范和处理危机的能力。具体包括:熟悉危机发生时企业内部的沟通系统和应急反应计划;了解危机发生时应该如何与媒体、顾客、合作伙伴、上级主管等群体进行及时有效的沟通;等等。此外,为了让全体员工对预防的危机事件、危机管理计划和相关情况有足够的了解,可以印成小册子发给他们,也可以制作成示意图张贴出来。

(3)向员工提供各种类型危机的案例,以使他们从中吸取经验和教训,帮助他们在心理上战胜危机。

三、公共关系危机管理工作的程序

有效的公关危机管理工作不仅有助于避免损害组织利益的事情发生,而且是组织自我保护、维护组织形象的客观要求,它对于防止组织形象受损,维护现有的公共关系工作成果有着不可替代的作用。同时,有效地开展公关危机管理工作有助于在广大公众心目中树立一种特殊的"企业公关形象",且有助于提高组织的公关水平,提高组织成员的公共关系意识。因此,不能单纯地把公关危机事件完全看成坏事,它也可以转化成好事。因此,必须制定出一个反应迅速、正确有效的危机处理程序,方可做到临危不乱、张弛有道。

(一)采取紧急措施、防止事态恶化

组织遭受突发性的公共关系危机,往往是突如其来、猝不及防的。在这样的重大关键时刻,企业公关部需要的是冷静,并采取紧急措施,防止事态的进一步蔓延和恶化。因为信息传播高度发达,极易传播至非常大的范围;而且在危机爆发后的一段时间内,危机不会自行消失,相反,可能进一步扩散,甚至引发其他危机的出现。如不紧急控制,就可能使企业组织损失惨重。

对于出现的恶性事件和重大事故,企业组织要果断采取各种有效措施,迅速隔离危机,力求把损失降到最低程度,为恢复秩序良好的公共关系状态创造有利条件。隔离重点在于人员隔离和财产隔离,对于伤员更要进行无条件的隔离救治,这也是危机后迅速恢复组织形象的基础。

(二)坦诚告知、表明诚意

企业组织一旦发生危机,便会受到社会与公众的关注。组织有两种态度:一种是掩盖真相,隐瞒问题;另一种是坦诚告知,表明诚意。隐瞒真相,只会让公众对企业的各种行为越发的怀疑,使公共关系危机进一步恶化。只有对社会公众坦诚告知,表明企业的诚意,才是最佳选择。

此外,在公共关系危机事件当中,企业应当主动承担起所有的责任,诚恳地接受社会各界批评和质疑。即使起因在受害者一方,企业也不应当首先追究其责任,而应该主动承担义务,积极进行处理。否则只会加深双方的矛盾,不利于问题的解决。企业要以积极的措施去赢得时间,以正确的态度去赢得公众,创造妥善处理危机的良好氛围。这样才能树立企业积极处理

危机事件的形象,消除公众的恐慌心理。

(三)深入现场、了解事实

查明危机事件的真相和原因是为危机处理决策提供依据,也是成功处理危机的关键所在。

在危机事件得到初步控制后,企业应及时组织或委派专业人员,深入公众,尽力找到目击者和当事人,开展危机事件调查工作,查明基本情况,了解并收集危机事件的综合信息,查明危机涉及的范围、发生的原因与后果,并根据情况作出一系列决定。危机调查强调针对性和相关性,一般侧重调查下列内容。

1. 危机事件的基本情况

包括危机事件发生的种类(如自然灾害、飞机失事、火车脱轨、轮船沉没、毒气泄漏污染、火灾、食物中毒、经营事故或自然灾害等)和发现的时间、地点、范围等。

2. 突发事件的现状和发展趋势

包括危机事件目前处于什么状况、是否还在发展、企业已经采取了什么措施、控制措施的实施情况等。如果事件仍在发展,须调查继续发展和恶化的原因,确定能控制事态发展的办法。

3. 事件产生的原因和影响

包括引发事件的原因,伤亡的情况及人数,损坏的财产种类、数量及价值,事件涉及的范围,以及在经济上、社会上会带来什么影响等。

4. 查明事件涉及的公众对象

包括直接的受害者、间接的受害者,与事件有直接关系和间接关系的组织和个人,与企业有利害关系的部门和个人,与事件的处理有关的部门机构及新闻界、舆论界的人士等。特别要与事件见证人保持联系,并谨慎处理与新闻界的关系。

通过周密的调查,将调查结果形成基本的调查报告,为处理危机、制定相应政策及应急措施提供基本依据。

(四)采取措施、控制损失

危机发生后,要尽快采取一切可能措施来降低损失。对于损失的衡量,既要看有形的损失,又要看无形的损失。可以说,失去市场、丢掉发展的机会是组织最大的损失。

(五)召开新闻发布会

企业组织在了解事实、采取初步措施的情况下,务必尽可能以最快的速度来召开新闻发布会。通过新闻发布会,企业一方面向各界媒体介绍危机的有关情况,公布组织正在采取的措施;另一方面,请新闻媒介密切合作,防止不利消息和舆论的蔓延。根据经验,危机处理期间新闻发布会要召开多次,发布的信息也要注意前后统一。

在新闻发布会上,要确定新闻发言人,统一对新闻界的口径,由新闻发言人代表组织对公众和社会各界公布真相,介绍本企业正在做的种种努力,主动向新闻界提供真实、准确的消息,公开表明组织的态度和处理原则,公布的数据要认真核实,重要事项以书面形式提供,应简明扼要,避免使用技术术语和晦涩难懂的词句,以避免报道失实。

(六)深化行动、转危机为生机

当掌握危机事件第一手资料、采取初步措施并召开了新闻发布会之后,组织的公关人员应迅速会同有关职能部门,继续深入采取积极有效的行动,迅速果断地控制局势,变风险为机遇,改变组织的不良形象,协调改善组织内外部环境。

企业组织应该在高层人员的直接参与下,进一步深入研究和确定对不同类型公众应采取的策略和措施。确定的对策既要考虑危机本身的处理,又要考虑好如何处理危机涉及的各方面关系,更要考虑如何抓住机遇、恢复声誉、重返市场。成功的危机处理不仅能消除危险,而且可能创造新的机遇,提供给组织更大的发展机会。

(七)认真做好危机善后工作

对于企业组织来说,公关危机事件的善后工作是至关重要的。所有的公关人员都应该认识到,一个具体危机事件的结束,并不是危机公关整个过程的终止,而是一个新阶段——危机善后工作的开始。

危机过后,往往留下的是利益的减少、设施的损坏、损害赔偿的支付、人才的损耗、组织声誉和良好形象的恶化等损失。此外,公关危机善后工作还是一项需要进行长期的、坚持不懈努力的任务。因此,善后工作的重点通常包括下列内容。

1. 开展恢复声誉和形象工作

为表明组织的态度,以组织或领导的名义撰写道歉信,送交受害各方。道歉信的内容主要包括重建的现状、危机发生原因的调查报告、防止危机再发生的具体对策和落实情况等。

2. 继续关注、关心、安抚受害人及其亲属

企业组织要对消费者和受害客户进行人文关怀,体谅他们的难处和痛苦,并予以合理赔偿;在这一过程中,进一步表明组织重建的决心和信心,并表达对得到对方支持和帮助的期望。

3. 开始新的宣传推广工作

危机期间要停止播出过去的广告,当进入危机善后工作阶段,就需要重新制作刊登广告,目的在于将重建企业形象的决心和期待援助的愿望准确无误地传达给社会各界公众。

4. 强化危机管理意识

在不同场合继续强化、教育员工建立"预防就是一切"的危机管理意识。充分认识企业危机管理的重要性和紧迫性。在日常管理中,企业管理者要在关注企业安全生产、经营管理、产品质量等问题的同时,重视对于发生概率较小但破坏性可能很大的突发危机。

5. 与新闻媒介继续进行深入沟通

在危机过后,企业要敢于正视自身在危机管理中存在的种种问题,继续采取措施积极加以解决,并抓住每一个机会向新闻媒体和社会公众宣传自己的工作。只有经过长期不懈的努力,才会有明显的成效。

6. 开展重建市场的工作

危机往往对市场组织、销售渠道等起着破坏作用,因此重建和恢复市场的工作显得非常重要。

7. 开展公益或社区活动

通过开展各类社会公益活动,强化组织在公众心目中的社会责任感,能获得持久的支持和认可,以协调各方面的关系,树立企业的良好新形象,建立更高的声誉。

(八)总结经验,吸取教训

对企业来讲,总结经验教训是处理公关危机事件相当重要的一个环节。在这个环节中,企业可以发现经营管理中存在的问题,并有针对性地进行改进和提高。

(1)总结企业存在的问题。在危机处理过程中,企业往往会发现一些平时未能发现的问题,特别是与危机原因相关的问题。这些问题中有些是偶然的,有些是制度性的,有的则是人为造成的。随着危机事件的处理,这些问题也逐渐暴露出来,企业可以通过对这些问题的分析,进行必要的改革和调整,从而避免企业犯更大的错误。

(2)总结企业的资源和长处。在危机处理过程中,企业也会发现一些平时未能发现的资源和长处。这样的发现将有利于企业将这部分资源进行有效利用或将这部分长处进行进一步强化,突出其重要性。除此之外,企业还可以通过危机处理积累包括危机处理经验在内的各种经验,建立起一些平时没有机会建立的社会关系资源,如媒体关系或是与消费者的互信关系。

(3)在危机事件得到有效控制后,应对整个事件进行有效评估。注意从社会效应、经济效应、心理效应和形象效应等方面,评估危机事件处理过程中有关措施的合理性和有效性,实事求是写出评估总结报告,为以后处理类似事件提供依据。要深刻分析事件发生的原因,收集公众对组织的看法、意见和议论,总结经验教训,以便改进工作,从根本上杜绝类似事件再度发生。

(4)将危机事件评估总结报告向董事会和股东报告,向公众和媒体公布。通过总结检查,努力改进组织在危机管理方面存在的薄弱环节,并将一些经验教训写成书面材料,教育企业全体员工,并全面修正危机管理的计划,提高日后危机管理的效率。

项目小结

本章内容从公关危机管理概述、公共关系危机管理原则、公共关系危机预防和公共关系危机管理工作的程序四方面进行了详细介绍和阐述。

公共关系危机是由于主观或客观的原因,企业与公众的关系处于极度紧张的状态,公众之间产生了明显不利于企业组织的舆论,对企业的声誉、信誉和形象都产生严重不良影响的现象。公关危机会使一个组织陷入舆论的压力之中,失去公众的信任并影响着组织的生存与发展,它是企业公共关系状态严重失常的反映。

任务单一

任务情境:危机管理方案撰写

一、任务描述

以小组为单位,收集近期危机事件,撰写危机管理方案,使学生能够对具体危机事件提出合理的应对措施,能准确运用、及时避免或消除各种不良影响的程序和方法,知晓危机管理方案的重要性,能够完成危机管理方案的撰写。

二、实施工具

计算机、网络。

三、实施方法

角色扮演。

四、实施步骤

第一步:组建危机管理方案小组。

第二步:教师指导学生确定撰写危机管理方案框架。

(1)根据小组找到的近期发生的危机事件,由个性推至共性,形成小组意见。

(2)制订公关危机管理计划,提出预警方案。

第三步:收集一手资料。

根据学生撰写的危机管理方案框架,收集一手资料。

第四步:资料整理与分析。

以小组为单位,教师指导学生整理与完善危机管理方案。

第五步:编写危机管理方案。

以小组为单位,教师指导学生撰写危机管理方案。

第六步:最终定稿,上交作品。

五、考核与评价

任务实施评价表

考核项目	考核要求	分值	得分			备注
			自我评分	组间评分	教师评分	
危机管理方案撰写	在训练中认真负责,积极配合	20				
	对公关危机的概括、诠释有深度	30				
	团队配合默契	20				
	小组整体表现出色	20				
	报告符合要求	10				
合计		100				

六、技能拓展

电饭煲之争

S牌电饭煲、T牌电饭煲是市场上销路较好的两大电饭煲品牌。在竞争中,S牌电饭煲派人买了三个T牌电饭煲并将其引爆,在社会上制造T牌电饭煲质量不过关的舆论,结果使T牌电饭煲厂损失巨大,客户纷纷退货,产品大量滞销。

思考:

面对S牌电饭煲厂的这种不正当竞争行为,T牌电饭煲厂应采取何种应对措施?

任务单二

任务情境:危机公关案例讨论

一、任务描述

有一家企业厂房发生坍塌导致员工伤亡,还没来得及召开记者招待会,电话和各种问题就不断涌来,其中许多电话是记者打来的,他们已经听说了很多对企业不利的传言。假设你是该企业的电话接听人员,为防止出现不实报道损害企业形象,应怎样回答他们的询问?应注意哪些事项?

二、实施工具

多媒体教室。

三、实施方法

小组讨论,代表发言。

四、实施步骤

第一步:分组。

第二步:小组讨论。

第三步:小组代表发言。

第四步:老师对各组发言进行点评。

五、考核与评价

任务实施评价表

考核项目	考核要求	分值	得分			备注
			自我评分	组间评分	教师评分	
危机公关案例讨论	在训练中认真负责,积极配合	20				
	对公关危机的概括、诠释有深度	30				
	团队配合默契	20				
	小组整体表现出色	20				
	汇报符合要求	10				
合计		100				

六、技能拓展

顾 客 争 座

某餐厅开张数周,一直人如蜂拥,非常火爆。不想一月未到,即有顾客因争座被殴打而向报社投诉,造成一场不小的风波。

事件经过大致如下:一位女顾客用所携带物品占座位后去排队购买套餐时,座位被一位男顾客坐了,进而发生争执。

思考:从公共关系角度来看,顾客占座,餐厅到底该不该管?

思考与练习

一、判断题

1. 企业组织一旦发生危机，便会受到社会与公众的关注。组织最好的选择是掩盖真相，隐瞒问题。（　　）

2. 企业的法律顾问熟悉企业日常的各类法律问题，从而可以在法律程序上保证公关危机事件处理过程中各项行为的合法性。（　　）

3. 新闻发言人应具备以下素质：在公司中拥有权威，能代表公司对外讲话；形象好，身体语言出众；有很好的沟通能力。（　　）

4. 危机发生后，要尽快采取一切可能措施来降低损失。对于损失的衡量，要看有形的损失。（　　）

5. 公共关系危机事件不同于一般的矛盾冲突。它涉及面广，错综复杂，危害严重。（　　）

二、单选题

1. 危机对于社会组织而言（　　）。
   A. 是可以避免的　　B. 是大部分组织可以避免的
   C. 是大部分不可避免的　　D. 是不可避免的

2. 危机管理专家奥古斯丁认为，危机管理的最基本经验是（　　）。
   A. 事先消除危机隐患　　B. 说真话、立刻说
   C. 有效的危机处理能力　　D. 与新闻界的良好关系

3. 危机的内部成因关键是（　　）。
   A. 管理者公关理念淡薄　　B. 人员及财产管理不当
   C. 员工素质低下　　D. 媒体关系不佳

4. 不可抗力是造成公关危机的（　　）。
   A. 内因　　B. 外因　　C. 自然原因　　D. 人为原因

三、多选题

1. 危机的特征有（　　）。
   A. 突发性　　B. 难以预测性　　C. 严重的危害性　　D. 舆论的关注性

2. 危机的类型有（　　）。
   A. 组织自身行为损害社会利益而引起的危机
   B. 意外灾难性事件而引起的危机
   C. 故意原因而引起的危机
   D. 舆论的负面报道而引起的危机

3. 危机的内部成因是（　　）。
   A. 管理者公关理念淡薄，缺乏危机管理意识
   B. 组织自身决策违背公关基本原则要求
   C. 组织人员素质低下，行为严重违背组织宗旨
   D. 没有建立正常有序的传播沟通渠道

4. 公共关系危机的预防可以从(　　)等方面入手。

A. 树立起全体员工的“危机意识”　　B. 建立防控危机的预警机制

C. 成立危机管理委员会　　D. 建立危机处理的外部联系网络

5. 公共关系危机管理的原则包括(　　)。

A. 及时性原则　　B. 诚意性原则　　C. 权威性原则　　D. 冷静性原则

项目五　认识公关礼仪

知识目标

(1)了解公关礼仪的含义及特征；
(2)掌握公关礼仪涵盖的主要内容；
(3)了解公关礼仪对于现代公关活动的重要性。

能力目标

(1)能够深刻理解公关礼仪的作用；
(2)具备公关礼仪的常识性认知。

素质目标

(1)培养学生树立良好的公关礼仪意识；
(2)培养学生规范的礼仪行为；
(3)培养学生以礼待人的公关思想；
(4)使学生树立正确的礼仪观。

思维导图

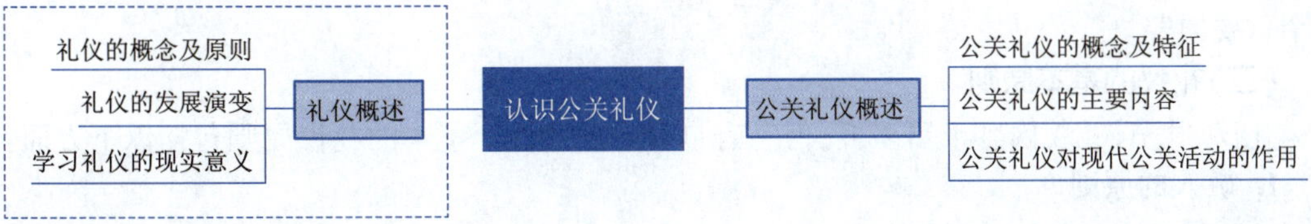

项目引入

久别重逢的同学

王×在大学读书时学习非常刻苦，成绩也非常优秀，几乎年年都拿特等奖学金，为此同学们给他起了一个绰号——“超人”。大学毕业后，王×继续攻读硕士学位，毕业后又顺利地进入一家公司工作。一晃八年过去了，王×已成为公司的部门经理。一次，王×带着妻子儿女在大剧院观看音乐剧，刚刚落座，就发现有三个人向他们走来。其中一个人边走边伸出手大声地叫：“喂！这不是超人吗？”这时，王×才认出说话的人正是他高中的同学贾×。

贾×当年没考上大学，后来创业成功，今天正好陪着两位生意伙伴来看音乐剧。此时，王×和贾×彼此都既高兴又激动。贾×大声寒暄之后，才想起了王×身边还站着一位女士，就问王×她是谁。王×这时才想起向贾×介绍自己的妻子。待王×介绍完毕，贾×高兴地走上去，给了王×妻子一个拥抱礼。这时贾×也想起该向老同学介绍他的生意伙伴了。

项目思考

上述场合的见面礼仪有哪些不符合礼仪的地方？你认为正确的做法是什么？

任务一　了解礼仪

知识研修

一、礼仪的概念及基本原则

（一）礼仪的含义

礼仪是“礼”和“仪”两个词组合起来的合成词，是在社会生活中约定俗成的，符合礼的要求，维护礼的精神，指导、协调人际关系的行为方式和活动形式的总和。

礼仪的表现形式有礼节、礼貌、仪表、仪式、器物、服饰、标志、象征等。

礼仪是人类为维系社会正常生活而要求人们共同遵守的最起码的道德规范，它在人们长期共同生活和相互交往中逐渐形成，并且以风俗、习惯和传统等方式固定下来。对一个人来说，礼仪是一个人的思想道德水平、文化修养、交际能力的外在表现，对一个社会来说，礼仪是一个国家社会文明程序、道德风尚和生活习惯的反映。重视、开展礼仪教育已成为道德实践的一个重要内容。

（二）礼仪的基本原则

礼仪、礼节、礼貌内容丰富多样，但它有自身的规律性。基本的礼仪原则包括以下方面：

1. 敬人的原则

礼仪最基本的前提就是要互相尊重。

2. 自律的原则

就是在交往过程中要克己、慎重、积极主动、自觉自愿、礼貌待人、表里如一，自我对照、自我反省、自我要求、自我检点、自我约束，不能妄自尊大、口是心非。

3. 适度的原则

适度得体，掌握分寸。

4. 真诚的原则

诚心诚意，以诚待人，言行一致。

二、礼仪的发展演变

我国礼仪的发展大体可以划分为以下四个阶段。

1. 礼仪形成阶段（约公元前 21 世纪至前 771 年）

这一阶段主要是指夏商周时期。从史料上看，夏代已开始制礼，商代礼仪已渗透到社会生活中的各个方面。记载周代礼仪的书籍“三礼”的出现，标志着“周礼”已经达到系统完备阶段。在这一时期，礼仪的特征从单纯祭祀天地、鬼神、祖先的形式，跨入了全面制约人们行为的领域。在这一阶段中，礼的内容主要体现在“周礼”中的“王礼”部分。所谓“王礼”，就是分别用于祭祀、冠婚、宾客、军旅、丧葬的“吉礼”“嘉礼”“宾礼”“军礼”“凶礼”。这是对我国古代礼仪的总结汇编。这些礼仪内容，对后世人们的行为规范、人际交往以及社会公德的形成，都产生了极大的影响。

2. 封建礼仪阶段（公元前 771 年至 1911 年）

这一阶段主要是指从儒学的产生，到以儒学为基础的封建礼仪形成、强化和衰落时期。以孔子为代表的儒家学说逐步形成。这一时期，礼仪成为儒家学派的核心——“礼教”。在这一时期，礼仪的明显特征，就是把人们的行为纳入封建道德的轨道，把人们教化成“非礼勿视，非礼勿听，非礼勿言，非礼勿动”的“精神奴隶”。礼教文化是这个时期“礼”的核心和基本内容。

3. 近代礼仪阶段（1911 年至 1948 年）

这一时期的礼仪，体现了近代自由、平等的原则，冲击了森严的封建意识和等级观念，对当今中国社交礼仪产生了重大影响。

4. 当代礼仪阶段（1949 年以来）

新中国成立后，新型的社会关系和人际关系的确立，标志着我国礼仪进入了一个新的历史时期。这一时期，确立了同志式的合作互助关系和男女平等的新型社会关系，而尊老爱幼、讲究信义、以诚待人、先人后己、礼尚往来等中国传统礼仪中的精华则得到继承和发扬。

案例链接

程门立雪

北宋时期有一个大学问家，名字叫杨时。在杨时 40 岁的时候，有一次他和好朋友游酢相约一起去向当时很有名的大学问家程颐求教。两个人走到程颐家的时候，恰巧程颐在家睡觉。

当时下着大雪，他们一直静静地站在程颐家门前等着。当程颐睡醒的时候，发现积雪深达一尺，两人已成“雪人”。对此，程颐感动不已。

从这个故事中，能看出两位学生身上体现了怎样的礼仪修养？

三、学习礼仪文化的现实意义

改革开放以来，随着国际交往日益频繁，我国在中国传统礼仪文化的基础上，又借鉴了世界上一些先进的文明礼仪，融入我国当代礼仪部分。借鉴国际上一些通行的礼仪规则和惯例，为我国的社会主义现代化建设服务。

现代社会文明程度的提高，自然促进了人的素质的提高，高素质的人对礼仪文化也就更加重视。在当今社会，学习现代礼仪文化具有深远的意义。知书达礼、待人以礼，应当是人们的基本素养。

学习礼仪文化不仅可以提升个人魅力，还有助于更好地实现人生目标。学习礼仪文化的现实意义体现在以下几个方面。

1. 学习礼仪文化有利于建立良好的人际关系

任何社会的交往活动都离不开礼仪，而且人类越进步，社会生活越社会化，人们也就越需要礼仪来调节社会生活。礼仪是人际交往的前提条件，是交际生活的钥匙。

实践表明，良好的人际交往有助于提高人们的自信和自尊，降低挫折感，缓解内心的冲突和苦闷，宣泄愤怒、压抑和痛苦，减少孤独、寂寞、空虚等。这些都十分有益于身心健康，而且也会最大限度地避免不良情绪的产生，即便产生了不良情绪也能够得到有效的排遣。

同时，礼仪本身就是一种特殊的语言。学习和掌握礼仪的基本知识和规范，就能凭借它去顺利地开启各种交际活动的大门，建立和谐融洽的人际关系。

2. 学习礼仪文化有利于提高社会心理承受力

人在社会化过程中需要学习的东西很多，而礼仪学习是一个人在社会化过程中必不可少的重要内容。任何一个生活在某一礼仪习俗和规范环境中的人，都自觉或不自觉地受到该礼仪的约束。自觉地接受礼仪约束的人，就被人们认为是“成熟的人”，符合社会要求的人。反之，一个人如果不能遵守社会生活中的礼仪要求，就会受到人们的排斥，社会就会以道德和舆论的手段来对他加以约束。大学生堪称“准社会人”，还不是真正的“社会人”。他们有一种走向社会的需要，同时又普遍存在一些心理困惑。比如，如何建立良好的人际关系，如何进行自我形象设计，如何尽快地适应社会生活等社会交往问题。大学生的社会心理承受力直接影响到交际活动的质量。一个具有良好的心理承受力的人在交际活动中遇到各种情况和困难时，都能始终保持沉着稳定的心理状态，根据所掌握的信息，迅速采取合理的行为方式，化险为夷，争取主动。相反，一些缺乏良好的心理承受力的人，在参加重大交际活动前，常会出现惊慌恐惧、心神不定、坐卧不安的状况，有的在交际活动开始后，甚至会出现心跳加快、四肢颤抖、说话声调不正常的现象。学习礼仪文化，掌握符合社会要求的各种行为规范，不仅可以满足大学生走向社会的需要，更好地促进大学生社会化；而且可以培养大学生适应社会生活的能力，提高他们的社会心理承受力。

3. 学习礼仪文化有利于提高思想道德素质

礼仪是一种社会规范，是调整社会生活成员在社会中相互关系的行为准则。社会规范主要包括法律规范和非法律规范两大类别。礼仪是一种非法律规范,它主要包括道德规范、习俗、共同生活准则等。其中,道德规范具有特殊的地位和作用,它是从社会生活中概括提炼出来的一种自觉的社会意识形态,是依靠社会舆论、传统习惯和个人的内心信念来维持的。礼仪反映了人们在共同生活、彼此交往中最一般的道德关系,是保证交往活动顺利进行和社会生活正常秩序的重要因素。礼仪是一门具有较强的实践性和实用性的学科。系统的礼仪教育可以丰富人们的礼仪知识,让他们明确地掌握符合社会主义道德要求的礼仪规范,并指导他们在实际生活中如何按照社交礼仪规范来约束自己行为,真正做到"诚于中而行于外,慧于心而秀于言",把内在的道德品质和外在的礼仪形式有机地统一起来,成为名副其实的有较高道德素质的现代文明人。

4. 学习礼仪文化有利于提高人文素质

文化素质教育主要是指通过人文学科的教育去塑造和培养人们的内在品格和修养,也就是塑造人们具有高尚的精神境界和高品位的文化境界。人文教育有明显的教化功能。它作用于人的情感状态,最终目标是教会人们与他人相处。现在一般认为人文素质教育渗透在文学、艺术、历史文化、哲学、伦理等学科中。社交礼仪教育涵盖了中国民族的文化教育和道德教育。可见,社交礼仪教育更能直接地教会大学生如何与人相处,如何做文明人。

5. 学习礼仪文化有利于强化文明行为

礼仪教育是社会主义精神文明教育体系中基础的内容。讲文明、讲礼貌是人们精神文明程度的实际体现。普及和应用礼仪知识,是加强社会主义精神文明建设的需要。通过礼仪学习,让人们明确言谈、举止、仪表和服饰能反映出一个人的思想修养、文明程度和精神面貌。然而,每个人的文明程度不仅关系到自己的形象,同时也影响到整个社会的精神文明。通过礼仪学习,可以进一步提高人们的礼仪修养,培养人们应对酬答的实际能力,养成良好的礼仪习惯,具备基本的文明教养,让文明之花在社会大家庭遍地开放。如果人人讲礼仪,我们的社会将充满和谐与温馨。由此可见,社交礼仪的根本目标是要教育、引导全体公民自觉遵循社会主义礼貌道德规范以及相应的社交礼仪形式,提高人们的文明意识,养成人们文明行为的习惯,促使良好社会风尚形成,使人与人之间、人与社会之间达到高度和谐与有序,努力推进整个社会精神文明程度的提高。

案例链接

小金的推销洽谈

小金按原来约定好的时间来到某公司,手拿企业新设计的照明器材样品,兴冲冲地登上六楼。脸上的汗珠未及擦一下,小金便直接走进了业务部张经理的办公室,正在处理业务的张经理被吓了一跳。"对不起,这是我们企业设计的新产品,请您过目。"小金说。张经理停下手中的工作,接过小金递过的照明器,随口赞道:"好漂亮啊!"张经理请小金坐下,并给他倒上一杯茶,然后拿起照明器仔细钻研起来。小金看到张经理对新产品如此感兴趣,如释重负,便往沙发上一靠,跷起二郎腿,一边吸烟一边安闲地环视着张经理的办公室。张经理问他电源开关为什么装在这个位置时,小金习性性地用手搔了搔头皮。虽然小金作了较详尽的解释,张经理还是有点半信半疑。谈到价格时，张经理强调："这个价格比我们预算高出较多，能否再降低一些？"小金回答："我们经理说了，这是最低价格，一分也不能再降了。"张经理半天没有开口。小金却有点沉不住气，不由自主地拉松领带，眼睛盯着张经理。张经理皱了皱眉："这种照明器的性能先进在什么地方？"小金又挠了挠头皮，反反复复地说："造型新、寿命长、节电。"张经理托词离开了办公室，只剩下小金一个人。小金等了一会儿，感觉无聊，便非常随便地拿起办公桌上的电话，同一个朋友闲谈起来。这时，门被推开，进来的却不是张经理，而是办公室秘书。

问题：请结合案例分析，小金的礼仪缺陷有哪些？

任务二　了解公关礼仪

知识研修

一、公关礼仪的含义及特征

（一）公关礼仪的含义

公共关系礼仪简称公关礼仪，它是指公关人员在公共活动中尊重他人、讲究礼仪的过程。

公关礼仪对公关人员来说，无疑是一种"通行证"。在公关活动中，公关人员需要广泛结交朋友，沟通各种信息，协调各种社会关系，减少社会摩擦，化解各种矛盾和冲突，为组织创造一个"人性化"的社会关系环境。在组织与外界的沟通中，最需要注意的就是公关礼仪。它是公关人员组织风格、员工心理状态、工作水平和专业技能的集中体现，也是处理大量的基础事务和外交事务必须遵循的行为准则。

（二）公关礼仪的特征

1. 尊重社会公众

公关礼仪最根本的原则和特征就是对公众的尊敬。公共关系工作的对象是公众，只有尊重公众，才能很好地与公众沟通，赢得公众的理解、信任和支持，达到组织的公关目标。

（1）尊重公众的人格。人格是人之为人的主体格位，即个人在社会生活中主体地位和价值的确认或表征，是人对自己生存价值的肯定。人格集人的价值、荣誉、形象和气节于一身，具有与生俱来的尊严性，是神圣不可侵犯的天赋权利。每个人都有自己的人格尊严。在任何公关礼仪活动中，尊重公众的人格是第一要义。

（2）尊重公众的个性爱好和性格特质。不因自己的好恶而强人所难，不把自己的意志和愿望强求于人。凡遇到与公众的个性与爱好相违逆或相冲突的事情，应当采取协商、恳谈、建议和好言劝慰的态度求得问题的解决。绝不能用斥责、压服、利诱、威胁的方法使别人牺牲个人的爱好或者从事与性格特质不合的事情。

（3）尊重公众应当具有的各种公民权利，如信仰、习俗、隐私等。不该问的问题不问，不该知晓的内容不强求知道，不干涉别人的私生活。在社交活动中，对男士一般不问财产、收入、履历、身高；对女士一般不问年龄、婚否、衣服和饰品价格等。

2. 重视公平对等

追求和向往平等,是任何人都有的一种共同的人性要求。在公关工作中平等地对待一切公众,是搞好公关工作的基本前提。人与人之间,人与组织之间,组织与组织之间,在正式交往的过程中,要考虑参加人员的身份、人数、接待规格等方面的礼仪规范,要坚持对等的原则,即礼尚往来。

3. 正确对待身份差异

平等对待一切公众是公关礼仪的大前提,但在实际应用的过程中,还应当考虑一些"权变",即在公关活动中的差异性原则。

(1)外事礼宾差异。在从事涉外公关活动中,必须注意礼宾的顺序,在外事活动中要遵循外宾优先的原则。

(2)个体差异。在实际公关活动中,涉及接待细节时,需要依据对方的身份、年龄等有所差别。例如,在各种礼仪活动的场合,对德高望重的长者给予特殊的照顾,并在实施帮助前征求老年人的意见。

4. 注重从简实效

礼仪是社会文化的产物,是人类生产方式和生活方式的调节剂。随着人类社会的进步,礼仪也是发展变化的。有些社会生活方式已经不存在了,建立在其上的一些礼仪也应当淘汰。古老礼仪中也有过于烦琐、不实用的内容,这些内容甚至成为社会发展的桎梏。因此,在实际的公关活动中,要本着古为今用、洋为中用的原则,去除那些繁文缛节、礼宾教条,以求达到节约时间、节约经费的目的,使公关礼仪更好地为组织塑造形象服务。

案例链接

因小失大的小张

小张是某公司的员工,某天正好去财务部办事。在等候的时候,他随手把手中捏着的一张无法报销的票据揉成团扔在了地上。其他部门的同事看见了,心说:"那个部门的人素质真差!"恰巧此时有位顾客来财务部交定金,他看到小张把纸团扔在地上,心想:"这个公司的员工如此行事,他们做的东西质量会好吗?售后服务会有保障吗?还是先别交定金了吧,回去再斟酌斟酌!"生产部经理陪着几位客户参观公司,正好路过这里,地上的纸团没有逃过大家的眼睛,客户指着纸团问生产部经理:"这样的员工,能做出符合质量要求的产品吗?"本来不费吹灰之力便能扔到垃圾桶里的一小团废纸,导致公司失去了数百万元的订单。

分析:如果你是公司领导,你将如何避免类似问题再次发生?

二、公关礼仪的主要内容

公关礼仪指的是公关人员在公关活动中应遵循的礼仪要求,它涵盖内容十分广泛,下面介绍其中的重要方面。

1. 仪表礼仪

仪表礼仪是最基本的公关礼仪,整洁干净是仪表礼仪的基本要求。仪表礼仪具体表现在面容、口腔、头发、手、服饰、习惯等多个方面。

2. 仪容礼仪

仪容礼仪是指人的面容表情，在社会交往中人的面部表情起着传递信息、沟通感情的重要作用。表情的基本要求是自然、诚恳、和蔼可亲，主要表现在微笑和眼神两方面。

此外，化妆礼仪也是仪容礼仪的重要方面，追求仪容美是人类永恒的天性。

3. 仪态礼仪

仪态是指人们的举止和体态，包括站姿、坐姿、走姿、蹲姿和手势等。优雅的举止和体态，既可以塑造形象，又可以展示风采。

4. 见面礼仪

见面礼仪是日常社交礼仪中最常用与最基础的礼仪。人与人之间的交往都要用到见面礼仪。特别是公关人员，掌握见面礼仪，能给客户留下良好的第一印象，为以后顺利开展工作打下基础。常见的见面礼仪有握手礼、鞠躬礼、拥抱礼等，不同国家、不同地区有着不同的见面礼仪。

5. 宴请礼仪

公关宴请礼仪是指宴请主体为达到某种公关交往的目的，通过特定场合宴请形式，借以宣传和树立自己良好形象的一种公关活动方式。宴请的基本礼仪可以分为七个方面，分别是座次、入座、体态、交流、布菜、敬酒和散席礼仪。

案例链接

心急的小侯

小侯毕业后，投了几十份简历，才获得面试机会。这家公司是人力资源咨询公司，面试方法与众不同，除了回答问题之外，还在计算机上做了大约3小时的测评题。面试结束后，公司让他们在两天之内等通知。因为小侯以前有过一年多的人力资源工作经验，所以主管将他的名字列在了待录取名单中，等待与领导研究后再最终确定。第二天下午，心情急切的小侯打电话给公司说："公司录不录取我没关系，能否把测评结果给我？"接电话的主管愣了一下，和蔼地告诉他："测评结果只是公司用来选拔人才用的，不给个人。"小侯又补充了一句："录不录取我没有关系，我只想要测评结果，因为我测评了三个多小时呢！"放下电话，主管立即将待录取名单取出，从中划掉了小侯的名字。

思考：小侯为什么没有面试成功？如果你是他，你会注意哪些公关礼仪？

三、公关礼仪对现代公关活动的作用

公关礼仪可以规范内部公众的言行，协调人与人之间的关系，使全体成员团结协作，提高工作效率，进而提高该组织在社会竞争中的生存和发展能力。反之，如果成员不能遵循公关礼仪，他们之间的冲突、矛盾就可能会增多，就不能很好地协作配合，不仅会降低工作效率，而且会影响团体组织目标的实现，甚至会危及组织团体的生存。具体来说，公关礼仪的作用有以下几个方面。

（一）塑造社会组织形象

众所周知，公关礼仪是由公关人员来表达的，公关人员的个人礼仪表现往往代表着组织形象。公关人员的举止言行、衣帽服饰等符合公关礼仪的要求，不仅反映出个人，而且某种程度上也代表所在社会组织的形象，是社会组织形象的一种外显方式。因此，如果想帮助企业塑造良好的社会形象，做好适当的公关礼仪是非常重要的。此外，公关礼仪还可以提高组织的文明程度，让组织者以礼相待，互谅互让；向组织传递信息，吸引公众对组织活动的关注，给人留下深刻的印象。

（二）调整人际关系

在日常生活和工作中，人们按照礼仪规范进行交流，可以加强人与人之间的相互尊重，同时也可以为双方建立友好合作的关系，起到缓解和避免矛盾冲突的作用。一般来说，当人们受到礼遇和尊重时，必然会产生吸引心理，衍生出友谊；反之，就会产生冲突、厌恶或敌意和仇恨。

（三）情感的凝聚

公关礼仪除了塑造社会组织形象、调节人际关系外，还具有很强的情感凝聚力。在复杂的公关活动中，有可能与媒体、公众、竞争对手发生冲突，甚至出现极端行为。通过公关礼仪，有助于保持利益冲突双方的冷静，缓解矛盾。如果每个公关参与者都能自觉遵守相关的礼仪规范，在公关活动中严格按照礼仪规范约束自己，就能有效沟通人际关系，实现相互尊重和信任，更好地促进事业的良性发展。

项目小结

本项目对中国源远流长的礼仪文化进行了详细介绍和阐述。

礼仪文化作为中国传统文化的一个重要组成部分，对中国社会历史发展起了广泛深远的影响，其内容十分丰富。礼仪所涉及的范围十分广泛，几乎渗透于社会生活的各个方面。礼仪是人们在不同历史、风俗、制度和潮流等的影响下，在社会的各种具体交往中为表示互相尊重，在仪表、仪容、仪态、仪式、言谈举止等方面约定俗成的、共同认可的规范与程序。礼仪也是一种风度、一种美德、一种教养。

公关礼仪是礼仪文化的重要组成部分，在公关活动中体现了相互尊重的行为准则，是通过塑造公关人员的个体形象，从而表现所在组织的整体风貌。它在公共关系活动中发挥着基础和手段的作用，有助于提高社会组织的知名度和美誉度，也是公关人员获得自尊与自信，社会组织获得认可与支持的重要手段。

通过本项目内容的学习，学生可以了解并掌握礼仪及公关礼仪的常识，为接下来内容的学习奠定良好的基础。

任务单一

任务情境:礼仪对个人形象的影响

一、任务描述

假定李想是××制衣公司总经理秘书。这天上午,李想一边在前台值班,一边润色给总经理起草的发言稿。当她正在给一位新来的客人沏茶时,行政部经理过来说总经理急着要看发言稿。李想告诉对方发言稿还没改完,如果总经理急着要,那就请他帮忙把把关再送给总经理。行政部经理说没问题。但中午的时候行政部经理对李想大发脾气,说总经理对发言稿很不满意。面对这种情况,李想应该怎么办?

二、实施工具

略。

三、实施方法

略。

四、实施步骤

步骤一:列举出李想此时面对行政部经理质问的应答。

步骤二:同桌之间分角色扮演行政部经理和李想,请"李想"分享当下的心理感受。

步骤三:同桌之间从礼仪的角度出发,重新交换角色饰演行政部经理和李想,请注意交谈方面的礼仪规范。

步骤四:交谈结束,双方互相交流行政部经理的两种不同表现对李想的不同影响。

五、考核与评价

任务实施评价表

考核项目	考核要求	分值	得分			备注
			自我评分	组间评分	教师评分	
礼仪对个人形象的影响	行为举止					
	文明语言					
	面部神态					

六、技能拓展

"女士优先"应如何体现?

在一个秋高气爽的日子里,迎宾员小贺身着剪裁得体的新制服,第一次独立走上了迎宾员的岗位。一辆白色轿车向饭店驶来,司机熟练而准确地将车停在饭店大转门的雨棚下。小贺看到后排坐着两位男士,前排副驾驶座上坐看一位女宾。小贺上前,以优雅姿态和职业性动作,先为后排客人打开了车门,做好了护顶姿势,并目视客人,礼貌而亲切地进行问候,动作麻利而规范、一气呵成。

关好车门后,小贺迅速走向前门,准备以同样的礼仪接那位女宾下车,但那位女宾满脸不悦,小贺茫然不知所措。

请结合生活实际分析,这位女宾为什么不悦,以及小贺错在哪里。

任务单二

任务情境：将礼仪观念根植于心

一、任务描述

从现在起，每天在教室、寝室、食堂、图书馆、社交生活等公共场所，把课堂所学礼仪知识运用到实践中，进行待人接物练习，培养礼仪习惯。期中时进行自我总结，期末进行全班汇报。

二、实施工具

略。

三、实施方法

略。

四、实施步骤

步骤一：将课堂所学礼仪内容进行梳理总结。

步骤二：教室、图书馆等学习场所注意行为举止，要符合场合礼仪要求。

步骤三：食堂、公共场所要注意服饰穿着及行为规范，提升礼仪观念。

步骤四：一段时间之后，注意进行自我总结，看个人形象及礼仪是否有所提升。

五、考核与评价

任务实施评价表

考核项目	考核要求	分值	得分			备注
			自我评分	组间评分	教师评分	
将礼仪观念根植于心	学习场所行为规范					
	公共场合礼仪习惯培养					

六、技能拓展

认真思考，列举出近一个月来发现的不符合礼仪礼节的事例，并分析其出现的原因及改进办法。

思考与练习

一、判断题

1. 第一印象作用最强,持续的时间最长。 ( )
2. 礼仪对于人们迅速融入新的集体并无帮助。 ( )
3. 古代的礼仪文化对于现代公关活动已经失去指导意义。 ( )

二、单选题

1. 由于交往信息的( ),某些无意识的举动往往会给人以不好的感觉。
   A. 交叉性　B. 不准确性　C. 不断变化　D. 交流不对称
2. 如果一个气急败坏的用户打电话过来投诉产品或者服务,你会( )。
   A. 马上把电话转到等待状态,然后去休息室透透气
   B. 告诉来电者打错电话了,并挂断电话
   C. 保持冷静,倾听用户的投诉,尽快尝试帮他解决或者找人帮他解决
   D. 冲他大喊大叫,让他安分下来
3. 当你和重要的人物用餐的时候,有人致电你的手机,你会( )。
   A. 两声铃声内接听,并尽快结束通话
   B. 不接听,假装是别人的手机在响
   C. 向一起用餐的人表示歉意,并把手机设置成静音模式,优先考虑眼前一起用餐的人
   D. 向一起用餐的人表示歉意,离开座位,到洗手间接听
4. 在会见完客户后,你会( )。
   A. 告诉她"不用给我们打电话,我们会跟你联系的"
   B. 把她送到接待区或者电梯
   C. 跟她握手并且拥抱她,告诉她你还想跟她再次见面
   D. 在办公室道别后继续忙自己的

三、多选题

1. 早晨进校见到老师,要行礼问早、问好。如遇地方狭窄,应( )。
   A. 学生给老师让路　B. 学生或老师让路都可以
   C. 老师给学生让路　D. 文明礼让
2. 路遇他人应( )。
   A. 靠右侧行走　B. 主动侧身让路　C. 快步行走　D. 有礼让精神
3. 客人来访时,要为客人打开房门。当房门向外开时( )。
   A. 客人先进　B. 主人先进　C. 同时进门　D. 主人关门

四、简答题

1. 礼仪的基本原则是什么?
2. 公关礼仪对现代公关活动有哪些重要作用?

项目六　塑造公关形象礼仪

知识目标

(1)了解良好的职业形象对于公关活动的重要性;
(2)掌握塑造良好公关形象的主要方法;
(3)掌握公关人员标准礼仪形态的基本要求。

能力目标

(1)能够深刻理解中国悠久的礼仪文化;
(2)能够用专业的礼仪知识指导公关活动。

素质目标

(1)培养学生树立良好的公关礼仪意识;
(2)培养学生专业、认真、严谨的工作态度;
(3)培养学生知礼懂礼的工作作风;
(4)使学生拥有礼仪意识、敬业精神及社会责任感。

思维导图

项目引入

自信的小张

某公司招聘文秘人员,由于待遇优厚,应聘者很多。中文系毕业的小张也前往面试,她的背景材料可圈可点:大学四年,在各类刊物上发表了3万余字的作品,内容有小说、诗歌、散文、评论、政论等,还为六家公司策划过周年庆典,一口英语表达极为流利,书法也堪称佳作。

小张五官端正,身材高挑、匀称。面试时,招聘者拿着她的材料等她进来。小张穿着迷你裙、露脐装,涂着鲜红的唇膏,轻盈地走到一位考官面前,不请自坐。随后跷起了二郎腿,笑眯眯地等着问话。孰料,三位招聘者互相交换了一下眼色,对小张说:“张小姐,请回去等通知吧。”小张喜形于色:“好!”挎起小包飞跑出门。

项目思考

小张能等到录用通知吗?为什么?

从公关礼仪的角度分析,你认为小张应该怎样表现?

任务一　塑造良好的仪表礼仪

知识研修

一、仪表礼仪的内涵

(一)仪表礼仪的含义

仪表礼仪是指一个人的仪表要与其年龄、体形、职业和所在的场合吻合,表现出一种和谐,这种和谐能给人以美感,增进互相的好感。

(二)仪表礼仪的基本要求

整洁干净是仪表礼仪的基本要求。

仪表礼仪具体表现在面容、口腔、头发、手、服饰、习惯等多个方面。

对于年龄来说,不同年龄的人有不同的穿着要求,年轻人应穿着鲜艳、活泼、随意一些,体现出年轻人的朝气和蓬勃向上的青春之美。而中老年人的着装则要注意庄重、雅致、整洁,体现出成熟和稳重。对于不同体型、不同肤色的人,就应考虑到扬长避短,选择合适的服饰。

此外,职业的差异对于仪表的协调也非常重要。比如,教师的仪表应庄重,学生的仪表应大方整洁,医生的穿着要力求显得稳重而富有经验。当然,仪表也要与环境相适应。

(三)公关人员仪表礼仪的举止禁忌

(1)忌当众整理衣裤;

(2)忌当众发出异样的声音;

(3)忌当众抓挠身体；
(4)忌口腔发出异味；
(5)忌旁若无人、动作夸张；
(6)忌公共场所进食；
(7)忌破坏公共卫生；
(8)忌在众目睽睽之下随意放松。

案例链接

不修边幅的小赵

小赵是一家公关公司的业务员，口头表达能力不错，对公司的业务流程很熟悉，对公司的产品及服务的介绍也很得体，给人感觉朴实又勤快，在业务人员中学历是最高的，可是他的业绩总是上不去。小赵非常着急，却不知道问题出在哪里。小赵有着大大咧咧的性格，不修边幅，头发经常是乱蓬蓬的，双手指甲长长的也不修剪，身上的白衬衣常常皱巴巴的并且已经变色。他喜欢吃刺激性食物，吃完后却不去除异味。小赵的大大咧咧能被生活中的朋友所包容，但在工作中常常过不了与客户接洽的第一关。其实，小赵的这种形象在与客户接触的第一时间已经给人留下不好的印象，让人觉得他是一个对工作不认真、没有责任感的人，通常很难有机会和客户做进一步的交往，更不用说成功地承接业务了。

二、公关人员仪容礼仪

(一)仪容礼仪的含义

仪容礼仪包括个人卫生礼仪、举止礼仪、美容美发礼仪、服饰礼仪，是人类为维系社会正常生活而要求人们共同遵守的最起码的道德规范，它是人们在长期共同生活和相互交往中逐渐形成，并且以风俗、习惯和传统等方式固定下来。

(二)表情礼仪

表情是指面部表达出来的感情。

从礼仪的角度讲。表情的基本要求是自然、诚恳、和蔼可亲，主要表现在微笑和眼神两方面。

1. 微笑礼仪的作用

微笑是最重要的表情礼仪。微笑能够有效地缩短人际交往中的距离；微笑能够表现真诚友善。

2. 微笑礼仪的训练方法

(1)对镜训练法。站在镜前，以轻松愉快的心情，调整呼吸自然顺畅；静心 3 s，开始微笑，双唇轻闭，使嘴角微微翘起，面部肌肉舒展开来；同时注意眼神的配合，使之达到眉目舒展的微笑面容。如此反复多次。

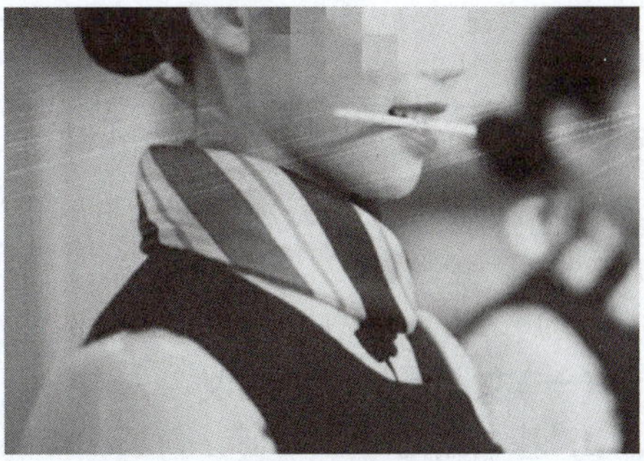
图 6-1 含筷法

(2)含筷法。如图 6-1 所示，选用一根洁净、光

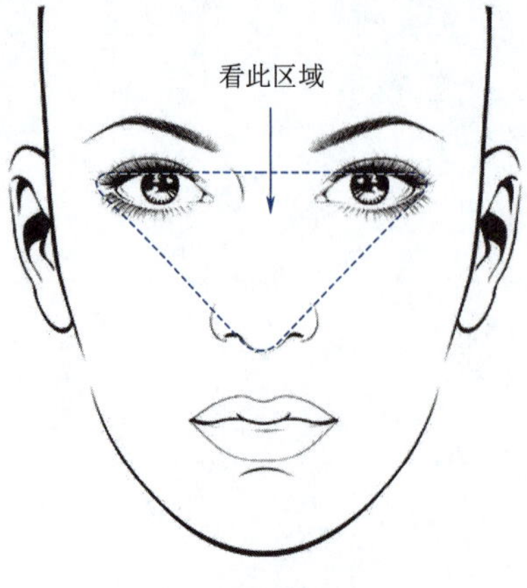

图 6-2　目光注视区

滑的圆柱形筷子(不宜用一次性的简易筷子,以防刺破嘴唇),横放在嘴中,用牙轻轻咬住(含住),以观察微笑状态。挑选出满意的笑容,并时常练习保持这种微笑。

3. 眼神礼仪的要点

(1)目光要亲切、自然、坦诚;

(2)注视时间要适当,通常注视对方的时间为与对方交谈时间总长的30%~60%;

(3)注视的位置要得体,通常要注视对方眉毛、眼睛、鼻子所围成的三角区域,如图6-2所示;

(4)目光要集中;

(5)目光的运用要注意场合。

(三)仪容中需要注意的细节

(1)坚持洗脸,勤洗澡;

(2)去除分泌物;

(3)男士定时剃须;

(4)保持手部卫生;

(5)保持口腔卫生;

(6)保持头发整洁。

案例链接

微笑是最好的名片

有位老太太走进一家日杂商品店,购买了许多日用品。老太太对店主说:"我已经有12年没到你的店里来了。"店主很吃惊,于是很专心地听着,"12年前的一天,我来买东西,一位店员满脸冰霜,态度实在糟糕,所以之后我就到其他店里购买了。"老太太说。店主听完,赶紧向她表示歉意。老太太走后,店主拿出笔开始计算。如果这位老太太每周在店里消费25元,那么12年就是1.56万元。保守估算,他至少损失了1 000元利润。

(1)故事中的老板为什么损失了1 000元?

(2)从这个材料中我们感受到了什么?

三、公关人员的美容化妆礼仪

对美的追求是人类永恒的天性,在一切打扮装饰中脸部最重要。女职员对面部的修饰尤为重视。

常见化妆品如图6-3所示。常见香水如图6-4所示。常见彩妆用品如图6-5所示。

(一)女职员的化妆礼仪

1. 基本原则

(1)遵循自然原则:自然美,要以淡雅的妆容给人留下深刻的印象。

图 6-3　常见化妆品

图 6-4　常见香水

图 6-5　常见彩妆用品

(2)遵循协调原则:强调整体效果,全身协调、身份协调、场合协调。

2. 化妆的基本步骤

洁肤、护肤、修眉、抹粉底、画眉、画眼影、画眼线、刷睫毛、涂腮红、定妆、抹唇彩、修妆。

3. 合乎公关礼仪的几个"不要"

(1)不在公共场合化妆;

(2)不在异性面前化妆;

(3)不非议他人的化妆;

(4)不要过分热情地帮他人化妆;

(5)不借用他人化妆品;

(6)不要使妆面出现残缺;

(7)男士化妆切忌化女妆;

(8)工作时不宜使用气味浓烈的香水。

4. 女性的发型建议

发型文雅、端庄，梳理整齐；在公关场合，原则上不扎马尾，长发要盘起，如图 6-6 和图 6-7 所示。

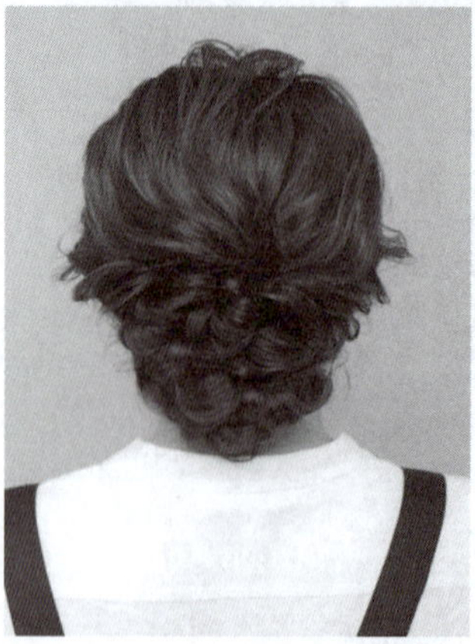

图 6-6 女士发型

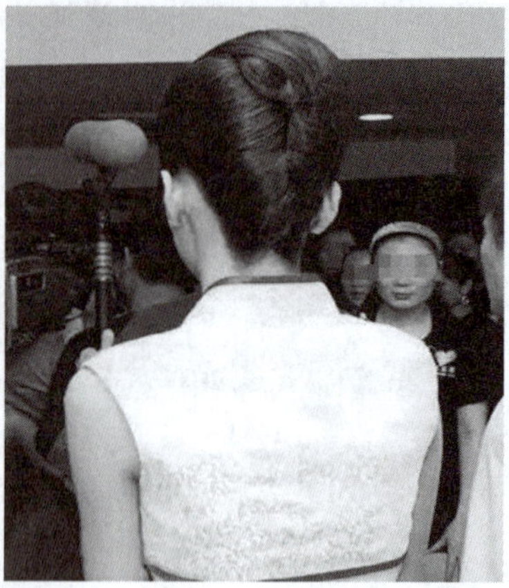

图 6-7 女士盘发

(二)男职员的美容化妆礼仪

美容并非女性的专利，男生也需要美好的仪容，以获得他人的好感。于是，美容也成为男性必不可少的一项工作。身为男士，美容方法需要有别于女性的纤柔姣好。其基本要求如下：

(1)男士美容以干净整洁为美，如图 6-8 和图 6-9 所示；

(2)男士化妆要淡而又淡，讲究适度原则，不要“过分”化妆；

(3)戒掉损害仪容的坏习惯。

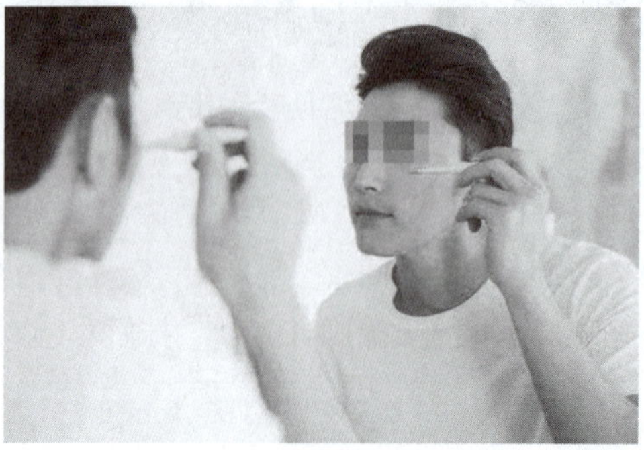

图 6-8 男士美容

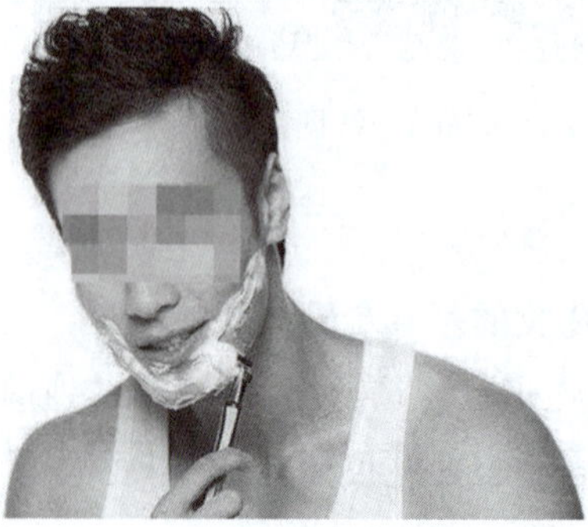

图 6-9 男士修面

四、公关场合着装礼仪

公关场合的着装是个人教养、审美品位的体现，也是企业规范、企业形象的直观写照。公关场合着装在不同的场合有不同讲究。交往的过程当中，不能以貌取人，但是作为职场人士，着装需要讲求规范。

(一)公关人员职场着装的类型

公关场合应以西装为主,男士可选择西装套装,女士可选择西装套裙。个别企业会有自己的套装,具有企业识别功能,关系到企业形象。

(二)公关人员着装的原则

1. 着装的时间(time)原则

公关人员在着装时必须考虑时间的合宜性,做到"随时更衣"。比如,在通常情况下,人们早上时间在家里和户外的活动居多,着装随意。在工作时间,就要根据自己工作的性质和特点着装。在商务场合化,总体上以轻巧灵便、薄厚适宜为主。

2. 着装的地点(place)原则

特定的环境应配以与之相适应、相协调的服饰,以获得视觉与心理上和谐感。

3. 着装的场合(occasion)原则

在公关或商务场合中,着装是一个符号,代表着个人与企业,更是一种教养的体现。因此,在公关活动和交往中的着装要讲究职业惯例。公关人员应学会区分不同的场合,着装也有所区分。

(三)公关人员职场着装规范

1. 公关人员(男士)穿西装的礼仪规范

(1)颜色的选择。公关场合,男士西装应以冷色调为主,藏青色、灰色、棕色都是不错的选择如图 6-10 和图 6-11 所示。同时,西装可以有暗色条纹,这样能够体现出男士的身材挺拔。

图 6-10　男士西装深蓝

图 6-11　男士西装灰色

此外,严格遵循三色原则:在出席正式场合的时候,身上总体不超过三个颜色(包括公文包、袜子等)。

(2)尺寸的把握。西服的尺寸应主要看三个部位:一看肩部,西装肩部尺寸应于本人肩宽吻合,不应过大或过小;二看袖口,西服袖口应短于衬衫袖口 1~2 cm;三看西服底边,当双手自然下垂时,西装底边应在手掌中央部位。

(3)穿西装的三大禁忌:袖子上的商标没有拆;穿尼龙袜,穿白色袜子(以与鞋子同色为佳);用休闲鞋搭配西装。

2. 公关人员(男士)打领带的礼仪规范

(1)领带颜色的选择。领带的选择是整套西装的亮点。西装、领带、衬衫三者的色调应该是和谐的,而领带是三者中最醒目的。领带的主色调一定要与衬衫有所区别。但领带选择与外衣同色系时,颜色要比外衣更鲜明;当领带采取与西装对比色搭配方法时,领带颜色的纯度要降低。穿礼服时领带颜色尽可能庄重,不适合大花图案。最好不要用鲜红色领带。具体可以选择以下三种图案:条纹、方格、圆点,统称为“几何”图案,如图 6-12 和图 6-13 所示。

图 6-12 领带花色

图 6-13 条纹领带

(2)领带的打法。公关场合领带可以打平结或者温莎结,其中温莎结适用范围更加广泛。

3. 公关人员(女士)穿职业装的注意事项

(1)严格遵守三色原则。正式场合身上总体不超过三个颜色(包括公文包、袜子等)。三色原则如图 6-14 所示。

(2)穿职业装的禁忌。新装商标没有拆;穿凉鞋穿袜子,穿短裙穿短袜;忌露、短、透。

(3)公关人员鞋子的搭配。注意不能穿休闲鞋搭配职业装,正式场合要穿前不露脚尖、后不露脚跟的皮鞋,如图 6-15 和图 6-16 所示。

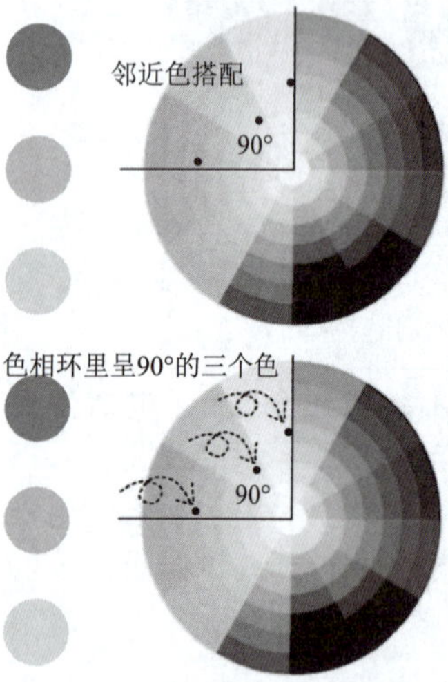

图 6-14 三色原则

图 6-15 女士皮鞋 1

图 6-16 女士皮鞋 2

(4)女士发型的要求。发型与衣服的搭配会成为一大重点，一般不提倡扎马尾，长发要盘起。

(5)配饰要简单大方。身上总体配饰不超过三件，而且要遵循“同质同色”的原则，所有配饰协调统一，不可杂乱无章。

案例链接

李×忽然接到老同学王×的电话，问他什么时候来参加自己的生日聚会，这时李×才想起自己答应了今晚参加王×的生日聚会。于是，李×匆匆忙忙赶到聚会地点，发现来的人很多，有一些相识的同学，也有很多不认识的人。李×一整天在外奔波，衣服穿得很随意，加之连日来事情很多，脸上也满是疲惫之色。当李×拖着有些疲惫的步子走进聚会厅时，看到别人都衣着光鲜、神采飞扬，不觉有点后悔自己勉强过来参加聚会，所以脸色更是难看，没有一点笑容。王×过来招呼李×，李×勉强表达了祝福，便坐在一旁喝了几杯啤酒，也不想与人寒暄，坐了一会便借故离开了。

现实生活中，在接受他人邀请后，如因故不能出席，应深致歉意，或登门致歉。作为宾客，应略早到达为好，且应在参加前做好仪容准备工作。席间应与主人和同桌亲切交谈，告辞时间不宜过早。而李×在劳累时不应该勉强出席。而后，他匆忙赶到聚会厅，且衣着随意，显示出他对宴会的不重视。在宴会中，面无笑容，且提前离开都显示出他的不礼貌。既影响自己的心情，让自己过于疲惫，又影响他人心情，是一次失败的礼仪表现。

请分析李×有哪些失礼之处？

任务二　了解公关人员体态礼仪

知识研修

一、体态语言的含义

体态语言又称人体语言、态势语言和动作语言，是指人们在外观上可以明显地被觉察的活动、动作，以及在活动之中身体各部分所呈现的姿态。

二、体态语言的五种功能

1. 表达功能

体态语言可以表达口语难以表达的信息，使双方免于受窘。

2. 替代功能

体态语言可以替代口语，直接与对方交流、沟通。

3. 辅助功能

体态语言可以辅助口语，使人“言行一致”，思想得以强化，使意思表达得更清楚、更深刻。

4. 适应功能

体态语言可以适应本人的心理、生理需要。

5. 调节功能

体态语言可以发出暗示，调节双方关系，使对方做出积极反应。

三、公关人员的站姿礼仪

1. 公关人员站姿的基本规范

抬头，目视前方，挺胸直腰，肩平，双臂自然下垂，收腹，双腿并拢直立，脚尖分开呈V字形。

身体重心放到两脚中间。也可两脚分开，比肩略窄，双手合起，放在腹前或背后。

(1)男职员：应两脚分开，比肩略窄，双手自然下垂，如图6-17所示。

(2)女职员：应双脚并拢，脚尖分开呈V字形，双手合起放于腹前，如图6-18所示。

图6-17　男职员站姿

图6-18　女职员站姿

2. 常见的不良站姿

(1)头不正，出现习惯性前伸、侧歪，显得身体松散下坠，没有精神。

(2)驼背，胸部不能自然挺起，造成身体不够舒展。

(3)肩不平，一高一低，身体左右倾斜。

(4)肩部紧张，形成耸肩缩脖。

(5)重心向后，挺腹。

(6)双手叉腰或抱胸前，或身体依靠其他物体，影响举止风度。

四、公关人员的坐姿礼仪

坐姿本身就是体态语言的一种，可以向对方传递信息，因此，应作为一种交谈手段加以注意。

1. 坐姿的基本要求

端庄、文雅、得体、大方。

2. 公关人员坐姿的基本规范

（1）轻轻入座，坐满椅子的2/3为准，后背轻靠椅背，女性双膝自然并拢，男士可略分开，如图6-19所示；对座谈话时，身体稍向前，表示谦虚和尊重。

（2）若女性着裙装，裙摆应收拢，不允许裙摆随意摇晃。落座后应端庄，也不允许当面大动作整理服饰，如图6-20所示。

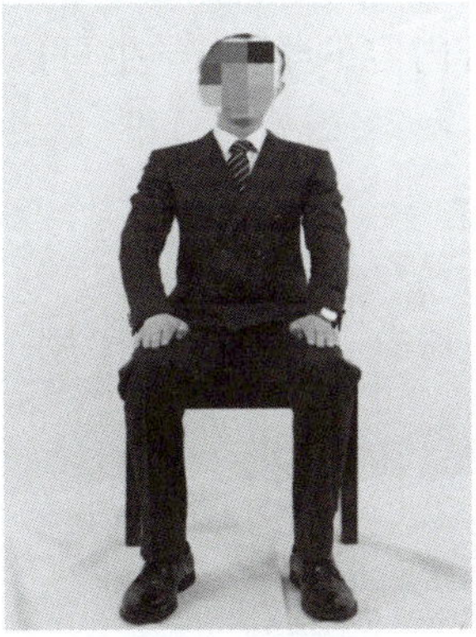

图6-19　男职员坐姿

图6-20　女职员坐姿

五、公关人员的手势礼仪

在公关活动中，手势在传递信息、表达意图和情感方面发挥重要的作用。公关人员的常用手势规范如下所示：

1. 标准手势

手掌自然垂直，掌心向内，手指并拢，拇指稍分开，手腕伸直，肘关节自然弯曲（以140°为宜），协调大方。

2. 横摆式手势

一般表示“请”“请进”时，常用横摆式。一只手五指并拢，手掌心向上，如图6-21所示。另一只手下垂或在背后，同时面带微笑，表现出对宾客的尊重、欢迎。

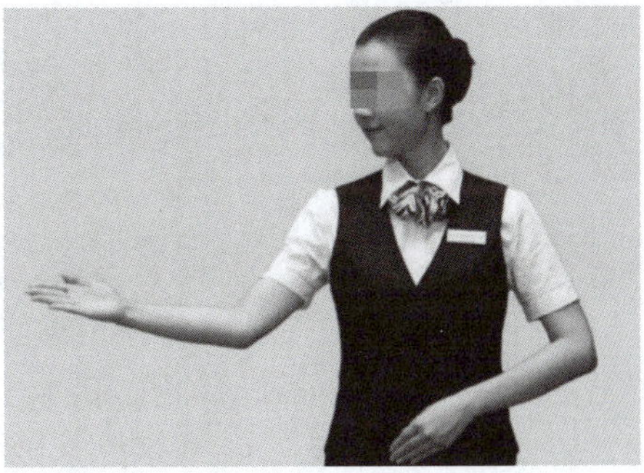

图6-21　横摆式手势

3. 斜摆式手势

请客人落座时，手势应摆向座位的地方。手要先从身体的一侧抬起，到高于腰部后，再向下摆去，使大小臂成一斜线。

4. 直臂式手势

用于指引方向时，采用直臂式。手指并拢，掌伸直，屈肘从身前抬起，向抬起的方向摆去，摆到肩的高度时停止，肘关节基本伸直。注意指引方面，不可用一根指头指出，那样显得不礼貌。

项目小结

本项目内容从公关仪表和体态两方面对公关人员的职业形象进行了详细介绍和阐述。

公关礼仪在公关活动中体现了相互尊重的行为准则,所以学习公关礼仪知识就显得更为重要。公关礼仪是公关活动中对人的仪容仪表和言谈举止的普遍要求,因此,礼仪的作用体现在“内强素质,外强形象”上。通过本项目内容的学习,学生可以了解并掌握公关人员应具备的基本礼仪规范。

任务单一

任务情境：塑造标准的礼仪形态

一、任务描述

假定你即将参加A公司的面试，你对本次面试极为重视，需要为此做一番准备。

通过之前的学习，你已经了解到公关场合的“第一印象”至关重要，形成于双方刚一见面的最初，并且很难改变。良好的职业素养、得体的言谈举止、合适的衣着打扮……这些都构成了公关人员的基本礼仪形态。

同桌之间模拟具体的面试场景，并确定着装等礼仪方面的计划。

二、实施工具

略。

三、实施方法

略。

四、实施步骤

假定明天一早你要去参加A公司的面试，这次面试官是A公司的人力资源总监。

步骤一：列举出明天面试在着装方面的计划。

步骤二：同桌之间交换各自的着装计划，并互相提出改进建议。

步骤三：同桌之间分角色饰演人力资源总监和面试者，请注意交谈方面的礼仪规范。

步骤四：面试环节结束，双方互相指出交谈过程中对方在礼仪表现方面的优缺点。

五、考核与评价

任务实施评价表

考核项目	考核要求	分值	得分			备注
			自我评分	组间评分	教师评分	
物流管理人员如何塑造标准的礼仪形态	阐述公关人员美容化妆规范					
	阐述公关人员着装规范					
	阐述公关人员体态礼仪规范					

六、技能拓展

张×参加工作不久，在一家公司做销售工作。多日来通过多方努力，终于找到一家对他们公司产品感兴趣的大公司。该公司同意与张×见面洽谈合作的事情。张×十分重视这次机会，特意穿上笔挺的西装、锃亮的皮鞋和一双刚买的白色球袜来到对方公司。在与对方面谈时，由于是初次谈判，张×不免有些紧张。坐在椅子上双腿不停地晃动，手指也不时在腿上敲击。面谈结束后，对方只是淡淡地说：“以后再联系吧。”此后杳无音信。面对首战失利，张×百思不得其解，后来请经理向对方询问原因。对方说：“你们员工的素质还有待提高。”

请回答：在本次面谈中，张×的表现在哪些方面还有待提高？

任务单二

任务情境：进行正确的服饰搭配

一、任务描述

学生应用本项目讲到的服饰搭配技巧，进行男装搭配演练。

二、实施工具

西装、领带、衬衫、手机。

三、实施方法

略。

四、实施步骤

步骤一：每五个男同学为一组。分别上台展示西装、衬衫、裤子、鞋袜的搭配，并说明搭配的理由。

步骤二：表演系领带。用手机记录整个过程，然后用投影来回放，学生做自我评价。

步骤三：教师总结点评学生存在的个性和共性问题。

步骤四：最后评选出若干名“最佳服饰先生”。

五、考核与评价

任务实施评价表

考核项目	考核要求	分值	得分			备注
			自我评分	组间评分	教师评分	
公关人员（男士）如何进行正确的服饰搭配	西装、裤子搭配规范					
	衬衫搭配规范					
	领带搭配规范					

六、技能拓展

每五个女生为一组，分别上台展示其套裙、衬衫、鞋袜、饰物的搭配，说明搭配的理由，用手机记录整个过程，然后进行大屏幕回放。学生做自我评价，教师总结点评学生存在的个性和共性问题，最后，评选出若干名“最佳服饰女士”。

思考与练习

一、判断题

1. 公关场合，女士着装除可以选择职业套装外，也可以穿紧身、无袖上衣。（　　）
2. 男士着装礼仪中，西装和衬衫是缺一不可的，但领带可戴可不戴。（　　）
3. 在正式场合不应该保持微笑，应该表情严肃才能显得庄重。（　　）
4. 公关场合女士应该化浓妆。（　　）

二、单选题

1. 关于公关礼仪，下列说法正确的是（　　）。
   A. 男士发型前额可以稍盖过眉毛
   B. 衬衣袖长应短于西装袖长 1.5 cm 左右
   C. 女士正式场合不可以穿黑色皮裙
   D. 男士正式场合可以穿夹克衫
2. 公关人员着装应遵循 TPO 原则，其中 P 指的是（　　）。
   A. price，即价格适中　　B. place，即区分场合
   C. please，即符合心情　　D. power，即展现权力
3. 下列关于礼仪公关的描述，错误的是（　　）。
   A. 男士西装以黑色、深蓝等深色为主　　B. 领带的颜色应深于衬衫的颜色
   C. 女士正式场合可以着白衬衣和黑色皮裙　　D. 女士皮鞋，前不露脚趾，后不露脚跟

三、多选题

1. 咖啡匙的作用主要有（　　）。
   A. 舀着喝咖啡　　B. 加牛奶方糖，并略加搅拌
   C. 若咖啡较烫，轻轻搅动使其变凉　　D. 喝咖啡时，吃水果用
2. 以下符合商务着装要求的是（　　）。
   A. 男士上班和晚间参加晚宴可穿着同一套西装
   B. 女士晚间出席晚宴要穿晚礼服
   C. 女士出席晚宴可以和白天的工作装是同一套
   D. 女士出席晚宴可以按个人喜好搭配
3. 以下符合商务女装着装的时间原则的是（　　）。
   A. 着装应随时间而变化　　B. 白天穿职业套装
   C. 晚上出席酒会应多加修饰　　D. 考虑季节、气候因素

项目七　掌握公关沟通礼仪

知识目标

掌握公关沟通的概念和基本要素；
掌握公关沟通的特征和原则；
掌握公关沟通过程中的礼仪规范。

能力目标

能够熟练运用公关沟通技巧；
能够与不同类型客户开展良好的沟通；
能够在公关沟通中展现良好的个人礼仪风貌。

素质目标

运用沟通技巧和策略在沟通过程中展现良好的职业素养；
以中华传统文化的礼让精神为指导，建立和谐人际关系；
建立畅通公关关系，建立和谐社会。

思维导图

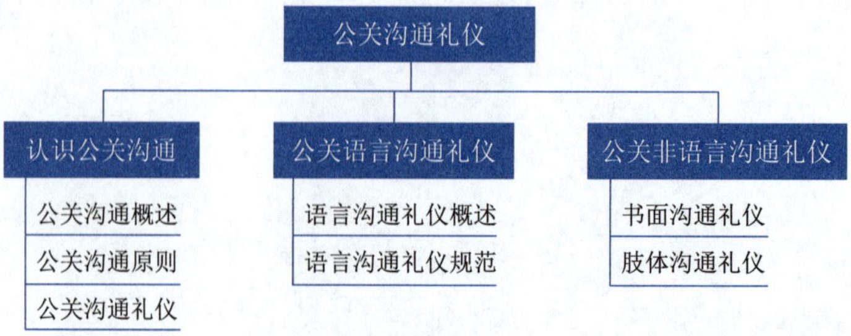

项目引入

秀才买柴

有一个秀才去买柴,他对卖柴的人说:“荷薪者过来。”卖柴的人听不懂“荷薪者”,但是听懂了“过来”,于是把柴担到秀才前面。秀才问他:“其价几何?”卖柴的人不太懂这句话,但是听懂了“价”,于是就告诉秀才价钱。秀才接着说:“外实而内虚,烟多而焰少,请损之。”卖柴的人因为听不懂秀才的话,于是担着柴就走了。

简析:秀才使用文言文与卖柴的人进行沟通,他们的沟通显然是失败的。这个故事告诉我们,语言表达一定要根据谈话对象和场合去把握和选择合适的方式,有时过分修饰反而达不到目的。

【项目思考】秀才与卖柴人沟通失败的故事,可以带给我们哪些启发?

任务一　认识公关沟通

知识研修

一、公关沟通概述

(一)沟通的概念及基本要素

1. 沟通的概念

沟通是人与人之间、人与群体之间思想与感情的传递和反馈的过程,以求思想达成一致和感情的通畅。当今社会,人们通过沟通与社会环境相联系,形成人际关系,并且维持一定的人际关系网。

在家庭中,我们与亲人沟通,增进感情;在学校,我们与老师和同学沟通,加深友谊;走上工作岗位后,我们与领导、同事、客户和媒体沟通,完成各项工作任务。由于每个人的成长环境、思维方式和行为习惯不同,看问题的角度与所处的立场也不尽相同,经常会出现“公说公有理,婆说婆有理”的情况,这就需要掌握一定的沟通技能,运用适当的沟通方法,以良好的心态与对方交流,促成相互间的理解,进而实现有效的沟通。

2. 沟通的基本要素

沟通的基本要素可以概括为5W1H,即:

(1)为什么要沟通(why);

(2)何时沟通(when);

(3)在何处沟通(where);

(4)沟通对象是谁(who);

(5)沟通的内容是什么(what);

(6)采取何种有效的沟通方式(how)。

案例链接

颜回偷食

《吕氏春秋·审分览·任数》中记载了“颜回偷食”的故事。孔子周游列国时有一次在陈国和蔡国之间的地方断了粮草，连野菜汤都没得喝，七天没吃上米饭了。一天，孔子的大弟子颜回讨了些米回来煮饭。饭快煮熟时，孔子到厨房门口看到了一幕：颜回正用手抓着米饭往嘴里塞。孔子十分生气，自己最喜爱的弟子怎么能这样做呢？但是他装作没看见，也不去责问。饭煮好后，颜回请孔子进食，孔子若有所思地说：“我刚才梦到祖先来找我，我想把干净的还没人吃过的米饭，先拿来祭祖先吧！”古时，祭祖必须是干净的食物，如果食物被沾染了脏东西，就是对祖先的大不敬。颜回一听要祭祖，“噗通”一声跪了下来，说：“这锅饭我已先吃一口了，不可以祭祖先了。”孔子问：“为什么？”颜回涨红了脸，说道：“因为厨房年久失修，又没有清理过，当我打开锅盖时，热气使棚上的灰掉到了锅里，米饭脏了。染灰的白米饭丢了太可惜，我就把脏的吃掉了，这样您可以吃到干净的米饭。”孔子听了，恍然大悟，原来自己亲眼看到的也不是真的。他愧疚地说：“(按说)应该相信眼睛看见的，但是看见的并不一定可信；应该相信自己的内心判断，而有时自己的内心也不可以完全相信。弟子们记下这件事，要了解一个人，还真是不容易啊！”

解析：俗话说，“耳听为虚，眼见为实”，但有时人们亲眼所见的也只是表象并非事物的本质。如果孔子凭着自己偶然间看到的一幕就立刻下结论，岂不是误会颜回？可见，不管你对一个人自认为有多了解，也要与其及时沟通，通过沟通澄清疑虑，消除误会，这样才能建立更加和谐的人际关系。

(二)公关沟通的概念及特征

1. 公关沟通的概念

狭义的公关沟通是指社会组织在公关活动中所进行的组织与公众间的信息沟通。由于公共关系沟通是建立在人际交往基础之上的沟通，所以，广义的公关沟通包括所有的人际沟通、组织沟通以及组织与人际间的相互沟通。但是，公关沟通是为了协调关系、塑造形象，所以要讲究原则，要讲究计划性，这样才能称为公关沟通艺术。

2. 公关沟通的特征

公共关系沟通有别于普通的人际沟通。具体表现如下：

(1)公关沟通与职业相关，形式多样。公关沟通是主体与公众之间的沟通，一般与职业有关，沟通形式包含组织沟通、媒体沟通、人际沟通等多种形式。

(2)公关沟通有明确的目的。公关沟通具有明确的目的，那就是为了与公众的彼此了解、相互信任和建立良好的公众关系。

(3)公关沟通讲究原则。公关沟通是建立在公共关系基本原则基础之上的沟通，公共关系原则是公关沟通原则的基础和依据。

(4)公关沟通是有计划的沟通。公关沟通有明确的目的，沟通内容和方式都必须经过事先的设计。

(5)公关沟通追求和谐。公关沟通的战术目标是建立良好的公众关系,战略目标是营建内利团结、外利发展的公众环境,追求主体与公众的和谐,这也是社会发展的和谐。

二、公关沟通的原则

(一)维护公司的合法利益

维护公司利益是所有员工必须坚守的职业道德,也是与客户沟通的出发点和基本准则。俗话说:"大河有水小河满,大河无水小河干。"公司利益与个人利益息息相关一荣俱荣,一损俱损。只有维护好公司的利益,个人利益才能有所保障。每一名员工应该既是公司形象的宣传者,又是公司利益的维护者。与客户沟通,不能以损失公司利益为代价,博取客户欢心,甚至是谋取私利。如果怀揣一己之私,损害公司利益必将为个人事业的发展埋下隐患。

(二)营造和谐的沟通气氛

轻松愉快的沟通氛围,可以为正式的洽谈做好铺垫。沟通的双方只有在和谐的气氛中,才能开诚布公地交流。营造沟通氛围可以关注以下方面。

1. 积极接待客户

对待客户要礼貌热情,做到称呼得体,自我介绍简洁明了,言谈举止大方,表情自然,面带微笑,在与客户沟通的过程中保持目光接触,让客户感到受重视。

2. 恰当地赞美客户

赞美是一门艺术,恰当的赞美会使客户有被重视的感觉,有时赞美甚至能够改变客户的消极态度。当然,赞美的内容须实事求是,措辞得当,切合客户的心意,切忌无中生有或者过分恭维。

3. 重视倾听

认真倾听的态度会让客户感受到你的诚意,对你更加认同。在沟通中,要能够通过倾听了解到客户的真实意愿,发现客户的潜在需求,还要善于听出客户的弦外之音。

4. 用客户易于接受的句式来表达

站在客户的角度思考,以尊重、体贴的态度和商量的语气与客户交流,用客户喜欢的句式表达意愿和看法,更容易被接受。比如:用"我会……"表达服务意愿;用"您能……吗"向客户提出要求;用"我理解……"表示体谅对方的情绪,平息客户的不满;用"为了……"节约时间;用"您可以……"代替说"不",提出反对意见。

5. 避免争执

与客户沟通时要心平气和,不卑不亢,有理有据。无论出于何种原因,与客户争辩都是相当不明智的。逞一时口舌之能,即便客户当时无力反驳,也不会从内心真正信服。在网络时代,伤害一个客户所产生的负面影响,其传播速度和范围远远超出人们的想象,只会给后续的工作增加难度。因此,当与客户观点不一致时,不要与客户争辩,应晓之以理,动之以情,引导客户接受你的观点或向你的观点"倾斜"。

案例链接

一位推销员在向销售经理汇报时说了下面一番话:"对顾客的每一点看法,我都进行了反驳,并且把事实和数据告诉了他。我还义正词严地告诉他,这些反对意见是毫无根据的。我们大概谈了3小时,可以说所有的论点都涉及了。直到最后阶段,顾客还是认为自己是正确的。我们几乎花费了整整1小时来讨论防震问题,而这偏偏又是次要问题。然后我就告辞了,再拖延下去也是白白浪费时间。"销售经理听完他的申诉,生气地说:"你早就该告辞了,在业务洽谈进行到15分钟的时候,你就应该离开那里。"推销员对经理的话感到迷惑不解:"我不能认输呀!"

请问:推销员犯了怎样的错误?正确的做法应该是怎样的?

(三)沟通的语言简明得体

客户的教育背景不同,对于专业知识的理解能力也存在较大差异。如果故意使用深奥的专业术语,不知不觉中将拉大销售人员与客户之间的距离。最好的办法是用通俗的语言、简单的例子、浅显的方法来加以说明。如果进行书面沟通,要逐字逐句推敲将要交给客户的每一份文字材料,确保表述简明、准确无误。

(四)重视客户的反馈

1. 了解客户对于产品或服务的真实感受

客户的反馈是改进产品和服务的重要依据,可以通过拜访客户、开展市场调查等方式来收集客户对于产品或服务的意见。对于一些批评性的意见,要认真分析研究,找到客户不满意的原因,并且拿出切实可行的改进方案。

2. 销售的每一个环节都力求让客户满意

重视客户的反馈是建立信任感、稳定客户资源的重要方法。要想与客户建立并维持长期合作关系,必须重视售前、售中以及售后的每一个环节。售前热情、售后冷漠的服务方式是应当绝对避免的。正确的做法是:售前耐心讲解,告诉客户使用方法;售后开展销售跟踪,确保产品被正确使用。一旦出现问题,及时与技术人员或其他公务人员沟通,第一时间解决问题。

三、公关沟通礼仪

公关人员经常要与他人沟通,需要通过学习和培训掌握相关的倾听技巧和说话技巧,才能更好地处理交际中沟通问题,从而提升公关能力。

(一)有效选择话题

所谓话题,是指人们在交谈中设计的题目范围和谈话内容。在社会交往中,学会选择话题,就能使谈话有个良好的开端。

1. 宜选的话题

(1)选择既定的话题。即交谈双方业已约定,或者一方事先准备好的话题,如征求意见、传递信息或研究工作等。

(2)选择内容文明、格调高雅的话题。文学、哲学、艺术、地理、历史和建筑等话题,因其内容文明、格调高雅,故适合作为各类交谈的话题,但忌不懂装懂。

(3)选择轻松的话题。轻松的话题主要包括文艺演出、流行时装、美容美发、体育比赛、电影电视、休闲娱乐、旅游观光、风土人情、名胜古迹、烹饪小吃、名人轶事和天气状况等。这类话题令人比较放松,适用于非正式交谈,允许各抒已见,任意发挥。

(4)选择时尚的话题。选择时尚的话题即以此时此刻正在流行的事物作为谈论的中心，但这类话题变化较快，不易把握。

(5)选择擅长的话题。选择擅长的话题尤其是交谈对象有研究、有兴趣的话题，对整个交谈过程较有益处。比如，一般青年人对于体育运动、流行歌曲的话题关注较多，而老年人对于健身运动、饮食文化的话题较为熟悉；男人多关心事业、个人的专业，而女士对家庭、孩子等更容易津津乐道。

案例链接

打破谈话僵局

李×是某公司销售部经理。一天，他带着一位业务代表去拜访一家大公司的采购部主任方先生。双方见面后，业务代表与方先生之间的洽谈似乎并不顺利。经验丰富的李×立刻判断出，沟通不和谐的原因在于缺少"润滑剂"。李×突然想起在来的路上，业务代表曾经对他提起，方先生有一对双胞胎女儿，今年刚刚上小学，方先生特别疼爱她们。于是，李×趁机与方先生聊起了孩子："听说方先生有两个非常可爱的女儿，是吗?""是的。"方先生脸上露出一丝微笑。"听说还是双胞胎？今年几岁了?""7岁了，这不，已经上学了。我下班还要去接她们呢……"一提起女儿，方先生的话就多了。聊了一会儿，方先生主动把话题引到了这次见面的目的上："其实，你们公司的产品……"

[**简析**]李×是一名经验丰富的销售经理，明白调节沟通气氛的重要性，能通过聊天消除与客户之间的心理障碍。如果在与方先生交谈不顺利的情况下，业务代表依然只谈业务本身，就很容易被下"逐客令"。而李×抓住时机，巧妙地引入方先生感兴趣的话题，从而打破了谈话僵局。

2. 避谈的话题

(1)避谈可能有异议的话题。有些人虽基于礼貌不会当场与你争论，但内心一定十分不舒服，你可能无意中得罪了人而不自知，这自然也失去了社交的意义了。

(2)避谈国家秘密及行业秘密。我国国家安全法、国家保密法有规定，违法及泄密的内容是不能谈论的。此外，各个行业、各个企业也都有各自的商业秘密，在商务谈话中不应涉及这些内容，以免造成不必要的损失。

(3)避谈格调不高的话题。包括家长里短、小道消息等。这些东西说出来会使对方觉得你素质不高。更不能在外人面前议论领导、同行同事的不足，这会让别人怀疑你的人格和信誉，也会令别人对你的公司、企业的团结合作及信用产生怀疑。

(4)避谈个人隐私。与外人交谈时，应回避个人隐私。具体包括下列"五不问"：不问收入；不问年龄；不问婚否；不问健康；不问个人经历。

(5)及时解释。公关人员要及时解释未能做到的事。公关人员对于形象的维护尤其重要，因此要信守承诺，答应他人的事情要说到做到，如果确实中途遇到什么困难，要及时向他人解释并提供相关可视证据，并承担相应未能遵守承诺的责任。

3. 扩大话题储备

由于人们的经历、兴趣、职业、学习状况不同，每个人所熟悉的话题也各不相同，要想与别人有更多的话题,必须尽量扩大话题储备。一个人如果有理想、有追求,又刻苦学习,事事留心,把看到、听到的事物有意识地加以记忆和累积,就会逐渐变得学识渊博。由于视野开阔,知识面广,与人沟通时自然就有话题了。

(二)学做最佳听众

我国古代就有"愚者善说,智者善听"的说法。聆听是一门艺术,通过聆听可以从谈话的一方获得必要的信息,领会谈话者的真实意图。聆听本身还是尊重他人的表现。因此,应充分重视听的功能,讲究听的方式,追求听的艺术。

1. 倾听的基本礼仪

(1)聆听要耐心。在对方阐述自己的观点时,应该认真听完,并真正领会其意图。有人在听的过程中,听到与自己意见不一致的观点或自己不感兴趣的话题,或者因为产生了强烈的共鸣就禁不住打断对方或做出其他举动,致使他人思路中断,这是不礼貌的表现。当别人正在讲话时,不宜插话,如必须打断,应适时示意并致歉后插话,插话结束时,还要立即告诉对方"请您继续讲下去"。聆听中还应注意自己的仪表,不应该从自己的举止或姿态中流露出不耐烦、心不在焉或是疲劳,因为这样会伤害对方的自尊心。

(2)聆听要专心。在听对方说话时,应该目视前方,以示专心。因为语言只传达了部分信息,所以还应注意说话者的神态、姿势、表情以及声调、语气等的变化,以便全面、准确地了解对方的思想感情。同时,以有礼而专注的目光表示认真聆听,对说话者来说也是一种尊重和鼓励。

(3)聆听要热心。在交谈中,强调在与对方谈话时目视对方、认真专心地去听,并不是说聆听者完全被动地、安静地听。经验告诉人们,在说话时,如果面无表情、目不转睛地盯着看,便会使谈话者怀疑自己的仪表或讲话有什么不妥之处。因此,聆听者在听取信息后,可以根据情景,或微笑,或点头,或发出同意的应答声,甚至可以适时插入一两点提问,如"真的吗?""哦,原来是这样,那后来呢?"等。这样就能够实现谈话者与聆听者之间不断地交流,形成心理上的某种默契,使谈话气氛更融洽。

(4)目光呼应。在听别人讲话时,目光要与讲话者对应,面部表情应该根据对方谈论的内容而有所调整。

(5)肢体配合。身体前倾表示你对他人正在讲的话题感兴趣或者专注;点头或者摇头,以表示肯定或者否定;要时不时地报以简短的语气词来表示你在认真倾听;对别人提出的问题应该及时并且诚恳回答。

2. 倾听时的五个不能

(1)不能左顾右盼,目光必须集中在讲话者的身上;

(2)不能经常打断别人的讲话;

(3)不能心不在焉,一边保持手中的动作一边听别人讲话是很不礼貌的行为;

(4)不能假装在听,在别人说话时走神是最大的禁忌;

(5)别人讲话时,你过于强硬地坚持自己的观点而与对方发生争执不是有礼貌的倾听。

作为公关人员,要学会多倾听别人的想法,适时地表达个人的想法和意见。在交流的时候不能一直干巴巴地坐在那里听别人讲故事,而是要能够相互发表各自的看法,互相参照并延续沟通。如果仅仅只是听,却不说任何话,会导致对方疑惑到底有没有在认真听,或是听不懂从而没办法接话。要确保个人所听到是否与对方说的话一致。有时对方说话的语速较快或者对方所叙述的内容较为抽象时,可能会没办法做到短时间内理解对方所说的内容,那么这时候应该把所理解到的内容再简述一遍与对方确认,确认的所理解的都是同一内容之后,再进行交流。

(三)注意提问方式

在一定的社交场合,公关人员总是为了解决某个问题才去与人交谈的,而解决问题的前提就是提出问题。提问在公关活动中起着双重作用:一方面获得自己所需要的信息,为自己或组织谋利益;另一方面,让对方了解自己的需要和追求,从而促成人与人之间的交流和合作以及事业的成功。

1. 提问要切境

切境,就是要求语言运用与所处的特定环境相切合、相适应。构成语言环境的因素包括社会环境、自然环境、交际场合、交际对象、交际双方的各种相关因素,如身份、职业、经历、性格、处境、心绪等。针对不同的交际场合、不同的交往目的、不同的交际对象,使用的提问语言也应不同。

(1)与人初次见面,提问要巧找话题。从交际心理看,人们初次见面,彼此都有一种要了解对方的愿望和渴望得到尊重的心理。然而在交往中,往往是一阵寒暄之后,就无话可说了,于是出现冷场,使交谈陷入困境。在这种情况下,可以向对方发问,目的是引发自我介绍,从中找到继续交谈的话题。如互问姓氏、职业,然后就可以借题发挥,加深彼此的了解。如果双方已经互问了姓名、职业,但因"隔行如隔山"的原因而无法深谈,则可借双方熟知的人进行提问,也可借双方均知晓的事加以提问,还可直接问询业余爱好,以达到相互了解的目的。

(2)熟人见面交谈,提问要突出关怀和友谊。现代较快的生活节奏,往往使同住一市一区的朋友许久不得见面,因此他们见面后第一件事就是彼此沟通信息,询问中必然带有浓厚的感情色彩。"好久不见了,真想你。听说你最近在做某某事,是吗?"这句提问语言的感情暗示是:"我经常向别人问你的情况,我很关心你的事情。""王师傅,您从家回来了?家里老人身体可好?"这句提问语言给对方的感受是:你没有忽略他的行踪去向,而且对他的家庭、长辈给以深切的关注。如果你同几位朋友彼此都很要好,当见了其中一位时,别忘记打听其他人的情况:"你见到某某了吗?他最近情况怎么样?我也很想他呢。"这种提问语言,会使对方感受到你对朋友的真挚,在交流过程中,使朋友之间的情感增进了许多。

当商务人士面对老客户时,提问更需强调感情关系。把顾客当成老朋友,使顾客心理上的亲和需求得到满足,能更方便地开展推销工作。例如,"您上次在本店买的东西好用吗?""您今天希望吃点什么?""上次"和"今天"传递出一种信息:"您是老顾客,我们记得您,我们希望每次服务都能让您满意。"此时,顾客心里热乎乎的,成交的愿望会强烈得多。

2. 提问的方法

提问语既可以是内心疑问的表达,也可以是对对方话语的引导。为了得到想要的回答,达到一定的目的,就必须掌握提问语言的几种形式,并把握其中的规律,这样才能在交谈中发挥积极作用。

(1)正问。正问即开门见山,把想了解的问题直接提出来。此提问方式常用于上级对下级工作的询问,同志间信息交流,或亲密朋友间的沟通。应该注意的是,使用这种方式所提的问题,必须是没有深奥背景、三言两语就能说清楚、以不会引起不快的后果为前提。

(2)反问。反问是指从相反的方向提出问题,使对方不得不回答。很多人都有不爱主动选择的心理特征,为了当面得到肯定的提问效果,就从否定的角度来提问。这种提问方式多用于向公众征询意见的公开场合。例如,老师问学生:"有谁同意这个活动计划?"结果响应者寥寥无几;他换用反问的形式:"有不同意这个活动计划的吗?"结果没有一个人提出反对,计划就通过了。

(3)开放式提问。开放式提问就是不限制客户回答问题的答案,完全让客户根据自己的喜好,围绕谈话主题自由发挥。进行开放式提问既可以令客户畅所欲言,又有助于销售员根据客户谈话了解更有效的客户信息。而且在客户畅所欲言之后,他们通常会感到放松和愉快,这有助于双方的进一步沟通与合作。通常开放式问题包括以下疑问词或典型问法:"……怎么样""如何……""为什么……""什么……""哪些……"等。

(4)封闭式提问。封闭式提问也称引导式提问,它让对方在"是"或"不是"两种答案中选择。如果面对犹豫不定的提问对象,通过封闭式提问,并将希望得到的答案放在后头,可以引导谈话的方向。例如,一位老练的售货员,在顾客买东西后,总要问一句:"送到府上去,还是自己带回去?"几乎所有顾客都会说:"好,我带回去。"把开放式提问和封闭式提问有机结合起来,非常有利于掌控交谈的整个局面。

案例链接

某商场休息室销售咖啡和牛奶。刚开始服务员总是问顾客:"先生,需要来杯咖啡吗?"或者"先生,您喝牛奶吗?"一段时间下来,销售业绩平平。后来,服务员换了一种问法:"先生,您喝咖啡还是牛奶?"结果销售额大增。

[**简析**]同样的商品,但是销售额明显变化,其原因在于,第一种问法容易得否定的回答,而第二种问法采用了选择句式,在大多数情况下,顾客会从中选择一种。

任务二　掌握公关语言沟通礼仪

知识研修

一、语言沟通礼仪概述

1. 语言沟通礼仪的含义

语言能最有效地传递信息、沟通感情、改善关系、达成协议、促进工作,是人类最重要的沟通工具,是人类特有的用来表达意思、交流思想的工具。

在人际交往中,恰当运用好语言,将会形成良好的氛围,使个人形象锦上添花。在公关活动中,能否运用精湛的语言技术,迅速与交谈对象进行交流沟通,往往会影响到事业的成败。

在公关活动中,因为不注意交谈的礼仪规范,或多说了一句话,或用错了一个词,或不注意词语的色彩,或选错话题等而导致公关活动关系破裂或交往失败的事情时有发生。所以,在公关沟通中必须遵从一定的语言礼仪规范,才能达到双方交流信息、沟通思想的目的。可见,掌握语言礼仪的基本要求是公关人员的基本素质。

2. 语言沟通的基本要求

(1)语言要准确流畅。在语言沟通时如果词不达意,很容易被人误解,达不到交际的目的。因此,在表达思想感情时,首先,应做到吐字清晰、口音标准,说出的语句应符合规范,避免使用似是而非的语言;其次,语句停顿要准确,思路要清晰,以免语句隔断。语言准确流畅还表现在能让人听懂,因此,言谈时尽量不用书面语或专业术语,因为这样的谈吐让人感到拘谨或是理解困难。所以,公关语言要注意发音准确、口气谦和、内容简明、少用方言,还要慎用外语。

此外,还应注意在沟通时不要一个人长篇大论,不要冷场。他人说话时不要插嘴,不要急于否定对方。不要用手指点别人,需要指出其他人的时候,应该把手指全部伸开,掌心朝上,用手掌指出那个人。最后,要把握好沟通时间。

案例链接

沟通不畅的书生

古时有一个笑话:一位书生被蝎子蜇了,便对妻子喊道:"贤妻,速燃银烛,你夫为虫所袭!"他的妻子没有听明白。书生更着急了:"身如琵琶,尾似钢锥,叫声贤妻,打个亮来,看看是什么东西!"其妻子仍然没有领会他的意思。书生疼痛难熬,不得不大声喊道:"快点点灯,我被蝎子蜇了!"

(2)语言要委婉表达。交谈是一种复杂的心理交往过程,人的自尊心和微妙心理往往在其中起着重要的控制作用,触及它,就有可能不愉快。因此,对一些只可意会而不可言传的事情、可能引起对方不愉快的事情、人们回避忌讳的事情,不能直接陈述,只能用委婉、含蓄的方法去说。因此,要避免使用主观武断、口气强硬的词语,如"只有""唯一""一定""就要"等,而应尽量采用与人商量的口气。要学会先肯定后否定,把批评的话语放在表扬之后,会显得委婉一些。

(3)语言要掌握分寸。与他人交谈要注意有放、有抑、有收,把握好"度"。谈话是双方共同参与的事情,故不可唱"独角戏",不给别人说话的机会。说话时还要察言观色,注意对方情绪,对方不爱听的话少讲,一时接受不了的话勿急于讲。谈话时开玩笑则要看对象、性格、心情和场合。一般来讲,不与性格内向、多疑、敏感的人开玩笑;不随便开女性、长辈、领导的玩笑;当对方情绪低落、不高兴时不开玩笑;在严肃、正式的场合、用餐时不开玩笑。

(4)语言要幽默风趣。交谈本身就是一个寻求一致的过程,在这个过程中经常会因不和谐的因素而引发争论或分歧,这就需要交谈者随机应变,凭借机智抛开或消除障碍。运用幽默通常可以增强语言的感染力或化解尴尬局面，它建立在说话者高尚的情趣、乐观的心境、较深的涵养、丰富的想象、对自我智慧和能力自信的基础上。

二、语言沟通礼仪规范

（一）交谈要使用礼貌用语

礼貌用语是人类文明的标志。在我国，文明礼貌用语的基本内容为请、谢谢、对不起、您好、再见。实际在社会交往中，日常礼貌用语往往不止10个字，归根起来，主要可划分为如下几个大类：

1. 问候语

人们见面时的常用问候语是“您好”“您早”等。

2. 欢迎语

交际双方一般在问候之后常用欢迎语，如“欢迎您”“见到您很高兴”“再次见到您很愉快”。

3. 回敬语

在社会交往中，人们常常在接受对方的问候、欢迎或鼓励、祝贺之后，使用回敬语以表示感谢。由此，回敬语又可称为致谢语。使用频率较高的回敬语有“谢谢”“多谢”“非常感谢”“麻烦您了”“让你费心了”等。

4. 致歉语

在社会交往过程中，常常会出现由于组织的原因或是个人的失误，给交际对象带来了麻烦、损失，或是未能满足对方的要求和需求，此时应使用致歉语。常用的致歉语有“抱歉”“对不起”“很抱歉”“请原谅”，“打扰您了”“真抱歉，让您久等了”等。

真诚的道歉犹如和平的使者，不仅能使交际双方彼此谅解、信任，而且有助于化干戈为玉帛。及时得体的道歉也充分反映出你的宽广胸襟、真诚情感和敢于承担责任的勇气。

5. 祝贺语

在交际过程中，如果想与交际对象建立并保持友好的关系，应该时刻关注交际对象，并与他们保持经常性联系。比如，当你的交际对象过生日、晋升、结婚、生子，或是你的客户开业庆典、周年纪念、有新产品问世或获得大奖等时，可以以各种方式表示祝贺。

祝贺用语很多，可根据实际情况需要进行选择。“祝您节日愉快”“祝您生日快乐”；当得知交际对象取得事业成功时，可向他表示祝贺：“祝贺你”。常用的祝贺语还有“恭喜恭喜”“祝您成功”“祝您福如东海，寿比南山”。

6. 道别语

交际双方交谈过后，在分手时，人们常常使用道别语。常用的道别语是“再见”，若是根据事先约好的时间可说“回头见”“明天见”。道别时的用语很多，如“走好”“慢走”“再来”“保重”等。

7. 请托语

在日常用语中，人们出于礼貌，常常用请托语，以示对交际对象的尊重。最常用的是“请”，其次，人们还常常使用“拜托”“劳驾”“借光”等。

案例链接

日常礼貌用语

与人相见说您好，问人姓氏说贵姓，问人住址说府上。
仰慕已久说久仰，长期未见说久违，求人帮忙说劳驾。
向人询问说请问，请人协助说费心，请人解答说请教。
求人办事说拜托，麻烦别人说打扰，求人方便说借光。
请改文章说斧正，接受好意说领情，求人指点说赐教。
得人帮助说谢谢，祝人健康说保重，向人祝贺说恭喜。
老人年龄说高寿，身体不适说欠安，看望别人说拜访。
请人接受说笑纳，送人照片说惠存，欢迎购买说惠顾。
希望照顾说关照，赞人见解说高见，归还物品说奉还。
请人赴约说赏光，对方来信说惠书，自己住家说寒舍。
需要考虑说斟酌，无法满足说抱歉，请人谅解说包涵。
言行不妥对不起，慰问他人说辛苦，迎接客人说欢迎。
宾客来到说光临，等候别人说恭候，没能迎接说失迎。
客人入座说请坐，陪伴朋友说奉陪，临分别时说再见。
中途先走说失陪，请人勿送说留步，送人远行说平安。
初次见面说幸会，等候别人说恭候，请人帮忙说烦请。

(二)语言沟通的声音礼仪

1. 交谈的音量要考虑场合

交谈的音量应是让所有与你交谈的人听清楚，而又不打扰与此无关的人。尤其当办公室还有其他人的时候，谈话双方一定要压低声音。在楼道里与人打招呼、聊天时，也不能大声，以免影响其他人。要控制自己的情绪，不要大声吼叫，这样做是失态的。

2. 语音和语调因交谈对象的年龄而异

一般与老年人用较慢的语速，较大的音量，能使对方产生被人尊重的喜悦感；而与年轻人和小孩交谈则宜轻言慢语，语调柔和，这样能使对方产生安全感、亲切感和信任感。

3. 语气依交谈的目的而变化

对前来求助的人，应以体谅对方的心情说话，语气平和，给对方一种亲切感、信任感；对于提供某种信息的人，应采用感激的语气；对前来研究探讨问题的人，应采用征询、商量的语气；对存在明显错误而又没有改过意思的人，语气要严厉。

(三)语言沟通的目光礼仪

一个人的喜怒哀乐，都能从目光之中流露出来。所以在交谈时，我们不可忽略目光的作用。既要会用自己的目光表情达意，也要学会通过他人的眼神了解其情绪和感觉的变化。在交谈时，目光应保持平视，轻松温柔的注视对方，表现出诚意、专注，这是对他人的尊重，但不要眼睛瞪得很大，或直愣愣的盯住别人。

（四）语言沟通的举止礼仪

在交谈中，为了表示礼貌和尊重，对举止也有一定的要求。

1. 坐姿要端正

交叉双臂、交叉双腿、头部懒散地靠在沙发背上，大腹便便地撇着腿坐着，类似的姿态都是不合适的。

2. 采用适当的手势

交谈时可以采用适当的手势加强语气，帮助表达。谈话范围越小，手势的幅度越小，频率不要过高，以免让人觉得心烦，影响注意力。

3. 避免不良的举动

交谈时避免不良的小动作，一般不要用笔敲击桌子、笔记本，或把笔放在手指上不停地旋转。这些举动都会使人觉得你心不在焉、傲慢无礼。

4. 善于运用点头与赞同的表情

交谈时要善于运用一些表情，例如，男士可以微笑点头表示肯定、赞同；女士应该沉静微笑，微微地点头，以示端庄，不要总是害羞地笑或哈哈大笑。

任务三　掌握公关非语言沟通礼仪

知识研修

非语言沟通包括短信、微信、书信、电子邮件、请柬等书面形式，在公关沟通活动中起到对语言沟通的辅助、补充作用。

一、书面沟通礼仪

（一）短信礼仪

公关活动过程中一些简单的工作交流可用短信进行，应遵循以下原则。

1. 必回原则

涉及公关事务的短信一定要回复，把那些没办法马上回复的消息设置成“未读消息”，便于跟进回复；如果暂时很忙，可以预先设置自动回复。

2. 短信提醒

对于一些重要约会或事先已经与对方约好参加某个会议或活动，可用短信方式婉转地提醒对方，短信显得非正式，亲切得多。短信提醒时语气应当委婉，不可生硬，比多次电话确认要礼貌。但是需要注意的是，在发短信之前一定要进行电话或当面的邀请或确认。

3. 短信转发

转发短信一定要特别注意短信内容，调侃、不健康、恶作剧类的短信一定要慎重发送。当有人发短信给你的时候，不要用电话回复。如果对方想和你通话，他会直接给你打电话。此条同样适用微信，当人们发文字的时候，最好不要回语音。

4. 发短信一定要署名

短信署名既是对对方的尊重，也是达到公关目的的必要环节，不署名会耽误公关活动。

案例链接

元旦前一天，工作关系繁多的秦先生收到了70多条祝福短信。其中有60条是不署名的，好多内容还相同。秦先生也分不清楚这些人都是谁。这种祝福短信发了等于没发。

5. 有些重要电话可以先用短信预约

要跟身份高或重要的人打电话，可以先发短信“有事找您，是否方便给您打电话？”如果对方没有回短信，一定不是很方便，可以在较长的时间以后再拨打电话。

6. 及时删除自己不希望别人看到的短信

经不起推敲的短信一定要及时删除，避免引起麻烦。若不幸被传播出去，后果会比较严重。

7. 上班时间不要没完没了发短信

上班时间每个人都在忙着工作，即使不忙，也不能没完没了地发短信，否则就会打扰对方工作。如果对方正在主持会议或者正在商谈重要事项，闲聊式的短信更会让对方心中不悦。

8. 发短信不能太晚

短信虽然更加简便，但如果太晚，也一样会影响对方休息。晚上10点以后就不方便给对方打电话了，发个短信告知也不妥当。

（二）微信礼仪

微信作为一种新兴的网络社交软件，以其及时、便捷、互动等特性受到了人们的广泛青睐；微信朋友圈越来越成为用户进行自我展示、与好友交流的重要平台。微信，正以一种新的生活方式在影响着我们。一个成熟的人在使用微信时，总是知分寸，懂礼节，顾及人，懂律己。

1. 微信聊天懂规矩

（1）发送内容要健康。不要发没有根据和有伤风化的内容。不造谣、不传谣、不信谣，不煽动他人情绪，坚决远离不良信息。

（2）切入正题很重要。不要一直问别人“在吗？”“忙吗？”……要带上具体的事情，尽快进入主题，否则来回会浪费双方的时间。

（3）回复信息要及时。收到信息要及时回复，免得一忙就忘记了；如果暂时没空处理，建议先回复“已收到，现在手头有其他工作/在外出中或开会中，晚点再回复你”。如果没能及时回复，也要在方便的时候向对方解释原因，并表示歉意。

（4）工作信息要确认。关于工作的确认信息，一定要等到对方的回应确认，不要想当然认为你发过去信息对方就已经了解；真有急事时还是要打电话，不是每个人都随时守在微信旁边。

（5）聊天结束须告知。如果你有事要走开，不能继续聊天，要提前先说一声，聊着聊着就不回信息容易让人误解或不悦。

（6）巧思妙用表情包。表情包使用恰当，会拉近与他人的距离，更直观地表达自己的情绪，活跃聊天气氛，但是发表情要适度，千万别刷屏。

(7)发送语音尽量少。文字一目了然,也节省阅读时间,能打字尽量不发语音;在发语音或者开启语音通话前,最好询问对方是否方便,得到确认后再使用语音。

(8)专属语气表含义。使用微信聊天时要懂得网络专属语气的含义,如“噢噢、哦哦、哦、嗯嗯、嗯、呵呵……”是敷衍地回应,“哦”或者“嗯”,表明对方很可能有其他事,没有专注和你聊天,要懂得适可而止。

(9)发送时间要选好。在半夜或凌晨、别人休息时间里不要发,提示消息会打扰别人休息;如果对方不回,也不要再连续发。朋友闲聊,如果聊得太晚,就别再喋喋不休,问问别人累不累,是不是该休息了。尤其在别人很久都没回你消息的情况下。

2. 微信朋友圈中存敬意

(1)分享精彩朋友圈。在朋友圈分享一些快乐的事情、分享当天的心情无可厚非,琐事、烦心的事尽量不发在朋友圈内,既影响朋友们情绪,也会暴露个人隐私。

(2)激进密文不要转。激进文帖、低俗文帖和涉及机密的文帖不要转发。每个人都有义务维护网络清洁的环境,需要谨言慎行;涉及国家和工作单位机密不要发,信息网络时代都有被记录和泄密的可能;低级、庸俗的内容和图片不要转发。

(3)微信朋友圈里照片精挑选。合影的照片,不能只突出自己,也不能只美颜自己,同时要给合影的小伙伴加个滤镜、做个美颜。

(4)转发前要先点赞。在微信朋友圈中我们会经常看到好文章和美图片,在转发前要先点赞,这是对分享者的肯定,也体现了的修养。

(5)点赞评论要规范。朋友圈是人际交往的平台,看到朋友发的一些内容,及时点赞加评论,能密切与对方的关系;但是,在点赞前一点要注意内容,不要别人发一条悲伤的消息也点赞,此时评论关心安慰更好。

(6)不可刷屏朋友圈。发朋友圈时相同的内容不可重复发,变成刷屏。

(7)不要变成营销圈。微信朋友圈是展示自我、交流情感的平台,不是营销平台,建议不要发太多的营销广告,可以发广告,但要比例适中,最好是软广。

(8)强制转发招人嫌。不用强制他人转发你的作品,这是微信交流中的大忌。

(9)泄露隐私招埋怨。不能随意发表未经他(她)人同意、带有个人隐私性质的内容和图片,这涉及人权和肖像权,轻则招埋怨,重则会引起争端,甚至触犯法律。

3. 微信群中讲美德

(1)相关法规要知晓。无论什么时候,大家心里都要有条红线,违法违规的语言和事情要在微信群中坚决制止。

(2)发送内容要精简。在群中发送内容应简单明了,尽量不要发太长。

(3)能私聊的不群聊。微信群是群体交流平台,如果是两个人对话较多,不要当着大众的面持续交流,可以进行私聊,避免打扰众人。

(4)聊天记录慎截取。出于各种各样的理由,一些人喜欢截图群友的聊天信息,并发布到公共场合。如果非必要,尽量不要这样做;但如果真的要截图群聊天记录,要将头像、姓名、备注等做隐藏处理,如打上马赛克。

(三)电子邮件礼仪

电子邮件已经在社会上各个领域得到了越来越广泛的使用。电子邮件,又称电子函件或电子信函,它是利用电子计算机所组成的互联网络,向交往对象所发出的一种电子信件。使用电子邮件进行对外联络,不仅安全保密,节省时间,不受篇幅的限制,清晰度极高,而且可以大大地降低通信费用。

公关沟通在使用电子邮件对外进行联络时,应当遵守的礼仪规范主要包括:

(1)向他人发送的电子邮件,一定要精心构思,认真撰写,不能随想随写。

(2)主题明确,内容简洁一封电子邮件,大都只有一个主题,并且往往需要在前注明。若是将其归纳得当,收件人见到它便对整个电子邮件一目了然,同时内容要简明扼要。详细信息可用附件。

(3)语言要流畅。电子邮件要便于阅读,就要以语言流畅为要。尽量别写生僻字、异体字。引用数据、资料时,则最好标明出处,以便收件人核对。

(4)电子邮件应当避免滥用。若无必要,轻易不要向他人乱发电子邮件。尤其是不要以之与他人谈天说地,或是只为了检验一下自己的电子邮件能否成功地发出,更不宜随意以这种方式在网上“征友”。

(5)及时回复。收到他人的重要电子邮件后,即刻回复对方往往是必不可少的。

二、肢体语言沟通礼仪

(一)肢体语言沟通概述

沟通除了“内容”之外,有时还有“肢体语言”和“语调”的配合。肢体语言就是一种使用身体运动或动作来代替或辅助声音、口头言语或其他交流方式进行交流的一种方式。这是“副语言”(paralanguage)的一种形式。

肢体语言沟通,是通过动态无声的目光、表情、手势语言等身体运动,或者是静态无声的身体姿势、空间距离及衣着打扮等形式来实现的,具有广泛性、连续性、不受环境的限制、跨文化沟通和简约性。

肢体语言在人际沟通中有着口头语言所不能替代的作用。有效地运用到公关活动中需要做到:一是理解别人的肢体语言;二是恰当使用自己的肢体语言。

理解别人的肢体语言是理解别人的一个重要途径。从他人的目光、表情、身体运动与姿势,以及彼此之间的空间距离中,能够感知到对方的心理状态。了解对方的喜怒哀乐之后,就能够有的放矢地调整公关行为。理解别人的肢体语言必须注意以下几个问题。同样的肢体语言在不同性格的人身上意义可能不同。同样的肢体语言在不同情境中意义也可能不同。理解别人的肢体语言,最重要的是要从别人的角度上来考虑问题。要用心去体验别人的情感状态,也就是心理学上常讲的要注意“移情”。要培养自己的观察能力,不要简单地下结论。

恰当使用自己的肢体语言应做到以下几点:经常自省自己的肢体语言,自省的目的是检验自己以往使用肢体语言是否有效,是否自然,是否使人产生过误解;有意识地运用肢体语言;注意肢体语言的使用情境;注意自己的角色与肢体语言相称;注意言行一致;改掉不良的肢体语言习惯。

(二)手势礼仪

手是人体态语中最重要的传播媒介,招手、挥手、握手、摆手等都表示着不同的意义。手势也是人们交往时不可缺少的动作,是最有表现力的一种"体态语言",即手势语。手势语是通过手和手指的动作来传情达意的体态语言。作为仪态的重要组成部分,手势应该得到正确地使用。

1. 手势的含义

俗话说:"心有所思,手有所指"。手势表现的含义非常丰富,表达的感情也非常微妙复杂。如招手致意、挥手告别、拍手称赞、拱手致谢、举手赞同、摆手拒绝;手抚是爱、手指是怒、手捧是敬、手遮是羞,等等。恰当地运用手势表情达意,会为公关形象增辉。

一般认为,掌心向上的手势有诚恳、尊重他人的含义;掌心向下的手势意味着不够坦率、缺乏诚意等;攥紧拳头暗示进攻和自卫,也表示愤怒;伸出手指来指点,是要引起他人的注意,含有教训人的意味。因此,在介绍某人、为某人引路指示方向、请人做某事时,应该掌心向上,以肘关节为轴,上身稍向前倾,以示尊敬。这种手势被认为是诚恳、恭敬、有礼貌的。

案例衔接

对方双手相搓,如果不是天冷,就是在表达一种期待;

对方咬手指或指甲,如果他不是幼儿,那他在心理上也一定很不成熟,涉世不深;

对方与你说话时,双手插于口袋,则显示出没把你放在眼里或不信任;

如果对方迅速用手捂在嘴前,显然他是觉得吃惊;

对方用手成"八"字形托住下颏,是沉思与深算的表现;

对方用手挠后脑、抓耳垂,表明对方有些羞涩或不知所措;

手无目的地乱动,说明对方很紧张,情绪难控;

如果不自觉地摸嘴巴、擦眼睛,有可能是因为没说实话。

老是摸鼻子,说明已经厌烦了与对方没完没了的对话;

用食指指点对方,是在指责,数落对方;

用拇指指向双方,表示轻视、嘲弄,以及污辱对方;

竖起大拇指表示称赞;翘起小拇指则是瞧不起;

摊开双手,表示出一种真诚和坦率,或流露出某种无奈;

握拳,显示出决心或表示愤怒、不满。

十指交叉,或放在胸前,或垂于胸前,常表示紧张、敌对或沮丧;

双手指尖相对,形成塔尖形,支于胸前或下巴,是向对方传达自己充满自信的信号,若再伴以身体后仰则显得高傲;

如果把尖塔倒过来,移到腰部以下,这叫"倒尖塔行为",意思就完全不同了,这个动作往往产生于心情比较平静、愿意虚心听取别人的意见或洽谈内容的时候。

2. 手势的分类

手势分为指示性手势、情意性手势、象征性手势和形象性手势。

(1)指示性手势。主要用于公关活动中指示具体的事物和数量,其特点是动作简单,表达专一,一般不带感情色彩。例如,当讲到自己时,用手指指向自己;谈到对方时,用手指指向对方。指示性手势能够明确表明方向、地点或某个物体。其中最常见的是引领手势。

(2)情意性手势。是表达人情绪的手势,用于带有强烈感情色彩的内容,其表现方式极为丰富,感染力极强。在公关活动中要谨慎使用情意性手势。

(3)象征性手势。在不同的民族或区域代表不同的含义。作为公关人员,要因地制宜,入乡随俗,提前做好目的地相关手势语言的学习,避免出现不同地区同一手势含义不同导致的误解。

(4)形象性手势。主要是通过模拟事物的形状,引起对方的联想,给人一种具体明确的印象。例如,说到高山,手向上伸;讲到大海,手平伸外展。形象性手势可以用于公关活动中的辅助交流,传文达意。

3. 手势禁忌

日常生活中某些手势会令人极其反感,严重影响公关形象。如当众搔头皮、掏耳朵、抠鼻孔、剔牙、咬指甲、剜眼屎、修指甲、揉衣角、搓泥垢及用手指在桌上乱画。应注意为人指路时,切忌伸直一根指头;在社交场合,不能用手指指点,与人说话不要打响指;在任何情况下,不要用拇指指着自己的鼻尖和用手指点他人等。在服务场所,不要端起双臂、双手抱头、摆弄手指、手插口袋、十指交叉、双手叉腰、随意摆手、指指点点、搔首弄姿等。

4. 公关活动中使用手势的总体要求

公关活动中使用手势的总体要求是自然、规范、适度。

(1)自然就是行云流水,只有自然亲切,才会给人和蔼可亲的美感。与人交往时,多用柔和曲线的手势,少用生硬的直线条手势,可以拉近心理距离。

(2)规范是指在一定的社会背景下,每一个手势,如“介绍”的手势、“递名片”的手势、“请”的手势、“鼓掌”的手势等,都有其约定俗成的动作和要求,不能乱加使用,以免产生误解,引起麻烦。

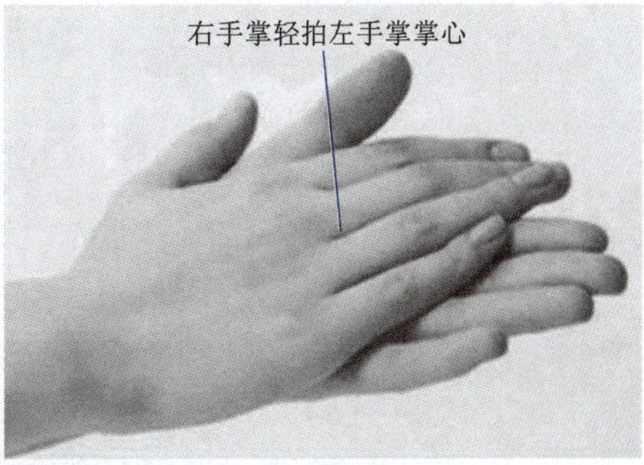

图 7-1　鼓掌正确手势

以鼓掌为例(见图 7-1),鼓掌是表示欢迎、祝贺、赞许、致谢等的礼貌举止。在正式社交场合,如观看文艺演出、重要人物出现、听报告、听演讲等,都用热烈的掌声表示钦佩、祝贺。鼓掌的标准动作应该是用右手掌轻拍左手掌的掌心,鼓掌时不应戴手套,宜自然,切忌为了使掌声大而用力鼓掌,应自然终止。鼓掌要热烈,但不要“忘形”,一旦忘形,鼓掌的意义就发生了质的变化而成“喝倒彩”“鼓倒掌”,有起哄之嫌,这样是失礼的。注意鼓掌尽量不要用语言配合,那是无修养的表现。

(3)适度,与人交谈时,可随谈话的内容做一定的手势,这样有助于双方的沟通。手势的使用频度应有所限制,并非多多益善,如果滥用,会让人产生反感。尤其是手势与语言、面部表情以及身体其他部位动作不协调时,会给人一种装腔作势的感觉。在公关场合,应注意手势的大小幅度。手势的上界一般不应超过对方的视线,下界不低于自己的胸区,左右摆的范围不要太宽,应在人的胸前或右方进行。总之,手势动作幅度不宜过大,次数不宜过多,不宜重复。

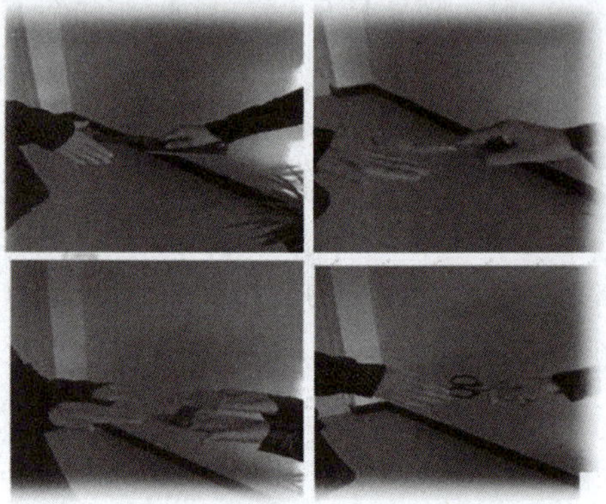

图 7-2　接拿尖锐物品示意图

另外在递送或接取客人物品时，在可能的情况下，以双手递接最佳，表现出对对方的礼貌和尊敬；不方便双手并用时，也要采用右手，以左手递物通常被视为失礼之举。递物时要注意，如果是文件、名片等，要将文字正面对着接物的一方，以便对方能够看清楚；如果是尖利的物品，应将尖头的部分朝向自己，不能指向对方（见图 7-2）。接物时不能漫不经心，在双手接物的同时，应点头示意或说声谢谢。

得体的手势也要看具体的场合和对象。不同的交往对象和场合，如长者、异性、婚宴场合等要讲究不同的手势速度、范围和轨迹。

项目小结

公关沟通礼仪是公关人员的必备技能。随着个人、团体、国家间的往来日益频繁，公关沟通礼仪规范对于建立和谐社会、营造人文环境、提高人素养等显得尤为重要。不同的教育背景和成长环境，使人们在性格特点、思维方式行为习惯等方面形成了诸多差异，从而让人际交往变得复杂且充满挑战。必要的沟通方法、恰当的礼仪规范可以成为社交活动中的润滑剂和助推剂，使人际关系越来越和谐。

任务单一

任务情境:公关沟通礼仪

一、任务描述

王×是某品牌汽车销售人员,在一家4S店工作。以下是到4S店咨询看车的各类顾客,王×该如何向顾客介绍他们所咨询的各种车型呢?

(1)一位颇有名气的企业家。

(2)一位普通职员。

(3)一位全职妈妈。

(4)一位电影演员。

二、实施工具

略。

三、实施方法

略。

四、实施步骤

1. 针对不同客户准备不同车型的介绍。
2. 针对不同客户准备不同的产品推荐策略。

五、考核与评价

任务实施评价表

考核项目	考核要求	分值	得分			备注
			自我评分	组间评分	教师评分	
公关沟通礼仪	公关沟通方式					
	公关交谈礼仪					
	面部表情					
	公关沟通结果					

六、技能拓展

[讨论]以下情况宜采用何种方式沟通?

(1)向客户说明某款产品的各项性能参数。

(2)经理要通知本部门的三名员工召开紧急会议。

(3)经理要将召开紧急会议的通知传达给四个部门的100名员工。

(4)经理想让员工相信,新的保险方案比当前执行的好。

(5)主管批评某位员工。

(6)主管要给某位员工升职。

(7)一家企业向供货商订货。

(8)某公司公布对一起安全责任事故的调查处理结果。

任务单二

任务情境:公关沟通礼仪

一、任务描述

模仿电视说话类节目,如央视“对话”的形式,组织学生进行主题谈话训练。

二、实施工具

略。

三、实施方法

略。

四、实施步骤

(1)将学生10~15人划分为一组,每组选出两名选手参加交谈训练,其他同学作为听众或参加评议。

(2)谈话过程中主持人和选手也可以和听众进行互动活动,方法和规则可视现场情况作出规定,目的是调动全体学生的参与意识,保持场面的活跃。

(3)教师和同学先确定交谈的话题,可以采用教师出题或学生出题的多题方式,然后从中优选。话题的选择应与同学的学习生活、兴趣爱好联系紧密,学生有话可说,不会造成冷场;话题应包含较丰富的信息容量和多维的价值取向,有利于发挥学生的个人体验和独立思考能力。

(4)教师担任沟通活动的主持人,通过提问、询问、转问、串接、引申、转题等多种方式,引导和调动场上、场下的交谈气氛,掌握和控制活动的节奏和进展。

(5)有条件的可以进行全程录像,活动结束后,结合录像回放分析,教师和同学共同点评,总结。

五、考核与评价

任务实施评价表

考核项目	考核要求	分值	得分			备注
			自我评分	组间评分	教师评分	
公关沟通礼仪	公关沟通方式					
	公关交谈礼仪					
	面部表情					
	公关沟通结果					

六、技能拓展

晓×是一家化妆品公司的销售员,在公司的一款防晒新产品推广活动中,她负责向顾客推荐和介绍产品。为了让自己的讲解更有说服力,她在活动前一天花了一整天时间来准备,把有关产品的成分介绍、提炼方法等背得滚瓜烂熟。晓×首先接待的几位顾客是白领女性。当她熟练地说出产品中那些有效成分的名词时,她们表现得很有兴趣,并且购买了试用装。晓×对自己的表现很满意。后来,当她试着用同样的语言向另一位姑娘介绍时,姑娘却皱起眉头连声说道:“我从来没用过这个产品,也从没听说过它,我是不会用自己不熟悉的化妆品的。”晓×解释道:“您看这款产品的防晒指数是SPF50,它所含的防晒成分是非常有效的,它可以很好地阻止阳光中的UVB和部分的UVA……”话还没说完,姑娘就抽身而去了。晓×愣住了,她不明白为什么打动了那些白领的话此刻却失灵了。

如果你是晓×,会怎样向那位姑娘介绍这款新产品呢?

思考与练习

一、判断题

1. 在被介绍给他人之后，只需要向他点点头即可。（　　）
2. 公司利益与个人利益息息相关，一荣俱荣，一损俱损。（　　）
3. 别人讲话时，你过于强硬地坚持自己的观点而与对方发生争执是有礼貌的倾听。（　　）
4. 尊重他人是沟通的前提。（　　）
5. 不能心不在焉，一边保持手中的动作一边听别人讲话是很不礼貌的行为。（　　）

二、单选题

1. 只有拥有（　　）才能真正拉近公关人员与客户之间的距离。
   A. 发自内心的微笑　B. 皮笑肉不笑　C. 礼节性的微笑　D. 苦笑
2. 作为公关人员，一定要避免使用不良的方式去对待访客。下列服务表现中正确的是（　　）。
   A. 言谈措辞语调过快，缺乏耐心　B. 看报纸杂志，无精打采打哈欠
   C. 双手抱胸迎宾　D. 微笑着询问访客来意
3. 公关人员报出自己所在公司名称和部门后，询问对方的身份时，最恰当的说法是（　　）。
   A. 请问尊姓大名？　B. 你是谁？
   C. 你是……，或者……，再或者……？　D. 你叫什么名字？
4. 你想与客户的高级主管通电话，可当前与你交谈的是普通职员，此时正确的做法是（　　）。
   A. 拒绝与普通职员交谈　B. 松一口气，态度变得松懈
   C. 语气傲慢无礼　D. 仍然保持原有的口吻和态度

三、多选题

1. 沟通的基本要素可以概括为5W1H，即（　　）。
   A. 为什么要沟通(why)　B. 何时沟通(when)
   C. 在何处沟通(where)　D. 沟通对象是谁(who)
   E. 沟通的内容是什么(what)　F. 采取何种有效的沟通方式(how)
2. 在物品准备中，公务拜访需要准备的物品有（　　）。
   A. 公司资料　B. 销售资料与方案　C. 相关产品资料　D. 客户资料
3. 公关语言要注意（　　）。
   A. 不要一个人长篇大论，把握交谈时间
   B. 不要插嘴，避免低声耳语，不要抬杠
   C. 不要用手指点别人，需要指出其他人的时候，应该把手指全部伸开，掌心朝上，用手掌指出那个人
   D. 不要过分谦虚，不要挑剔别人的毛病

4. 倾听时的五个“不能”包括(　　)。

A. 不能左顾右盼,目光必须集中在讲话者的身上

B. 不能经常打断别人的讲话

C. 不能心不在焉,一边保持手中的动作一边听别人讲话是很不礼貌的行为

D. 不能假装在听,在别人说话时走神是最大的禁忌

E. 别人讲话时,你过于强硬地坚持自己的观点而与对方发生争执不是有礼貌的倾听

项目八　掌握公关社交礼仪

知识目标

(1)掌握公关社交礼仪规范;
(2)掌握中西方餐饮礼仪知识;
(3)掌握基本的见面礼仪常识。

能力目标

(1)掌握会面礼仪的基本动作要领;
(2)掌握中西餐位次的安排要领;
(3)具备接待拜访活动的基本礼仪常识和应用能力。

素质目标

(1)在公关活动中做到知礼、懂礼、彬彬有礼;
(2)能够落落大方地展现组织形象、联络感情、增进友谊;
(3)在中西餐赴宴中能够展示良好的礼仪修养,得体用餐;
(4)秉持有朋自远方来不亦乐乎的原则,礼貌待人,礼貌待客。

思维导图

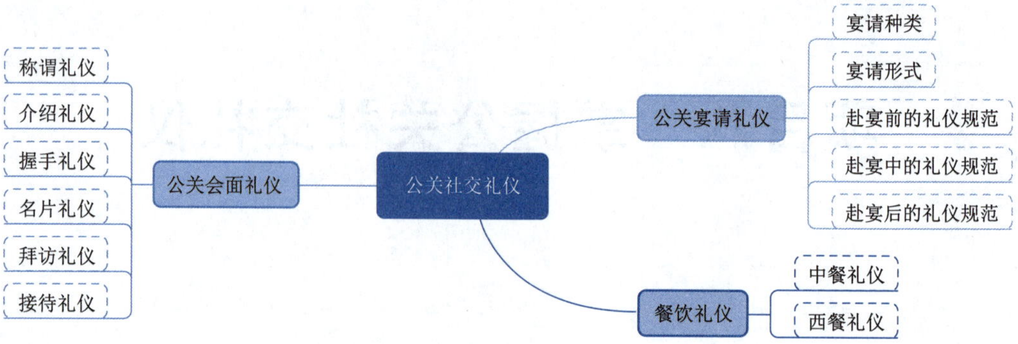

项目引入

某次会议上，秘书小王遇到了一个难题：客人名单上一位公司的副总经理，姓付，当前去迎接的时候该如何称呼他呢？是称呼他付总经理或付总还是付先生？前者不妥，易生歧义，“副经理”让他听起来当然不舒服。比较之后，小王决定称呼付先生。但当她微笑迎候这位付先生时，对方一脸的不悦又让小王顿生尴尬和疑惑。

项目思考

你知道应该如何称呼这位姓付的副总经理吗？

任务一　掌握公关会面礼仪

知识研修

会面礼仪是公关礼仪中最常用和最基础的礼仪，人与人之间的交往都要用到见面礼仪。特别是在公关活动中，掌握见面礼仪，能给客户留下良好的第一印象。

一、称谓礼仪

称谓（称呼），是在人与人交往中使用的称谓和呼语，用以指代某人或引起某人注意，是表达人与人之间的不同感情的重要方式。公关社交时，首先遇到的问题就是如何称呼对方，礼貌恰当的称呼往往是成功的开始和前提。如何称呼对方直接关系到彼此间的亲疏、了解程度、尊重与否及个人修养。尤其是在公关社交场合，一个得体的称呼，会令彼此心理上感到融洽，为以后的交往打下良好的基础。

在公关活动中，要想对他人采用正确、适当的称呼，必须符合常规，区分场合。还要考虑双方关系，甚至有时候要入乡随俗。与此同时，对于公关场合中的称呼、生活中的称呼以及正式场合的忌称，均应加以区分和注意。

（一）公关活动中的主要称谓

在公关活动中，所采用的称呼应正式、庄重而规范。

1. 职务性称呼

以交往对象的行政职务相称，以示身份有别并表达敬意，是公关活动中最为常见的，如董事长、总经理、主任、秘书等。

（1）以交往对象的职务相称，如“部长”“经理”“主任”等，以示身份有别、敬意有加，这是一种最常见的称呼。

（2）在称呼职务前加上姓氏，如“隋处长”“马委员”，显示了说话人对对方身份的熟知和地位的肯定。

（3）在职务前加上姓名，如“张××市长”，这仅适用于极其正式的场合。

2. 职称性称呼

对于拥有中、高级技术职称者，可在工作中直接以此相称。如果在有必要强调对方的技术水准的场合，尤其需要这么做，如总工程师、会计师、谢教授、严律师、柳××研究员、何×工程师等。

（1）仅称职称，如“教授”“律师”“工程师”等。

（2）在职称前加上姓氏，如“钱编审”“孙研究员”。有时，这种称呼也可加以约定俗成的简化，如可将“张工程师”简称为“张工”。但使用简称应以不发生误会、歧义为限。

（3）在职称前加上姓名，适用于十分正式的场合，如“安×教授”“杜××主任医师”“郭×主编”等。

3. 学衔性称呼

在一些有必要强调科技或知识含量的场合，可以学衔作为称呼，以示对对方学术水平的认可和对知识的强调，如侯博士。在工作中，以学衔作为称呼，可增加被称呼者的权威性，有助于增强现场的学术气氛。

称呼学衔，有四种情况使用最多，分别是：

（1）仅称学衔，如“博士”。

（2）在学衔前加上姓氏，如“杨博士”。

（3）在学衔前加上姓名，如“劳×博士”。

（4）将学衔具体化，说明其所属学科，并在其后加上姓名，如“史学博士周×”“法学学士李××”等。此种称呼最为正式。

4. 行业性称呼

在工作中，若不了解交往对象的具体职务、职称、学衔，有时不妨直接以其所在行业的职业性称呼或约定俗成的称呼相称，如李老师、王大夫、赵警官等。

（二）使用选择称谓的原则

1. 礼貌敬人

孔子曰：“礼者，敬人也。”因此，称呼的礼仪首先要体现对交往对象的礼貌和尊敬，必须分清尊称和贬称。

2. 规范恰当

规范恰当的称呼首先要了解国内外泛称:国际上通常称成年男子为“先生”(Mr. 或 Sir)。国际上对成年女性的通称是“女士”(Lady、Ms.),通常对已婚的称“夫人”(Madam、Mrs.)或“太太”,对未婚女子称小姐(Miss)。其次,要了解国内外专称,包括职衔称、职务或学位称等。在政务界交往时,对有官衔的人称其官衔和职务。

3. 就高不就低

“有专称,不用泛称”,且专称遵守“就高不就低”的原则。

4. 切记姓名称呼

记住别人的名字,而且能轻易地叫出来等于给别人一个巧妙而有效的赞美,更容易拉近彼此的距离。在交际中最简单、最明显、最重要、最能得到好感的方法就是记住人家的名字,使他有受到重视的感觉。

5. 注意姓名差异

在公关活动中,正确恰当地使用称呼,既可以显示出自身的修养和风度,也是向他人表示尊重的有效方式。由于各国、各民族语言不同,风俗习惯各异,社会制度不一,表现在称呼上差别很大,如果称呼错了,不但会闹出笑话引起反感,甚至还会产生误会。就姓名称呼来说,外国人的姓名和中国汉族人的姓名大不相同,除文字的区别外,姓名的组成、排列顺序都不相同。如果没听清楚或者没把握,宁可多问对方几次,也不要贸然出错。

6. 注重文化差异

称呼要注意文化习俗差异,注意符合地域和民族习惯,注意具体环境和不同对象。俗话说:“十里不同风,百里不同俗”。称呼也因国情民族和文化背景的不同而显得千差万别。所以,在公关活动中,对待称呼问题还要留心文化差异,加以区分对待。

7. 分清褒贬

带有尊敬对方的感情色彩,是褒称;带有蔑视对方的感情色彩,是贬称。在公共场合或正式场合称呼别人的绰号也是不礼貌的,也不要随便给别人起绰号或者拿别人的姓名开玩笑。因为要尊重一个人,首先必须学会尊重他的姓名,注重对他的称呼。

8. 准确无误

称呼对方时,若是记不起对方的姓名或者张冠李戴记错,或叫错对方的姓名都是很不礼貌的,是人际交往中的大忌。如果不认识或不熟悉,就应谦逊地问一下,不能想当然地随口叫。

二、公关活动中的介绍礼仪

在公关活动中,人们往往需要首先向交往对象具体说明自己或他人的情况,即介绍。介绍一般可分为三种,即介绍自己、介绍他人、介绍集体。

(一)介绍自己

介绍自己即自我介绍,就是在必要的社交场合,把自己展现给其他人,以使对方认识自己。恰当地自我介绍,不但能增进他人对自己的了解,而且还能创造出意料之外的商机。进行自我介绍,应注意三点:先递名片;时间简短;内容完整。

一般而论,正式的自我介绍中,单位、部门、职务、姓名缺一不可。姓名应当一口报出,不可有姓无名,或有名无姓;单位指的是供职的单位及部门,如可能最好全部报出,具体工作部门有时可以暂不报出；职务是指报出担负的职务或从事的具体工作。有职务最好报出职务，职务较低或者无职务者，则可报出当前所从事的具体工作。例如，可以说“我叫唐×，是××广告公司的公关部经理。”

（二）介绍他人

1. 介绍人的选择

一般而言，家里来了客人，女主人就是介绍人；单位来了客人，一般是专职人员，如公关人员、文秘等担当介绍人；如果来了重要客人，应由本单位的最高领导担任介绍人，表示对重要客人的尊重。

2. 介绍他人的先后顺序

介绍他人时，先后顺序的标准是：介绍双方时，遵循“尊者有优先知情权”的原则，先卑后尊。根据一般规则，为他人作介绍时的公关礼仪顺序大致有以下几种：

（1）介绍上级与下级认识时，先介绍下级，后介绍上级。

（2）介绍长辈与晚辈认识时，应先介绍晚辈，后介绍长辈。

（3）介绍年长者与年幼者认识时，应先介绍年幼者，后介绍年长者。

（4）介绍女士与男士认识时，应先介绍男士，后介绍女士。

（5）介绍已婚者与未婚者认识时，应先介绍未婚者，后介绍已婚者。

（6）介绍同事、朋友与家人认识时，应先介绍家人，后介绍同事、朋友。

（7）介绍来宾与主人认识时，应先介绍主人，后介绍来宾。

（8）介绍与会先到者与后来者认识时，应先介绍后来者，后介绍先到者。

3. 介绍集体

介绍集体，一般是指被介绍一方或双方不止一人，实际上是介绍他人的一种特殊的情况。鉴于此，上述介绍他人的基本规则是可以使用的。其基本规则是：介绍双方时，先卑后尊。而在介绍其中各自一方的具体人员时，则应当自尊而卑。

三、公关活动中的握手礼仪

握手是公关场合中使用最多也是国际上最为通用的礼节，在绝大部分国家，握手除了表示问候和祝贺外，更传递着一种信赖、保证、和平与友好的信息。

（一）握手的场合

行握手礼时，首先要注意判断适宜握手的场合。适宜行握手礼的场合通常取决于交往双方的关系、现场的气氛以及当事人个人的情绪等多种因素。一般来说，当久逢故人、与人道别、迎送宾客、初次与人相识、与人言谢、表示祝贺和慰问的时候，很有必要与交往对象互行握手礼。而当对方手部负伤或负重，对方手中忙于事务（如打电话、用餐、喝饮料、主持会议、与他人交谈等）、对方距自己较远以及所处环境不适合时，就应当免行握手礼。

案例链接

以下场合适合行握手礼：

遇到较长时间没见面的熟人；

在比较正式的场合和认识的人道别；

在以本人作为东道主的社交场合，迎接或送别来访者时；

拜访他人后，在辞行的时候；

被介绍给不认识的人时；

在社交场合，偶然遇上亲朋故旧或领导的时候；

别人给予你一定的支持、鼓励或帮助时；

表示感谢、恭喜、祝贺时；

对别人表示理解、支持、肯定时；

得知别人患病、失业或遭受其他挫折时；

向别人赠送礼品或颁发奖品时。

（二）握手的次序

行握手礼时，“谁先伸手”是极为重要的礼仪问题。行礼双方只有做到“该出手时才出手”，才能恰到好处地礼敬对方，避免产生尴尬和不快。根据礼仪规范，握手时双方伸手的先后顺序应当遵循“尊者决定”的原则，即尊者先行，由位尊者首先伸出手来。位卑者只能在此后予以回应，绝不可贸然抢先伸手，否则就是违背礼规之举，且失敬于对方。因为“尊者决定”的原则就是为了体现对位尊者的尊重，为了维护位尊者在应酬中应有的主动权。这里的尊者包括女士、年长者、职位高的人、先到者、已婚者。

案例链接

常用的行握手礼的次序：

长辈和晚辈之间，长辈伸手后，晚辈才能伸手相握；

上下级之间，上级伸手后，下级才能接握；

男女之间，女方伸手后，男方才能伸手相握；当然，如果男方为长者，遵照前面说的方法。

如果需要和多人握手，握手时要讲究先后次序，由尊而卑，即先年长者后年幼者，先长辈再晚辈，先老师后学生，先女士后男士，先已婚者后未婚者，先上级后下级。

但在交往过程中，一旦对方向你伸手了，那么无论对方是否出现礼仪失范，你都应该予以回应，否则，你也就失礼了。

（三）握手的标准姿势

恰当规范的握手姿势，应当注意下面五个方面的问题：

1. 表情

跟人握手时，神态要专注，目视对方。表情要自然、大方、面带微笑（丧礼等场合表情要凝重），并热情问候寒暄。切忌握手时傲慢冷淡，或一边握手，一边东张西望，甚至招呼他人，显得漫不经心、敷衍了事，这都是对对方的不敬和无礼。

2. 体姿

跟人握手时，应当起身站立，除非有特殊情况如年迈、身体不适等。起身后应当主动向对方靠拢，行至距离对方约 1 m 处的最佳地方，距离太远双方手难以相握，而太近又难以伸直手臂,不舒服也不美观。进行握手时,双腿应当立正,上身略向前倾,伸出右手,如图 8-1 所示。

图 8-1　握手体姿

3. 手姿

不论是何种方式的握手,贴切到位的手姿都是非常重要的,因为它直接反映了双方的关系和彼此的态度。不同的握手方式不同的感受,如图 8-2 所示。

4. 力度

握手时应当用力适度。用力过轻会让人感觉不热情,用力过重又让人觉得不文雅。与亲朋故友握手时,用力可以稍大些;而与异性或初识者握手时,应稍许用力,轻轻一握即可。

5. 时间

握手时应该由主动伸手者来决定手的摆动幅度与时间。握手时时间不可过短或过长。一般来说,只需上下晃动两三次,约 3 s 后便可松开手,恢复原状。

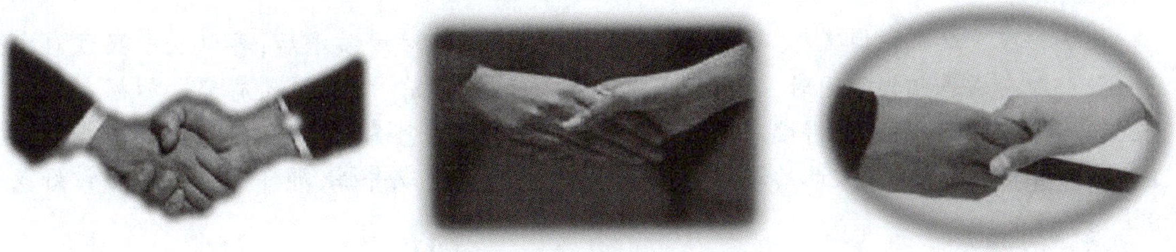

图 8-2　握手手姿

握手礼口诀

大方伸手,虎口相对;
目视对方,面带微笑;
力度七分、男女平等;
抖动三两下,时间三两秒;
有事要说话,请先放开手!

案例链接

一次会议上王先生看见一位他很敬重的学者,但这位学者正和其他人谈话。王先生想,在这么多人面前,应该更加表示对学者的尊敬,于是他主动上前与学者握手。在握手时,他用左手盖在对方的右手背上,以示亲密,并长时间地握住学者的手不放,寒暄了几分钟。

王先生此举有四处失礼之处:一是不该在学者与人交谈的时候过去握手;二是最好不要主动找尊者握手;三是不能随意地与人实施双手相握;四是不能长时间地握住对方的手不放,更不能握着手寒暄不已或长篇大论。

常用的握手礼方式：

平等式握手。手掌垂直于地面并合握。为了表示地位平等或自己不卑不亢时采用这样方式。这种人比较友好，也可能是很遵守游戏规则的平等的竞争对手。

谦恭式或友善式握手。自己掌心向上与对方握手。这种握手方式让自己显得谦恭、谨慎。这种人往往性格软弱，处于被动地位，处世比较谦和、平易近人，对对方比较尊重、敬仰，甚至有几分畏惧。

控制式握手。用掌心向下或向左下的姿势握住对方的手。这种人想表达自己的优势地位，一般具有说话干净利落、办事果断、高度自信的特点。

捏手指式，即只捏住对方的几个手指或手指尖部。女性与男性握手时，为了表示矜持与稳重，常采取这种方式。不过这种握手方式存在明显的问题：如果对方是个女权主义者，这样的握手会引起对方的反感，认为轻视自己；如果是同性别的人之间这样握手，就显得有几分冷淡和生疏；若换成显贵人物，其意在显示自己的“尊贵”。

拉臂式。即将对方的手拉到自己的身边相握。这种人往往过分谦恭，缺乏主见与敢作敢为的精神。

落雨式。握手的时候满手心都是汗水，说明对方心里高度紧张，缺乏自信，或者干脆是一种病态的表示。

双手相握。双手相握又称“手套式握手”，即右手握住对方右手后，再以左手握住对方的手臂。即在右手相握的同时，再用左手加握对方的手背前臂、上臂或肩部。加握部位越高，其热情友好的程度也显得越高。这种人热情真挚、诚实可靠、信赖别人。这种方式适用于亲朋好友之间，以表达彼此的深厚情谊；不适用于初识者或异性，那样会被误解为讨好或者失态。

（四）握手的禁忌

（1）不要用左手相握。

（2）要避免两人握手时与另外两人相握的手形成交叉状。

（3）不要在握手时戴着手套或墨镜，只有女士在社交场合戴着薄纱手套握手，才是被允许的。男士在握手前先脱下手套，摘下帽子。女士可以例外。当然在严寒的室外也可以不脱。比如，双方都戴着手套，帽子，这时一般也应先说声：“对不起”。

（4）不要在握手时另外一只手插在衣袋里或拿着东西。

（5）不要在握手时面无表情、不置一词或长篇大论、过分客套。

（6）不要在握手时仅仅握住对方的手指尖，好像有意与对方保持距离。正确的做法是要握住整个手掌。

（7）不要在握手时把对方的手拉过来、推过去，或者上下左右抖个没完。

（8）不要拒绝和别人握手，即使有手疾或汗湿、弄脏了，也要和对方说“对不起，我的手现在不方便”，以免造成不必要的误会。

（9）不要握手后立即擦手。

（10）不要口叼香烟或嚼口香糖等食物。

四、公关活动中的名片礼仪

案例链接

名片是中华民族献给世界文明的一件礼物。它最早产生于春秋战国时期，由于当时没有纸，就在竹、木片上刻上名字，作为拜见时通报姓名之用。到了西汉时代，名片已广为流行，当时称为“谒”。东汉时又称“刺”。唐代时称“名刺”或“名纸”。宋朝时称为“门状”。到明清时便有了“名片”的叫法。

（一）名片的内容

公关人员通常使用的名片分为私人名片和工作名片两种类型。私人名片可根据需要来自定内容。重要的是工作名片。一张标准的工作名片应包括三个“三”：

第一个“三”，一般把它放在名片的上方，叫做“归属”，就是你的所在单位。它包括单位的全称、所在的部门、企业标志（CIS）。

第二个“三”，印在正中间，是名片最重要的内容，叫做“称谓”，就是你想让人家怎么称呼你。它包括姓名、职务、行政职务和职称等。

第三个“三”，指“联络方式”，一般印在名片的下方。它包括地址、邮政编码、办公室电话，现代公关活动中有的时候印电子邮箱、网址、微信号、二维码等，但是至少提供前三项，工作名片上一般不提供家庭电话。

（二）名片的使用与管理

1. 观察意愿、先打招呼

除非自己想主动与人结识，否则名片务必要在交往双方均有结识对方并欲建立联系的意愿的前提下发送。这种愿望往往会通过“幸会”“认识你很高兴”等谦语以及表情、体姿等非语言符号体现出来。如果双方或一方并没有这种愿望，则无须发送名片，否则会有故意炫耀、强加于人之嫌。外事交往中，一般不宜向人索要名片。递上名片前，应当先向接受名片者打个招呼，令对方有所准备。既可先作一下自我介绍，也可以说声“对不起，打扰了”“可否交换一下名片”之类的提示语。

2. 把握时机

发送名片要掌握适宜时机，只有在确有必要时发送名片，才会令名片发挥功效。发送名片一般应选择初识之际或分别之时，不宜过早或过迟。不要在用餐、戏剧、跳舞之时发送名片，也不要在大庭广众之下向多位陌生人发送名片。

3. 讲究顺序

双方交换名片时，应当首先由位低者向位高者发送名片，再由后者回复前者。但在多人之间递交名片时，公关场合不宜以职务高低决定发送顺序，切勿跳跃式进行发送，甚至遗漏其中某些人；最佳方法是由近而远依次发送，在圆桌上按顺时针方向发送。

4. 表现谦恭

对于递交名片这一过程，应当表现得郑重其事。要起身站立主动走向对方，面含微笑，上体前倾15°左右，以双手或右手持握名片，举至胸前，并将名片正面面对对方，同时说“请多关照”“请多多指教”“今后常联系”“欢迎前来拜访”等礼节性用语，如图 8-3 所示。切勿以左手持握名片递送。在接受他人名片时，更应体现出对他人的尊重，不论有多忙，都要暂停手中一切事情。若对方站立，接受者也应起身，双手或以右手郑重地接过对方的名片，并口中称谢，如图 8-4 所示。然后，应将对方的名片浏览-遍，遇有显示对方荣耀的职务、头衔不妨轻读出声，以示尊重和敬佩。若对方名片上的内容有所不明，可当场请教对方。

图 8-3　递送名片体姿

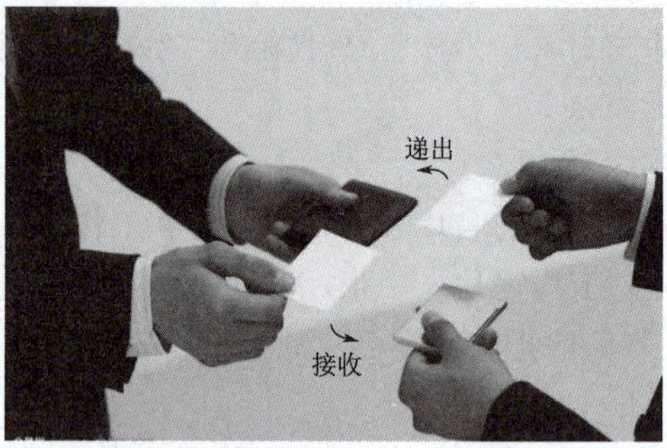

图 8-4　交换名片手势(右手递出，左手接收)

以左手接名片，或接过名片并不看且随手乱放或随意玩弄，以及接过他人名片却并不交换自己的名片，都是非常失礼的。在自己没有名片时，可以婉言“对不起，我的名片刚用完”或“抱歉，今天没有带名片”等。

5. 精心存放

接到他人名片后，切勿将其随意乱丢乱放、乱揉乱折，而应将其谨慎地置于名片夹、公文包、上衣口袋之内，且应与本人名片区别放置。特别强调的是，对方给你的名片无论如何不要随便扔掉，特别不要随意放在办公桌上，或者随便给别人。对方出于信任把自己的联络方式交给你，你未经允许就给了别人是对对方非常不尊重的表示。

6. 索要名片原则

依照惯例，最好不要直接开口向他人索要名片。但若想主动结识对方或者有其他原因有必要索取对方名片时，可采取下列办法：一是互换法，即以名片换名片。在主动递上自己的名片后，对方按常理会回送名片。如果担心对方不回送，可在递上名片时明言此意：“能否有幸与您交换一下名片？”二是暗示法。即用含蓄的语言暗示对方。例如，向尊长索要名片时可说：“请问今后如何向您请教？”向平辈或晚辈表达此意时可说：“请问今后怎样与您联络？”面对他人的索取，不应直接加以拒绝。如确有必要这么做，则需注意分寸。

五、公关拜访礼仪

(一)公关拜访的程序

公关拜访是指个人或组织代表以客人的身份，有针对性、有目的性地去拜访其他单位、部门或个人，就有关公关事宜与相关人员进行探讨或者磋磋的一种公关形式，具有一定的规范性、约束性和差异性。规范的公关拜访流程如图 8-5 所示。公关拜访可以塑造良好的个人形象,缩短办事人员之间的距离,增加相互之间的了解和信任,及时了解彼此的想法,提高工作效率,促进商业合作。

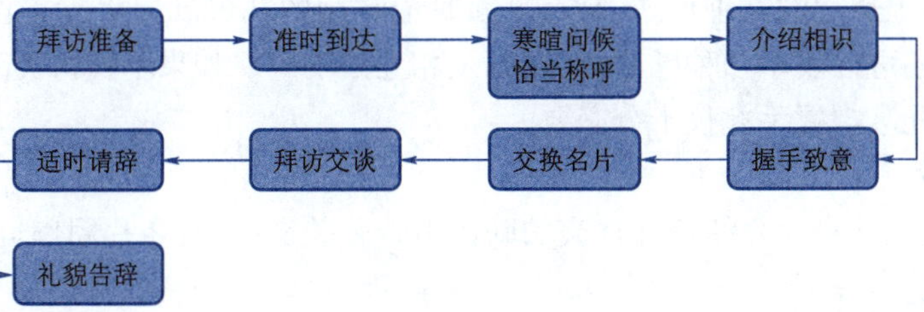

图 8-5　公关拜访流程图

(二)拜访的礼仪规范

1. 拜访准备

(1)事先约定。拜访其他公司时,必须事先约定时间,但是访问的日期与时间应取决于对方的日程,除非对方任何时间都可以,才能由自己决定。同时,应将己方前去访问的人数、姓名、职务、将要商谈的事情概要,以及预计所需的时间告诉对方。

(2)行前确认。应在访问的前一天进行电话确认。

(3)必备文件。准备好必要的文件、纸、笔。

(4)服饰要求。一般的商务活动要求着职业装,家庭拜访可以穿常服,聚会可以按聚会要求。

2. 准时到达

拜访要注重的首要原则是准时。通常出发的时间应比约好的时间提前 30~40 min。作为员工,提前 5 min 到达对方的公司较为恰当。到达被访人所在地时,一定要用手轻轻敲门,进屋后等主人安排后坐下。后来的客人到达时,先到的客人可以站起来,等待介绍或点头示意。

3. 寒暄问候

寒暄语是指在公关交往中人们见面时,在谈正题之前为了沟通双方的感情,发掘双方的共同关心点,建立和谐融洽的交谈气氛而说的应酬话。问候是人们相逢之际所打的招呼。在不同时候,适用的寒暄语各有特点。

跟初次见面的人寒暄,最标准的说法是"您好!""很高兴能认识您""认识您非常荣幸"。比较文雅一些的话,可以说"久仰",或者说"幸会"。要想随便一些,也可以说"早听说过您的大名""某某某经常跟我谈起您",或是"我早就拜读过您的大作""我听过您做的报告"等。

跟熟人寒暄,用语则不妨显得亲切一些,具体一些,可以说"好久没见了""又见面了",也可以讲"你气色不错""您的发型真棒"。在公关活动中,也有人为了节省时间,而将寒暄与问候合二为一,以一句"您好""小孙女好可爱呀""今天的风真大""上班去吗?"等寒暄语开启话题,它不一定具有实质性内容,而且可长可短,需要因人、因时、因地而异,却不能不具备简洁、友好与尊重的特征。简言之,寒暄问候语是人际交往之初的起动机、润滑剂。

4. 介绍相识

介绍是公关活动中与他人进行沟通、增进了解、建立联系的一种最基本、最常规的沟通方式。公关礼仪中,介绍是一个非常重要的环节,意在说明情况。它是彼此不熟悉的人们开始交往的起点。

5. 握手致意

握手是国际上通用的一种形式，它是见面时最常用的礼仪。握手除了作为见面、告辞、和解时的礼仪外，还可以表示一种感谢、祝贺以及相互鼓励等。如果不懂得握手的规则就会遇到尴尬的场面，因此掌握握手礼仪十分必要。

6. 交换名片

名片是现代人的自我介绍信和社交的联谊卡。公关交往中，名片用作自我介绍，是社交场合最简单的方式。

7. 拜访交谈

拜访交谈中要善于使用一些约定俗成的礼貌用语，如“请”“谢谢”“对不起”等。尤其应当注意的是，在交谈结束时，应当与对话方礼貌道别，如“有空再聊吧！”“谢谢您，再见！”等。公关交谈要尽可能快地将进入正题，清楚直接地表达要说的事情，说完后，让对方发表意见，并要认真地听，不要辩解或不停地打断对方讲话。谈话内容要简洁明确，言简意赅地表达己方的观点和看法。忌用方言、土语，而以普通话作为正式标准用语。要使所说之话含义明确，不可产生歧义。交谈的内容要切合语境，遵守“TPO”原则。

8. 适时请辞

在拜访他人时，一定要注意在对方的办公室或私人居所里进行停留的时间长度。应当具有良好的时间观念。在一般情况下，礼节性的拜访，尤其是初次登门拜访，应控制在 0.25～0.5 h。最长的拜访，通常也不宜超过 2 h。有些重要的拜访，往往需由宾主双方提前议定拜访的时间和长度。在这种情况下，务必要严守约定，绝不可单方面延长拜访时间。自己提出告辞时，虽主人表示挽留，仍须执意离去，但要向对方道谢，并请主人留步，不必远送。在拜访期间，若遇到其他重要客人来访，或主人一方表现出厌客之意，应当机立断，知趣地告退。

9. 礼貌告辞

拜访结束时，当你要离开时，应真诚向主人说：“感谢你们今天的招待！耽误你们时间了！”告辞时要同主人和其他客人一一告别，说“谢谢”“再见”。切忌使用过于夸张的语言动作，否则会适得其反。

(三)公关拜访应注意的细节

(1)如果接待者因故不能马上接待，可以在接待人员的安排下在会客厅、会议室或在前台安静地等候。如果接待人员没有说“请随便参观”之类的话，而就不要东张西望，甚至伸着脖子好奇地往房间里“窥探”。

(2)如果等待时间过久，可以向有关人员说明，并另约时间，不要显现出不耐烦的样子。

(3)在会客室里等待时，应当浅坐在沙发上。轻轻地坐在在沙发的最边缘，脊背挺直，腿不要盘起来而应整齐地并在一起。此外，当沙发较低时，应将腿略微偏向下座的一侧。最好不要跷起二郎腿。

(4)如果带有皮包，既不能将它放在沙发上自己的身边，也不能放在桌子上，而应将它放在沙发靠近自己脚边的位置。在取出资料时，也应注意不要将皮包放在桌子上，而应放在膝盖上。此外，当所携带的物品很多时，应只将工作所需的物品放在脚边，而将剩下的放在房间角落不显眼的地方。

六、公关接待的礼仪规范

(一)公关接待的程序

公关接待是指个人或单位以主人身份接待客人,以达到某种目的的公关交往方式,接待来自各方面的客人,是公共关系部门一项十分重要的经常性工作。接待工作的规范性直接关系到单位在公共关系中的形象和声誉,在一定程度上影响彼此的合作关系是否成功。图 8-6 所示为公关接待的程序。

图 8-6　公关接待的程序

(二)待客准备

1. 了解来宾情况

(1)了解来客的基本情况。包括来宾的人数、姓名、性别、年龄、民族、职务等;如有可能,还应了解客人的文化程度、兴趣爱好、性格等。对来访者的基本了解情况越多,接待工作的成功率越高。

(2)了解来宾的来访意图。来访者的意图主要有三种:

①礼节性来访,如参观、取经、交流等;

②工作性来访,如业务洽谈、签约等;

③反映情况来访,如上访、要求解决问题等。

2. 确定接待规格

按照客人的重要程度,确定接待规格和陪同接待人员。一般高格接待,即主要陪同人员比来宾的职位要高。

3. 拟订接待方案

重要或复杂的大型接待活动应拟定书面的接待方案。主要内容包括接待方针、接待规格、活动安排、接待经费、人员车辆配备分工等。接待方案要呈报主管领导审批。

4. 安排好领导日程

预先制作领导日程表,安排好当天所有的约会安排及行踪。提醒领导今天有哪些安排,有会见活动则需要提醒其会见时间、地点和对象。如果有重要客人突然来访或有要紧事,要随时与领导保持联系。

5. 布置接待室

接待室布置要整洁、雅致,给来访客人留下良好的印象。

得知客人来访消息后,应告知有关部门早做准备,把办公室收拾得干净利落。窗户要明亮,桌椅要整洁,东西要整齐有序,办公室中写字台、文件柜和其他办公用品应放置合理、整齐;书报、文件要归类放齐;墙上可挂日历、公司会徽,也可挂些风景画等,显得美观大方。会客室应准备好桌椅、沙发、书报架,报纸杂志应排列整齐,把日期最新的放在最外边。接待室平常应准备一些报纸杂志或介绍本公司历史、宗旨及服务范围方面的资料,供客人等待时阅读。还要放置衣帽架、废纸篓,以供需要时使用。茶具、茶叶和饮料等要准备齐全。

室内空气要清新。冬季要温暖,夏季要凉爽。可以适当摆放一些花卉,显得生机勃勃;室外的环境应力求做到芳草铺地、花木繁茂,给人以美的感受。茶水早备好,对有的客人还可备些水果。

6. 准备材料

客人来访前的准备工作,除了接待场合(办公室或会议室、会客室)精心布置外,还有一项重要任务就是材料的准备。客人来访,是参观本单位某部门,还是了解、考察某项工作;是商洽某方面的问题,还是研究相互合作事宜,务必做到心中有数。有关客人来访的目的,一般对方早已提前告知,应根据双方商定的会谈事宜,或客人的请求,让有关人员做好准备。需要交流材料、签约文件、所需数字、情况、资料,事先准备,同时要准备好如欢迎词、发言稿、答谢词文件等。

7. 安排住宿

如果是远道来的客人,接待人员要安排住宿。根据客人的身份、人数、性别、年龄、身体状况、生活习惯和工作需要来酌情安排。选择宾馆要根据接待经费预算、宾馆实际接待能力、口碑与服务质量、周边环境、交通状况、安全条件等因素来考虑,基本生活需要如空调、热水、卫生间、电话、电视、娱乐、购物及办公、会议设施要符合要求。接待人员要让来宾产生“宾至如归”之感,体贴入微、善解人意,但要以不妨碍对方私生活为准,以不限制对方个人自由为限,以不影响对方休息为度。

(三)迎客入门

客人进门的第一程序、第一感觉十分重要,观感好不好,关系到企业留给外界的第一印象。如果是一家服务型企业,还关系到能否在第一时间留住客人。一般大型的企业或公司都有专门的接待人员,专设迎宾小姐,而中小型企业为节省费用可以不设专门的迎宾人员,由员工负责。

管理好的企业往往有首问负责制,谁接待谁负责。看到客人即刻起立,并作简单问候:“请进”“对不起,有什么能为您效劳的吗?”“您找哪位?”如果是服务型行业,接待时更要面带微笑说“您好,欢迎光临!请进”等日常礼貌用语,同时要主动向对方进行自我介绍,并向客人施礼、致意。

(四)正确引导

接待来访者,接待人员带领客人到达目的地,应该有正确的引导方法和引导姿势。

1. 做好引导

在路上行进时,礼仪上的位次排列可分做两种:

(1)并排行进。它讲究“以右为上”或“居中为上”。由此可见,员工应当主动在并排行走时走在外侧或两侧。

(2)单行行进。它讲究“居前为上”,即请客人行进在前。但若客人不熟悉道路,或道路状态不佳,则由接待人员在左前方引导。引导者在引路时应侧身面向被引导者,在必要时提醒对方“脚下留神”。

(3)上下轮船、飞机。在乘坐轮船、飞机时,其上下的具体顺序为:上下轮船时,陪同对象首先上船,首先下船,接待人员居后。必要时,亦可由接待人员先行一步,以便为客人引导或开路。若舷梯较为陡峭时,客人先上后下,员工后上先下。上下飞机时,顺序通常与上下轮船相同。

(4)上下楼梯。引导客人上楼时，应让尊者、女士、客人走在前面，秘书走在后面；若是下楼时，应该走在前面，尊者、女士、客人在后面，上下楼梯时，应注意客人的安全。图 8-7 所示为上下楼梯引路法。

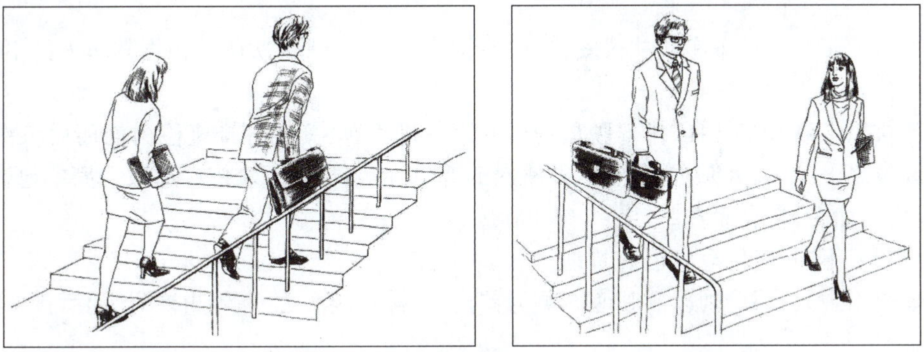

图 8-7　上下楼梯引路法(其中男士为客人，女士为引导者)

(5)出入电梯。

①乘坐自动扶梯，应靠右侧站立，空出左侧通道，以便有急事的人通行；应主动照顾同行的老人与小孩踏上扶梯，以防跌倒；如须从左侧急行通过时，应向给自己让路的人致谢。

②乘坐厢式电梯，应先出后入。如果电梯有司机，应让老人和妇女先进入；如无电梯司机，可先进入轿厢操控电梯，让老人和妇女后进电梯以确保安全。先进入轿厢的人要尽量往里站。与同乘电梯人不相识时，目光应自然平视电梯门，在电梯里不高声谈笑，保持安静。

③在没有明令禁止宠物乘电梯的地方，小宠物应由主人抱起乘梯；大宠物在没有其他乘客的情况下方可由主人带乘电梯。

④如果你是一位接待人员，经常接待尊贵客人，那你还必须牢记，电梯里也有上座和下座之分。所谓上座，就是最舒适、视野最好、最尊贵的位置。越靠里面的位置，越尊贵。上座是电梯操作板之后最靠后的位置，下座就是最靠近操作板的位置了，因为这个人要按楼层的按钮，相当于司机。

(6)出入房门。

在出入房门时，接待人员通常负责开门或关门。进入房间时，若门向外开，接待人员首先拉开房门，然后请客人进入。若门向内开，则接待人员首先推开房门，进入房内，然后请客人进入。离开房间时，若门向外开，接待人员首先出门，然后客人离开房间。若门向内开，接待人员在房内将门拉开，然后请客人首先离开房间。接待人员退出时，要轻轻地把门关上，出门后在过道上也不要弄出“吧嗒吧嗒”的声音。要注意，接待人员关门时，一定要用目光询问所有的人，看他们是否还有什么事要自己代办。

(7)乘车礼仪。接待的工作是公司与客户沟通的桥梁，代表一个公司的文明形象，所以接待人员必须掌握公关场合中接待的各种礼仪规范。乘车礼仪是接待中重要的一个环节，座次的完美安排则是对客户尊重的体现。

乘车遵循一个原则就是把客人放在最安全的位置。乘车座次的安排根据车辆的不同座次确认尊卑,也根据驾车人的不同座位确认尊卑。下面从这两个方面介绍商务接待乘车座次礼仪。

根据驾车者的不同确定座位的尊卑座次:

①五座车的座位,如有司机驾驶,以后排右侧为首位,左侧次之,中间座位再次之,前坐右侧殿后。

②三排七座的商务车座次礼仪安排,以后排为主座,中排为次座。根据驾车人的不同最主要人的座位也不相同。

③四排以上商务车:以前排驾驶员身后的第一排为尊,其他各排座位由前而后依次递减。在各排座位之上,则又讲究右高左低,即座次的尊卑,应当从右而左依次递减。简单地讲,可以归纳为:由前而后,自右而左。

如果司机不同,座位尊卑也有差别:

①如果由主人驾驶,则以驾驶座右侧为首位,后排右侧次之,左侧再次之,而后排中间座为末席。

②主人夫妇驾车时,则主人夫妇坐前座,客人夫妇坐后座,男士要服务于自己的夫人,宜开车门让夫人先上车,然后自己再上车。

③如果主人夫妇搭载友人夫妇的车,则应邀友人坐前座,友人之妇坐后座,或让友人夫妇都坐前座。

④主人驾车,坐客只有一人,应坐在主人旁边;若同坐多人,中途坐前座的客人下车后,在后面坐的客人应改坐前座。此项礼节最易疏忽。

(五)出门送客

道别指的是与交往对象分别。按照常规,道别应当由来宾首先提出。宾主双方向对方互道“再见”,叮嘱对方“多多保重”,或者委托对方代问其同事、家人安好。

在道别时,特别注意应当加以挽留并起身相送。员工对表示要离开的客人,要起身热情相送,若客人要到其他办公室去,则要告诉其详细地点和房间号码,如有可能最好电话事先联系。客人辞行时,与客人握手道别,根据来访者的身份、地位和背景,来具体确定送至办公室门口还是大楼大厅门口。大多数接待者只将客人送到企业的内门,其实,这就浪费了一次很好的宣传机会。我们提倡“迎三送七”,即接待客人时迎出去几步;而送别客人时,要把客人远远地送出门外,以示诚意。客人会感到你非常热情,很尊重他,他走出去也会有满足感。

对于远道而来的客人,通常是在来宾离去之际,更要陪着对方一同行走一段路程;或者特意前往来宾启程返回之处,与之告别,并目送对方离去。

案例链接

1. 迎接客人的3S——stand up、see、smile

stand up——起立。客人来访时,无论自己在做什么,都要起立迎接客人。

see——目视对方。

smile——微笑。

2. 接待客人的步骤、语术及动作要领

序号	步骤	接待用语及动作要领
1	迎接客人	“欢迎”“请进”
2	问候	“您好，我是××公司×××”
3	交换名片	双手接名片，认真看一遍
4	引客人至谈话场所	比客人先行 2~3 步
5	询问来访事宜	“请问有什么事吗？”
6	结束面谈	整理、归纳、确认
7	道别	“欢迎再来”“非常感谢”
8	送走客人	原则送到门口，根据客人的不同，也可送到楼下，注意客人有没有落下携带的物品，别忘了说“再见”

任务二　掌握公关宴请礼仪

知识研修

公关宴请礼仪是指宴请主体为达到某种公关交往的目的，通过特定场合宴请形式，借以宣传和树立自己良好形象的一种公关活动方式。

宴请作为重要的社交活动，涉及主、客双方。不仅主人要注意宴请活动中的礼仪要求，作为客人也应注意赴宴的礼节、礼貌，以向主人和其他来宾展示自己良好的礼仪修养，塑造良好的形象。

一、宴请的种类

按照公关礼仪的惯例，公关宴请的礼仪一般遵循以下的 5M 原则。

1. 会客

根据宴请目的确定宴请的对象、宴请的人数等，并通过征求主宾的意见，确定宴请的时间。

2. 费用

在宴请时，既要热情待客，又要量力而行，反对铺张浪费。

3. 环境

宴请的地点可依据宴请的目的、客人的身份和重要程度确定，通常应选择环境幽雅、卫生方便、服务优良的饭店或宾馆。

4. 菜单

在安排菜单时，要了解客人的禁忌；既要照顾到客人的口味，又要体现特色与文化，同时还要考虑费用。

5. 举止

在餐桌上,举止要优雅、礼貌。

二、宴请的形式

在公关活动中,可以根据不同的宴请目的、对象、人数,选择不同的宴请形式。常见宴请形式有以下几种:

(一)宴会

宴会指比较隆重、正式的设宴招待。根据举办的时间,有早宴、午宴、晚宴之分。一般认为,晚宴最为隆重正式。根据举办的规格,又有国宴、正式宴会、便宴和家宴之分。

1. 国宴

国宴是规格最高的宴会,是国家级庆典宴会。举办方为本国政府首脑、国家元首,或为来访的外国元首、政府首脑。举办国宴一般要悬挂双方国旗,奏双方国歌。宴会上主人和主宾均要致辞,席间要奏音乐。国宴对宴会厅的陈设、菜肴的道数,以及服务员的个人礼仪都有严格的要求。

2. 正式宴会

正式宴会也是一种规格较高的宴会,除了不挂国旗、不奏国歌、出席者级别不同外,其余都与国宴相似,有时也安排乐队演奏席间音乐,宾主均按身份排位就座,有着装要求,菜肴、酒水、餐具均讲究质量和特色,服务要求规范。

3. 便宴

属于非正式的宴会,常见的有午宴、晚宴,也有个别情况下的早宴。形式较为简便。可以不排座次,不作正式讲话,菜肴、酒水不必太多。它的特点是气氛亲切,有利于各方交往。

4. 家宴

家宴指在家中设宴招待宾客。可以由主妇亲自掌勺,也可以请厨师上门做菜。家宴不仅广泛应用于民间交往,官方业务往来也有采用这种方式的。由于家宴容易营造亲切、友好的气氛,因此运用得也比较多。

(二)招待会

招待会是指各种不备正餐的宴请形式,只备一些食品和饮料,不安排座次,具有灵活、简便的特点。

1. 冷餐会

冷餐会又称自助餐,菜肴以冷食为主,也可冷热兼备,菜肴与餐具集中摆放在大餐桌上,供客人自取,适合于规格不是太高,出席人员众多的礼节性、纪念性活动的宴请。客人可以多次取食,在自由选取食物时,应按顺序,不可争抢。取食要适量。可以找到合适位置坐下进食,也可站立进餐,自由活动,彼此交谈。冷餐会可在室内外进行。由于这种方式既简单、节省费用,又亲切随和,因此得到广泛运用。

2. 酒会

酒会是一种主要用酒水招待客人的餐饮形式。酒会上,酒的品种要多一些,一般少用或不用烈性酒,略备小吃,如炸春卷、小香肠、三明治等,多以牙签取食。不设座椅,仅置小桌或茶几。客人可以随意走动，接触交谈，从服务员所托盘子中取食。请柬上一般均注明酒会起讫时间，客人可在此间任何时候入席、退席，来去自由。参加者衣着方面不用过于讲究，整洁即可。由于这种方式更显活泼、自由、轻松方便，因此得到广泛运用。

3. 茶会

茶会是一种更简便的宴请形式。茶会时间一般安排在上午10时或下午4时左右。主要以请客人品茶为主，亦可略备点心、小吃。茶会通常在客厅、会议室等场所举行，厅内设茶几、座椅，不排座次。如果是为某贵宾举行的活动，入座时主人要有意识地和主宾坐在一起，其他人随意就座。茶会对茶具的要求比较高，要根据客人的喜好选择上等茶叶，要用精致的陶瓷茶具斟茶，茶叶不能直接冲饮，要用茶壶或袋装冲饮，茶水不宜太浓太满，盖杯要放在茶托上一同敬给客人，尽量体出茶文化的特点。也有以咖啡代替茶的，其组织安排与茶会相同。

4. 工作餐

工作餐是人们工作特别繁忙时采用的一种方便快捷的非正式宴请形式，参加者利用共同进餐的时间，宾主边吃边谈。工作餐不邀请与工作无关的人员，每人一份，既简便快速，又符合卫生。双边工作进餐往往以长桌安排座次，其座位与会谈桌座位排列相仿，便于主宾双方交流、磋商。工作餐可在早、中、晚举行。

三、赴宴前的礼仪规范

(一)应邀礼仪

接到宴会邀请，能否出席应尽早答复对方，以便主人做出安排。接受邀请后不要随意改动，万一遇到特殊情况不能出席时，尤其作为主宾，应尽早向主人郑重解释、道歉，甚至亲自登门致歉。应邀参加一项活动之前，要核实宴请的主人，活动举办的时间、地点，是否邀请配偶以及主人对服饰等方面的要求。

(二)注意仪容、仪表

出席宴会前，一般应梳洗打扮，女士要适当化妆，男士要梳理头发并剃须。衣着要求整洁、大方、美观，使仪容、仪表打扮符合宴请场合的要求。如果夫妇同去赴宴，还应注意服装的式样、颜色等的和谐统一。对请柬上没有服装要求的，或注明着便服的，男士穿着不能过艳，女士穿着不能过短、过薄。

(三)备礼

可按宴请的性质和当地的习惯以及主客双方的关系，准备赠送的花篮或花束，在宴会开始前送给主人。参加家庭宴会时，可给女主人准备一束鲜花。赠花时要注意对方的禁忌。礼品价值不一定很高，但要有意义。

四、赴宴中的礼仪

(一)按时抵达

出席宴请活动，抵达时间的迟早、逗留时间的长短，在一定程度上反映着对主人的尊重。过早、过迟或逗留时间过短，不仅是对主人的失礼，也有损自己的形象。按时出席宴请是最基本的礼貌。一般来说，出席宴会要根据各地的习惯，正点或提前或晚于规定时间的两三分钟抵达。身份高者可略晚些到达，一般客人宜略早些到达。因故不能及时到达时，应及时通知主人并致歉。如果你与主人关系密切，则不妨早点到达，以帮助主人招待宾客，或做些准备工作。

（二）问候、赠礼

抵达宴会活动地点，如主人已在迎候，则应趋前向主人握手、问好、致意，随主人或迎宾人员引导，步入休息厅或宴会厅。如单独到达，则先到衣帽间脱挂大衣和帽子等物，然后前往迎宾处，主动向主人问候，并对在场的其他人微笑点头致意。如果是庆祝活动，还应表示祝贺。同时，将事先备好的礼物双手赠送给主人。

（三）礼貌入座

入座应听从主人安排，不可随意乱坐。若是正式宴会，进入宴会厅之前，应先掌握自己的桌次和座位，入座时注意桌上座位卡是否写有自己的名字，不可坐错座位。另外，入座要讲究顺序，礼让尊长，注意方位，从左入座，背对座椅，落座轻、稳。在社交和公务场合，若与他人一起入座时，应礼貌地邀请对方首先就座或与对方同时就座，不可抢先坐下，主动把上座，如面门的座位、居中的座位、右侧的座位、舒适的座位让给尊长。入座后，可与同席的人随意交谈，等待用餐。

（四）举止文明

餐桌进餐时的基本礼仪细节，具体来说要注意以下几点：

1. 要有良好的坐相

要遵守入座离座礼仪，遵守尊卑次序，不抢座、不乱坐。入座后姿势端正，手肘不得靠桌缘或将手放在邻座椅背上，不得趴在餐桌上。脚踏在本人座位下，不可任意伸直，更不要把脚抬到座位上或在座位下乱动。

2. 要有良好的吃相

用餐时须温文尔雅，从容安静，不能急躁，不能吃得过快或过慢。必须小口进食，不要大口地塞，食物未咽下不能再塞入口。吃进口的东西不能吐出来，如是滚烫的食物，可喝水或果汁。送食物入口时，两肘应向内靠，不能向两旁张开，以免碰及邻座。用餐的时候，不要吃得摇头摆脑、满脸油汗、汁汤横流、响声大作，这样不但失态欠雅，而且还会败坏别人的食欲。取菜的时候，不要左顾右盼、翻来覆去，不要在公用的菜盘内挑挑拣拣。取菜要注意相互礼让，依次而行，取用适量，不要争来抢去，而不考虑别人；够不到的菜，可以请人帮助，不要起身甚至离座去取。在餐桌上不能只顾自己，也要关心别人，尤其要招呼两侧的女宾。吃饭时可以劝别人多用一些，或是品尝某道菜肴，但不要擅自做主主动为别人夹菜、添饭。

3. 要有良好的举止

用餐时切忌用手指掏牙，应用牙签，并以手或手帕遮掩。用餐期间，不要敲敲打打、比比画画，避免在餐桌上咳嗽、清嗓子、擤鼻涕、吐痰、打喷嚏、嗝气，若需要应尽早去洗手间解决，万一忍不住，应说声“对不起”。用餐的时候，不要当众修饰，如不要梳理头发、化妆补妆、脱袜脱鞋等，若有必要可以去化妆间或洗手间。用餐的时候不要离开座位，四处走动，如果有事要离开也要先和旁边的人打个招呼，可以说声“失陪了”“我有事先行一步”等。

4. 要有良好的心态

如果在餐桌上发生了什么意外，要做到不惊不扰，处事不惊。比如，不小心餐具摔到地上了，饭菜滴到衣服上了，或是看到不卫生的小菜虫等，遇到此类事应当冷静地低声叫来服务员处理，不能打扰了其他客人。

5. 餐巾礼仪

餐巾的主要作用是拿来擦拭因用餐而弄脏的嘴角和手的，也可以在吐出骨头或水果核时，拿来遮住嘴，但不能用于擦面、擦汗。服务员送的香巾是用来擦面的。拭嘴时最好用其内侧，不要用餐巾或纸巾擦拭餐具，以免使主人因餐具不洁之嫌而尴尬。

(1)餐巾的使用方法。

①展开。在点完餐后，第一道菜尚未上桌之前，先将餐巾展开，然后将餐巾折叠，大的正方形餐巾可折成等腰三角形，长方形餐巾可对折，把折痕对向自己放于膝盖。餐巾不宜全部展开，小餐巾可直接铺在腿上。除了起身离开桌子的那一刻，餐巾应始终是在腿上的，不应该放在桌上盘碟的下面。

②中途离开座位的时候，应将餐巾放在椅子上，表示我还要回来，或将餐巾的一角搭放在餐桌上，并应趁着上菜的空当向同桌的人打声招呼。

③用餐完毕，只要将餐巾大致折叠一下放在桌上(不用叠得很整齐)即可。一定要避免"扔"这个动作。

(2)使用餐巾注意事项。

①在正式宴会上，客人需待主人先拿起餐巾时，自己方可拿起餐巾。如有主宾或长辈在座，一定要等他们拿起餐巾折叠时才能跟着动作。

②如果一打开餐巾或拿起餐巾纸，就揩擦自己的杯盏刀叉，实际上是对餐厅(在家里则对主人)卫生工作的不信任，这是很不礼貌的行为。

③别沾上口红的痕迹。可事先在餐前以面纸轻轻按压嘴唇。

④除儿童外，一般不必将餐巾挂到脖上或像围兜一样围挂在胸前。

⑤不将餐巾挂在椅背上，因为很容易掉到地上。

⑥不将餐巾弄得皱巴巴的。

⑦用餐巾擦嘴时动作要轻，不要太夸张地用力。

(五)遵守交谈礼仪

席间交谈应注意礼仪、礼貌。席间，无论作为客人、陪客或宾客都应与同桌的人亲切交谈，特别是左右邻座，若不认识，可自我介绍，不可静坐不语或只与几位熟人或一两人交谈。既不能只顾闷头吃饭抢菜而不跟别人交谈，也不能忘了吃饭，只顾口若悬河、手舞足蹈。与人交谈时，不要用手碰人家；最好不要隔着第三者交谈；同身旁人说话时，不要把背向着另一个人。

要选择一些符合餐桌的轻松话题，不能乱讲而搅了大家的胃口。若是家宴，可适当赞美主人的烹调艺术；因健康或习俗等原因在吃某道菜时，不要做太多解释，更不要谈自己的疾病；不要打断别人谈话，也不要打听餐桌上别人谈话的内容；与人交谈时声音不要太高，或谈些怪诞离奇、忌讳的话题而引人不悦。不要对菜肴评论挑剔，也不要抱怨服务员的工作。

口内有食物时，应避免说话，自己手上持刀叉，或他人在咀嚼食物时，均应避免跟人说话或敬酒，须放下餐具，不能碗筷、刀叉挥舞。

(六)礼貌离席

(1)起身轻稳。离开餐桌时,不应把座椅拉开就走,而应把椅子再挪回原处。男士应该帮助身边的女士移开座椅,然后再把座椅放回餐桌边。要注意,有些餐厅比较拥挤,椅背紧靠,贸然起身,有可能使手提包、衣服等掉得满地,或是碰倒人,打翻茶水、菜肴,所以动作要缓慢轻稳,不能猛起猛出,最好不发出声响。

(2)自左离开。同入座一样,坚持"左入左出"(以椅子为参照物),礼貌如一。

(3)站好再走。离座要自然稳当,右脚向后收半步,然后起立,起立后右脚与左脚并齐,再从容移步。站好再走是动作稳健的体现。

(七)告辞、致谢

参加宴请活动,告辞不宜过早也不宜过迟。如果是主宾,应当先于其他宾客向主人告辞,否则会给其他客人带来不便;但也不能太早,否则是对主人的不礼貌。如果是一般客人,则应在宴会结束主宾告辞后,及时向主人告辞,不可因贪杯而拖延不散,也不可因余兴未尽而迟迟不起;但也不能先于主宾告辞,否则对主人和主宾都很不礼貌。无论是主宾还是普通宾客,一般不要中途退席。若确有急事,应向主人说明,表示歉意,并向其他宾客招呼后再离去,或向主人说明、致歉后轻轻离去,也可事前打招呼到时悄悄离去。总之,中途退席要有礼貌,理由应尽量不使主人难堪和心中不悦。

告辞时,应礼貌地向主人握手道谢。通常是男主宾先向男主人告别,女主宾先与女主人告别,然后交叉,再与其他人告别。主宾告辞后,一般宾客再用同样方法向主人和其他人握手告别。如主人备有小纪念品相赠,应欣然收下,并说些赞扬的话,但不必郑重表示谢意。除主人特别示意作为纪念品的东西外,各种招待品包括点心、糖果、香烟、酒水、饮料等都不能带走。

五、赴宴后的礼仪要求

为了使礼节更周到,可在宴会后一两天内给主人打个致谢电话或发送致谢短信/微信,或送一封印有"致谢"的便函或名片,除再次感谢主人的盛情款待外,还可重申友谊、加深印象。

任务三　熟知餐饮礼仪

知识研修

一、中餐礼仪

(一)餐具礼仪——筷子礼仪

在世界各种餐具中,筷子是使用人数最多的一种。中国的筷子早在公元前 1200 年就问世了,公元 4~6 世纪传到日本和东南亚各国。它虽构造简单,但巧妙地运用了杠杆原理。筷子不仅集刀叉功能于一身,而且有健身益智的功效,因为操作筷子要牵动就餐者 30 多个关节和 50 多条肌肉,有助于手指灵巧、头脑发达。图 8-8 所示为使用筷子标准示意图。

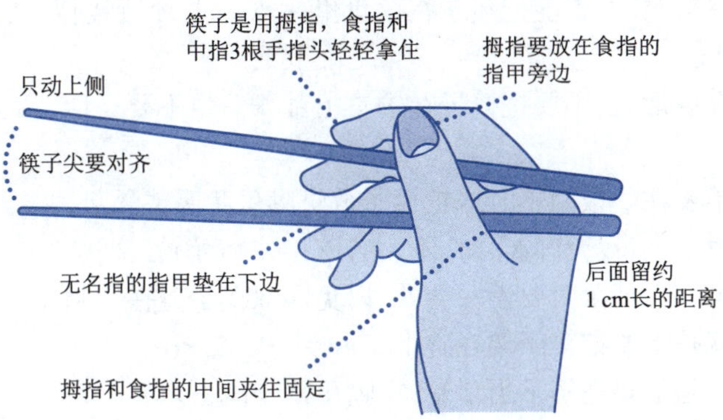

图 8-8 使用筷子标准示意图

案例链接

吮筷还夹菜客人真无奈

同事的父亲生病，小张拎着补品去探望。老人见到小张非常高兴，热情地留他吃个便饭。吃饭时，老人不停地用自己的筷子给小张夹菜，一筷子接一筷子的，弄得小张应接不暇，碗里堆满了菜。但是小张发现，老人吃饭时特别爱用嘴吮筷子头，几乎每吃一口就吮一下，想到老人用自己的筷子给他夹菜，小张顿时食欲皆无。

中国人热情好客，喜欢在餐桌上给客人夹菜以尽地主之谊。但是要注意方式，并且要适时适度。这位老人正在生病，有吮吸筷子的不良习惯，还给客人夹菜实在不妥。

思考：在公关场合应该注意哪些餐具礼仪呢？

筷子是中餐中最主要的进餐用具，中国的筷子是十分讲究的，形成了一些礼仪上的忌讳：

一忌迷筷，犹豫不决，不知该如何下箸。

二忌搅筷，用筷子搅动碗中的菜肴，挑菜拣食。

三忌刺筷，以筷当叉戳食。

四忌碎筷，持筷撕拉口中的菜、肉。

五忌传筷，利用自己用过的筷子传递菜肴。

六忌指筷，持筷说话指人。请人用菜时，不要把筷子戳向别人面前。

七忌敲筷。即在等待就餐时，不能坐在桌边，一手拿一根筷子随意敲打，或用筷子敲打碗盏或茶杯。

八忌掷筷。在餐前发放筷子时，要把筷子一双双理顺，然后轻轻地放在每个人的餐桌前；距离较远时，可以请人递过去，不能随手掷在桌上。

九忌叉筷。筷子不能一横一竖交叉摆放，不能一根是大头、一根是小头。筷子要摆放在碗的旁边，不能搁在碗上。

十忌插筷。在用餐中途因故需暂时离开时，要把筷子轻轻搁在桌子上或餐碟边，不能插在饭碗里。

十一忌挥筷。在夹菜时，不能把筷子在菜盘里挥来挥去，遇到别人也来夹菜时，要有意避让，谨防"筷子打架"。

十二忌舞筷。在说话时，不要把筷子在餐桌上乱舞。也不要在请别人用菜时，把筷子戳到别人面前。

十三忌吮筷。不要在吃饭间不时地把筷子放进嘴里吮吸或舔舐。

十四忌泪筷。就是夹带汤汁的菜时，不用餐碗接住，滴滴答答。

十五忌截筷。当有人夹菜时要慢一会儿，以免两双筷子碰在一起。

十六忌碗筷。就是不要把筷子架在碗上。

十七忌签筷。就是不要把筷子当牙签，在嘴里戳来戳去。

(二)席位礼仪

宴会餐饮礼仪中有一个重要的礼仪就是席位与座次的尊卑问题。中餐的席位排列，关系到来宾的身份和主人给予对方的礼遇，所以在宴会中按照宾客身份的尊卑高低来安排相应的位次是一项重要的内容。中餐位次尊卑的一般原则是："面门为上，右高左低，中座为尊，观景为佳，临墙为好"，本着能体现尊者地位进餐舒适的原则来安排席位尊卑。正式宴会一般都事先安排座次，桌子上要摆桌次牌和姓名标志牌。非正式的宴会虽然有时桌次和席位不预先排定，但通常就坐也要有主次之分。

中餐席位的排列，在不同情况下有一定的差异，可以分为桌次排列和位次排列两方面。

1. 桌次排列

在中餐宴请活动中，往往采用圆桌布置菜肴、酒水。排列圆桌的尊卑次序有两种情况：

(1)由两桌组成的小型宴请。这种情况又可以分为两桌横排和两桌竖排的形式。当两桌横排时，桌次是以右为尊，以左为卑。这里所说的右和左，是由面对正门的位置来确定的。当两桌竖排时，桌次讲究以远为上，以近为下。这里所讲的远近，是以距离正门的远近而言。

(2)由三桌或三桌以上的桌数所组成的宴请。在安排多桌宴请的桌次时，除了要注意"面门定位""以右为尊""以远为上"等规则外，还应兼顾其他各桌距离主桌的远近，如图 8-9 所示。

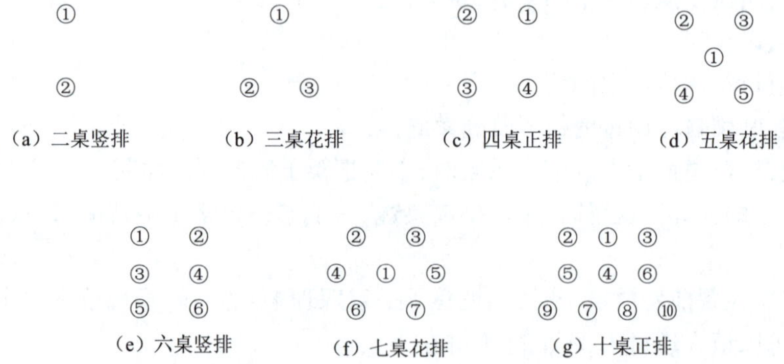

图 8-9　桌次安排

通常距离主桌越近，桌次越高；距离主桌越远、桌次越低。在安排桌次时，所用餐桌的大小、形状要基本一致。除主桌可以略大外，其他餐桌都不要过大或过小。为了确保在宴请时赴宴者及时、准确地找到自己所在的桌次，可以在请柬上注明对方所在的桌次、在宴会厅人口悬挂宴会桌次排列示意图、安排引位员引导来宾按桌就座，或者在每张餐桌上摆放桌次牌(用阿拉伯数字书写)。

2. 位次排列

每桌的具体位次有主次尊卑之分，排列位次的基本方法如下：

(1)主人大都应面对正门而坐，并在主桌就座。

(2)举行多桌宴请时，每桌都要有一位主桌主人的代表在座，位置一般和主桌主人同向，有时也可以面向主桌主人。

(3)各桌位次的尊卑，应根据距离该桌主人的远近而定，以近为上，以远为下。

若是圆桌，则正对大门的为主客，右手边依次为2、4、6、……，左手边依次为3、5、7、……，直至会合。

若为八仙桌，如果有正对大门的座位，则正对大门一侧的右位为主客。如果不正对大门，面东的一侧右席为首席。然后首席的右手边坐开去为2、4、6、8，左手边为3、5、7。

如果为大宴，桌与桌间的排列讲究首席居前居中，右边依次2、4、6席，左边为3、5、7席，根据主客身份、地位、亲疏分坐。

各桌距离该桌主人相同的位次，讲究以右为尊，即以该桌主人面向为准，右为尊，左为卑。

另外，每张餐桌上所安排的用餐人数应限在10人以内，最好是双数。人数如果过多，不仅不容易照顾，也可能坐不下。

3. 安排座位的注意事项

礼宾次序是排座位的主要依据。在排座位之前，要把确定出席的主、客双方出席名单分别按礼宾次序排列出来。除了礼宾次序之外，在具体安排座位时，还需要考虑其他一些因素。

多边的活动需要注意客人之间的政治关系，政见分歧大、两方关系紧张者，尽量避免排到一起。

身份大体相同、使用同一语言者，或属同一专业者，可以排在一起。

译员一般安排在主宾右侧，以便于翻译。在以长桌作主宾席时，译员也可以考虑安排在对面，便于交谈。一些国家忌讳以背向人，在这些国家用长桌作主宾席时，主宾席背向群众的一边和下面第一排桌子背向主宾席的座位均不安排坐人。

习惯以左手用餐的客人，则尽量把他们安排在左边没人的座位上，席间才不会造成大家的不便，也避免发生碰倒饮料或撞到手肘的窘况。

(三)饮酒礼仪

我国的酒文化源远流长，在餐饮聚会场合特别讲究斟酒、敬酒与饮酒的礼仪。

1. 斟酒礼仪

斟酒的顺序是先主后宾，然后才是其他客人。斟酒时酒杯应放在餐桌上，酒杯不要碰到瓶口。酒桌上不论是什么酒，一律以斟满为敬。主人斟酒时，客人可行“扣指礼”表示感谢主人斟酒。行“扣指礼”时，客人把右手弯曲，用食指、中指轻轻在桌上叩几下。

2. 敬酒礼仪

敬酒既能表示对客人的尊敬，又可增添席间的热情气氛。敬酒不但是我国人民的传统风俗习惯，也是世界各族人民增进友谊的一种方式。在正式宴会上，通常由男主人向客人提议，提出某个事由而饮酒。通常在饮酒时要讲一些祝愿、祝福之类的话,甚至主人和主宾还要发表一篇专门的祝酒词。作为主宾参加宴会,应了解对方祝酒的习惯(即为何人祝酒、何时祝酒等),以便做必要的准备。祝酒时还应注意不要交叉碰杯。在主人和主宾祝酒时,应暂时停止用餐、停止交谈,注意倾听。主人和主宾讲完话,与贵宾席人员碰杯后,往往要到其他各桌敬酒,遇此情况,应起立举杯,目视对方致意。若需要碰杯,要切记自己的杯口低于对方的杯口表示尊敬。

3. 饮酒礼仪

饮酒时不可强人所难,要文明敬酒、饮酒。不可故意灌醉他人,或在酒席上出现争执、佯醉等不良之风,不可失言、失态。尤其作为女性,在饮酒的时候更要特别注意举止优雅,浅尝辄止,不要因为自己的酒量大就不顾礼仪、失了风度。

在宴席上,如果确实不会喝酒或由于种种原因不打算喝酒,通常可以采取以下办法:主动要一些非酒类饮料,如汽水、果汁、矿泉水或白开水等,并说明不饮酒的原因;让斟酒者在自己杯子里斟上一点,但可以不喝。因为一般情形下,杯中酒是可以不喝的;当斟酒者向自己杯子里斟酒时,用手轻轻敲击酒杯的边缘,意思是"我不喝酒,谢谢";当斟酒工作是由侍者来服务时,你可轻声告诉他"我已经够了""不用了,谢谢。"而不是动手把杯子挪开,或捂住杯口,这样会引人侧目。

(四)点菜礼仪

请客点菜要注意礼仪与技巧。

首先,要主随客便,礼让客人。入席后,要先请客人点菜,其余的客人也要一一让到,点菜数量基本要保证人均一菜。点菜既要突出本地、本店的特色,又要照顾主宾的口味、喜好,这一切在让菜时都可以表达出来,如主人说:"这个菜,您一定喜欢,请多用一点!"客人心领神会,会格外高兴。

其次,要注意尊重客人在饮食方面的个人口味和习俗禁忌。

最后,要遵守菜序菜类的一般搭配原则,讲究搭配技巧。菜品搭配做到冷热搭配、荤素搭配。比如,一般先冷盘、热炒,再主菜,后点心、汤和水果拼盘。注意这些问题才能让客人感到你的热情与周到。

(五)敬茶礼仪

中国人习惯以茶待客,并形成了相应的饮茶礼仪。以茶待客时,也要注意礼仪细节。

案例链接

不守茶道,生意毁掉

某单位领导与刚来的客商正在会客厅里寒暄,秘书前来泡茶。他用手指从茶叶筒中拈了撮茶叶,放入茶杯内,然后冲上水……这一切,领导和客商都看到了。领导瞪了秘书一眼,但碍于客商在场而不便发作。客商则面带不悦之色,把放在自己面前的茶杯推得远远的。谈判时,双方讨价还价,领导一激动与客商发生争执,秘书觉得自己作为单位的一员自然应该站在领导一方,于是与领导一起指责客商,客商拂袖而去。领导望着远去客商的背影,对秘书说:"好端端的一笔生意，让你给毁了，唉！”秘书丈二和尚摸不着头脑，还为自己辩解：“我怎么啦？客商是你得罪的，与我何干？”

思考：我们在公关活动中应该了解哪些基本的敬茶礼仪？

中国是茶的故乡，有着悠久的种茶历史，又有着严格的敬茶礼节，还有着特定的饮茶风俗。一般来说，以茶待客要注意以下礼仪。

1. 取茶讲究方法

将茶筒中的茶叶放入壶或杯中时，应使用竹或木制的茶匙摄取，不要用手抓。若没有茶匙，可将茶筒倾斜对准壶或杯轻轻抖动，使适量的茶叶落入壶或杯中，这是讲卫生、讲文明的表现。

2. 上茶掌握时机

应在主客未正式交谈前，双手端茶从客人的右后侧奉上。

3. 敬茶注意姿势

敬茶时要将茶盘放在临近客人的茶几上，然后一手拿着茶杯的中部，一手托着杯底，如有杯耳应朝向客人，双手将茶递给客人或放在桌子上。将泡好的茶端给客人时，最好使用托盘；若不用托盘，注意不要用手指接触杯沿。讲究上茶的方位，一般来说，从客人的右后方上茶。端至客人面前，应略躬身，说“请用茶”。也可伸手示意，同时说“请”。

4. 上茶时讲究顺序

一般而言先宾后主，先主宾后次宾，先女后男，先长辈后晚辈。也可以上茶者为起点，由近而远依次上茶；或以进入客厅之门为起点，按顺时针方向依次上茶；或者以客人的先来后到为先后顺序。

5. 斟茶不宜过满

给客人斟茶时，不能使茶溢满出来，并且不宜劝茶，这是不敬和无礼的表现。

二、西餐礼仪

西餐这个词是由于它特定的地理位置所决定的。“西”是西方的意思，一般指西欧各国；“餐”就是餐饮食品。现在通常所说的西餐不仅包括西欧国家的饮食，同时还包括东欧各国，还包括美洲、大洋洲、中东、中亚、南亚次大陆以及非洲等国的饮食。西餐一般以刀叉为餐具，以面包为主食，多以长形桌台为台形。公关活动中，西餐经常是待客之选，所以公关人员应掌握必要的西餐礼仪。

（一）西餐座席的安排

正规的西餐宴请是男主人（第一主人）坐主位，遵照以右为尊的原则，其右侧为第一贵宾夫人，女主人坐在男主人的对面，右侧为第一贵宾，其余客人男女插座，如图 8-10 所示。

（二）西餐的上菜次序及配餐酒水

（1）开胃菜和开胃汤。原意指主菜以外的辅助小菜，大多用水果、蔬菜、熟肉制成。用途不在于使食欲得以满足，而是要引起食欲。因此，盘份很小，量也较少，鱼子酱、鹅肝酱等都是很好的开胃之选。

在欧美地区，人们多习惯在进餐厅进餐之前，在大厅或酒吧、休息室等处食用，与餐前开胃酒，如鸡尾酒、香槟酒等配套饮用。

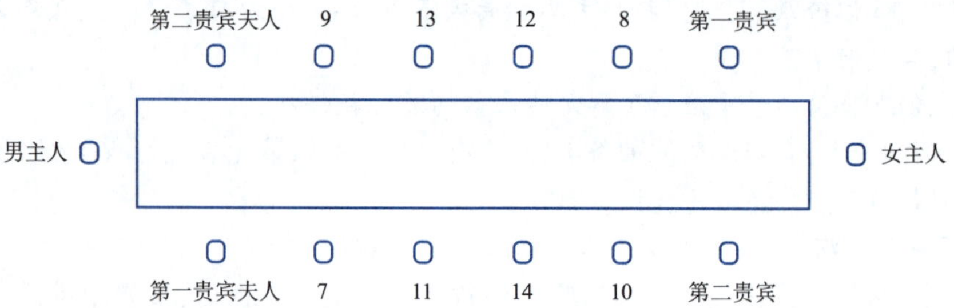

图 8-10 西餐位次安排

(2)海鲜。常见的有鱼、虾、螃蟹等。

(3)主菜。以肉为主,牛肉是西餐中最主要的肉类。

(4)蔬菜。常见有花菜、炸土豆片、生菜色拉等。

席间佐餐酒主要喝红、白葡萄酒而不喝烈性酒。红葡萄酒是以室温供应,白葡萄酒则是喝冰镇的。一般来说,吃肉喝红葡萄酒,吃鱼、海鲜喝白葡萄酒。

(5)甜食。如冰激凌、甜点。

(6)水果。

(7)咖啡或红茶。

用餐完毕往往还要喝餐后酒。喝餐后酒应当一点一点品尝,而不宜一饮而尽。一般喝餐后酒时不再碰杯。餐后饮用甜酒、白兰地酒,用以化解油腻,一般在吃完甜点后饮用。

酒随菜走是西式宴会的一条重要原则。每上一道菜之前先斟酒,一般把酒斟得半满。人们拿起酒杯,先闻一下那扑鼻的芳香,然后再喝。

(三)西餐的餐具

广义的西餐餐具包括刀、叉、匙、盘、杯、餐巾等。其中盘又有菜盘、布丁盘、奶油盘、白托盘等;酒杯更是讲究,正式宴会几乎每上一种酒,都要换上专用的玻璃酒杯。

狭义的西餐餐具则专指刀、叉、匙三大件。刀分为食用刀、鱼刀、肉刀(刀口有锯齿,用以切牛排、猪排等)、黄油刀和水果刀。叉分为食用叉、鱼叉、肉叉和虾叉。匙则有汤匙、甜食匙、茶匙。公用刀、叉、匙的规格明显大于餐用刀叉。

1. 餐具的摆放

餐盘放在餐席的正中心,盘上放折叠整齐的餐巾或餐纸(也有把餐巾或餐纸折成花蕊状放在玻璃杯内的)。两侧的刀、叉、匙排成整齐的平行线,距桌边距离相等,所有的餐刀放在餐盘的右侧,刀刃朝内;匙放在餐刀右边,匙心朝上;餐叉则放在餐盘的左边,叉齿朝上。一个坐席一般只摆放三副刀叉。面包碟放在客人的左手边,上置面包刀一把。面包刀又称黄油刀,专供抹奶油、果酱用,而不是用来切面包的,不可与竖放的刀、叉发生交叉现象。各类酒杯和水杯则放在右侧。图 8-11 所示为西餐餐具摆放的示例。

餐具与菜肴相配,根据食用菜肴的先后顺序,从外向内依次码放。西餐宴席由于用餐方式、使用餐具等方面的不同,故在摆台上与中餐宴席有明显的区别。

2. 餐具的使用顺序

西餐餐具的摆放和使用与西餐的上菜顺序有关系。按上菜的顺序由外而内取用,吃一道菜，用一副刀叉，用完后，将刀叉并排竖放或斜放在盘中，刀右叉左，刀刃朝内，服务员见了便会主动撤去这套餐具。如果想休息一下，尚未用完餐，应将刀叉交叉或呈八字形架在或摆在餐盘上，刀刃朝内，告诉“服务员，我还没吃完，请不要把餐具拿走”。记住，刀刃不可对着人，刀叉也不可放成十字形。图 8-12 所示为西餐餐具使用含义。

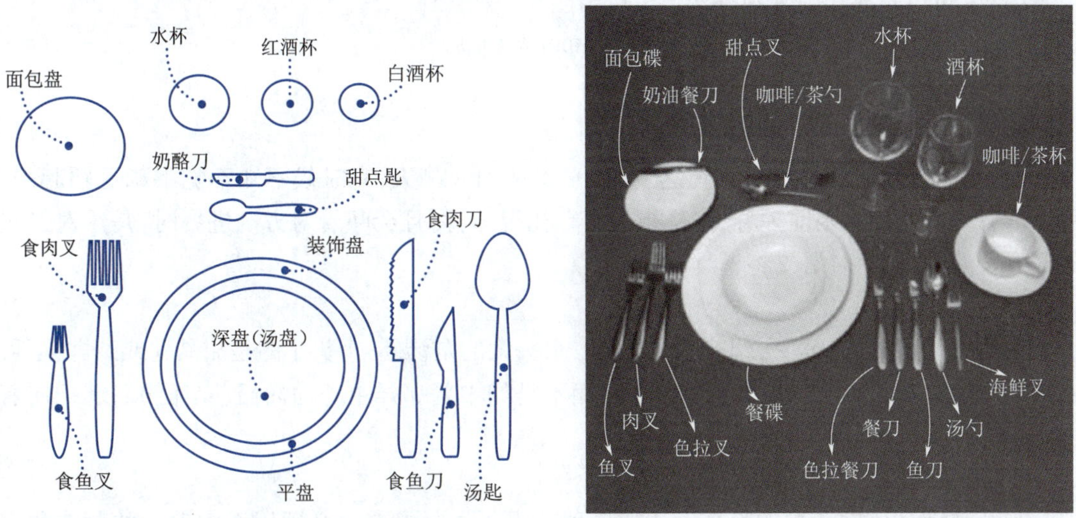

图 8-11　西餐餐具摆放示例

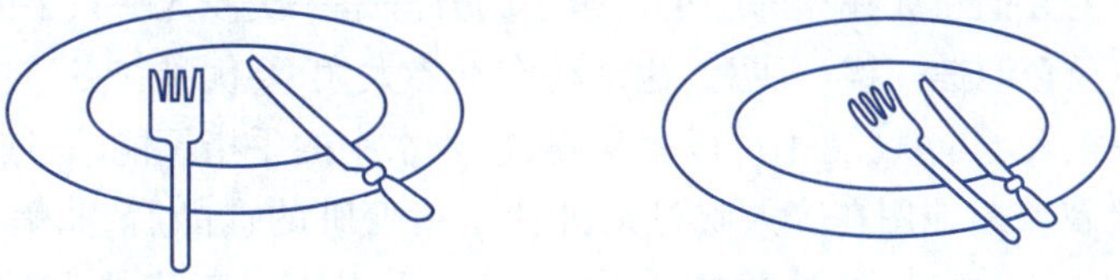

(a) 用餐中刀、叉的摆放　　(b) 用餐后刀、叉的摆放

图 8-12　西餐餐具使用含义

3. 刀、叉的使用方法

右手拿刀，左手拿叉(见图 8-13)。用刀时，应将刀柄的顶端置于手掌之中，以拇指抵住刀柄的一侧，食指按住刀柄背上，但需注意食指不可碰到刀背，其余三指顺势弯曲，握住刀柄。刀叉并用时，持叉姿势与持刀相似，叉齿应朝下。单独持叉时，则叉齿朝上，尽可能持住叉柄的末端，不要满握。用餐时，先用叉子把食物按住，然后用刀切成小块，再用叉送入口内。欧洲人使用时刀叉不换手，即从切割到送食物入口均以左手持叉，切一块吃一块。美国人则切割后，将刀放下，换右手持叉送入口中。对不用切割的食物，可单独用叉送入口内。

图 8-13　西餐刀叉使用手势

4. 刀叉使用礼仪

使用刀叉的方法若发生错误严重时会伤到他人,请小心使用。

(1)应安静地使用餐具,不可发出碰撞声。

(2)不可将刀刃面向他人。

(3)不可以直接用刀叉起食物送入口中。

(4)刀是切开食物用的工具,用餐时不可以拿到嘴边。

(5)不可以用刀与叉同时将食物送入口中。

(6)不可以舔食刀上沾的酱料。

(7)禁止挥舞刀叉。有些人在进餐时,喜欢和别人聊天,有时候不知不觉手舞足蹈起来,手上拿着刀叉在别人眼前挥舞,这是相当没有礼貌的,而且会吓着对方。进餐时,是绝对禁止挥舞刀叉的,要说话时请先将餐具放下。

5. 匙的使用

在西餐的正餐里,至少会出现两把餐匙,个头大的是汤匙,个头小的是甜品匙或茶匙,不可错用。用汤匙舀汤喝时,应从内向外舀出,而不是如中餐那样由外向内舀,喝完汤后匙把向着自己,离开时,可将汤匙斜放或横放。

6.“净手钵”的使用

“净手钵”通常在正规的晚宴上才能看到。服务员通常在上必须用手拿着吃的菜或甜点之前,提供“净手钵”。这是一个小碗,通常是玻璃做的,装了 3/4 的温水,有时还有一些小花做的装饰物。服务生会把它放在盘的中央。净手的方法是一次浸入一只手的指尖,将拇指、食指和中指放入水中轻轻地搓一搓。注意,这个动作不要太大,要优雅一点。再用餐巾擦拭。注意绝对不能把双手放入水中洗,更不可以用来喝,放入水中的手指不能超过三个。

“净手钵”还比较普遍地用在客人吃过某种让手指变脏的食品后,如蜗牛、龙虾、蛤蚌、玉米棒,或小羊肉、小排骨、烤鸡,在这种情况下,客人的手很快就变脏了,这时端上盛了温水的“净手钵”是很合适的。

(四)西餐餐食的吃法

1. 汤

除主食外,西餐第一道菜往往是汤。在主人未拿起汤匙前,客人不得提前食用。喝汤时,要从匙的旁边喝,不要从顶端喝。快喝完时,可用左手托起汤盘向外倾斜,以便舀剩下来的汤。除了用双耳杯盛的汤可端喝外,其余均不可端喝。注意喝汤要用匙一勺一勺舀起来喝,不能用嘴直接到碗里或盘里喝汤。如果上的汤附有薄脆饼干,那是给你边喝汤边吃的。正式宴会上,不要把饼干泡在汤里,也不要拿饼干沾着汤吃。只有牡蛎薄脆饼干例外,可以每次放一点在杂烩中吃。

2. 面包

面包一般先摆上餐桌,但要等喝完开胃汤后才开始食用。面包餐可持续到上甜品之前,甜品上桌,面包便要撤掉。食用面包应用手掰成小块送入口中,掰一块吃一块,不要拿着整块面包去咬。抹黄油和果酱时也要先将面包掰成小块再抹,不要用面包蘸汤吃,也不要用面包抹盘子。

3. 鱼、虾、海鲜

食用全鱼时，应用刀将头尾切下，堆在盘边，然后用刀轻轻切割上层鱼肉，用叉叉吃。吃完上层鱼肉后不可将鱼翻身，要用刀叉剔除其主刺后再食用下层。食用半只海虾或贝类海鲜，可用叉将其肉叉出来再食用。食用整只龙虾，可用手撕去虾壳，在飘有花瓣或柠檬片的"净手钵"中洗手指。

4. 牛排

西餐牛排有三分熟、五分熟、七分熟和全熟之分。如果之前没有尝试过三分熟、五分熟、七分熟的牛排，那么一般要全熟的，否则牛排端上来后，你不敢吃或让人端下去重烤是失礼的。切牛排，要由外而内一下一下地切，不要来回锯切，切一块，吃一块。

5. 水果

水果品种多，吃法也不尽相同。吃苹果、梨等，应先用刀切成数块，然后再用刀去除皮核。削水皮除核时，刀口应向内，由外往里削。削好皮后，可用手拿着吃，也可用叉叉起来吃；吃香蕉时，应先用刀将皮从中划开，用刀叉将皮向两边剥开，再将其切成小块，用叉叉食；吃葡萄、樱桃，要一粒粒地拈取，不要整串拿在手中吃。

6. 煮鸡蛋

这种鸡蛋一般是煮得半熟，蛋黄是流质的。吃的时候，要把鸡蛋放在一种供吃煮鸡蛋用的小杯子中，一只手固定住杯子，另一只手拿叉刀敲裂蛋壳，把上半部的蛋壳剥下来放在盘子上，然后用小匙舀鸡蛋吃，吃之前可以放一点食盐。

7. 布丁

一般是叉、勺并用，将其分解成适于入口的小块食用。

项目小结

见面礼仪是公关社交中最常见的交际形式，作为公关人员必须了解掌握见面礼仪的相关规定。

在拜访过程中做到礼仪周全，落落大方，将有助于展现组织形象，联络感情、增进友谊。公关社交中，礼貌恰当的称呼往往是交往成功的开始和前提。如何称呼对方直接关系到彼此间的亲疏、了解程度、尊重与否及个人修养。握手是国际上最为通用的礼节，握手的力量、姿势与时间的长短往往能够表达出握手者对对方的不同礼遇与态度，显露自己的个性，给人留下不同印象；当然，我们也可通过握手了解对方的个性，从而赢得交际的主动；印制规范、文字简洁、名片颇受社会各界人士的欢迎，成为一种自我的"介绍信"和交际的"联谊卡"，所以要合乎礼规地正确使用名片。在人际交往中，不论是一般社会交往，还是公关社交场合，人们在交往中不仅可以通过餐饮活动来招待亲朋好友，加强往来联系，而且还可以将之作为社交活动的一种具体形式，以解决实际问题，展示个人的良好修养，表现对交往对象的敬重、友好和诚意。所谓餐饮礼仪，就是人们在餐饮活动中所要讲究的一些约定俗成的做法和传统习俗，它们是人类饮食文化中的重要组成部分。熟练掌握宴请的礼仪规范，才能使宴请的功能得到有效的发挥。

任务单一

任务情境:综合运用公关社交礼仪知识

一、任务描述

假定李×是××制衣公司总经理秘书。明天××商贸公司要来公司谈合作事宜,现在需要准备明天的接待签约,招待宴请等工作。

二、实施工具

略。

三、实施方法

略。

四、实施步骤

步骤一:明天的接待工作做哪些准备?

步骤二:明天的宴请工作做哪些准备?

五、考核与评价

任务实施评价表

考核项目	考核要求	分值	得分			备注
			自我评分	组间评分	教师评分	
接待来访客户面部表情	称谓					
	握手					
	名片					
	介绍					

六、技能拓展

一次商务谈判中,甲先生第一个到达现场,紧接着乙先生、丙先生一起到达。乙先生和丙先生为同事,乙先生为部长,丙先生为部员。又过了一会儿,丁先生来了,最后戊女士也来了。

要求:五人一组,分别扮演甲、乙、丙、丁、戊,练习握手,其他同学观摩,并进行评价。

任务单二

任务情境:掌握接待宴请礼仪

一、任务描述

商贸公司周年庆宴请礼仪训练。你作为公司业务接待人员,准备宴请重要客户,客户包括某公司总经理、副总经理、业务部部长、业务科科长和两名科员,请拟订一份详细的宴请方案。

二、实施工具

略。

三、实施方法

略。

四、实施步骤

1. 同学按照 4~6 人为一组进行分组。
2. 各组讨论确定商贸公司周年庆的宴请方案,根据方案做好宴请的前期准备工作。
3. 各组在实施商贸公司周年庆的过程中全程记录(影像记录资料最好)。
4. 各组同学根据情景模拟商贸公司周年庆的记录进行总结。

五、考核与评价

任务实施评价表

考核项目	考核要求	分值	得分			备注
			自我评分	组间评分	教师评分	
宴请礼仪	宴请形式					
	宴请位次安排					
	宴会接待流程					
	公关人员仪表仪态					

六、技能拓展

测试自己接待客户时有没有如下失礼行为:

1. 看到客户穿得土里土气,接待时就爱答不理。
2. 因刚吃过午饭还没到上班时间,所以看到客户已经等在前台就很生气。
3. 过道里遇见一个认识的客户,认为不是找自己的就装作不认识。
4. 领导吩咐把客户带到会议室,所以就走在客户前面并把整个背部对着客户。
5. 在洗手间遇到来访的客户在洗手,不知说什么,就低头只管洗手。
6. 下楼时正巧和同事的客户同乘一部电梯,有点尴尬,就低头看手机。
7. 领导带老客户参观各部门,来到自己所在部门时认为自己是新员工不认识他们,就装作低头努力工作的样子。
8. 端茶倒水时直接把茶水放在会议桌上,没有向客人微笑致意。

思考与练习

一、判断题

1. 对于拥有中、高级技术职称者,可在工作中直接以职称性称呼相称。（ ）

2. 日常生活中所使用的称呼应当正式、规范、庄重。（ ）

3. 在众人交谈的场合,一定要注意称呼的顺序,一般的原则是先长后幼、先女后男、先疏后亲。（ ）

4. 由于各国、各民族语言不同,风俗习惯各异,社会制度不一,所以表现在称呼上差别就会很大。（ ）

5. 作自我介绍时,可以利用名片、介绍信加以辅助。（ ）

6. 自我介绍时所表述的各项内容,一定要实事求是、真诚可信。（ ）

7. 在为他人作介绍时,一般顺序是先向长者、女士、身份高的人介绍对方,以体现对长者、女士和身份高者的尊重。（ ）

8. 面对他人索取名片,不要直接加以拒绝。如果一定要拒绝也要注意分寸的把握。（ ）

9. 不要在请别人用餐时,把筷子戳到别人面前和用筷子指点别人。（ ）

10. 招待客人的茶具一定要干净、整洁、完整无损。这是招待客人饮茶时的最基本的礼貌。（ ）

二、单选题

1. 在拜访别人办公室的时候,应该(　　)。

A. 敲门示意,征得允许后再进入　　B. 推门而入,再作自我介绍

C. 直接闯入,不拘小节　　D. 如果门是虚掩着可以直接进入

2. 为客人上茶时,一般应该从客人的(　　)双手将茶杯递上去,置于客人左前方。

A. 正面　　B. 右后侧　　C. 左后侧　　D. 以上都不对

3. 关于西餐的餐桌礼仪,下列表述不正确的是(　　)。

A. 使用刀叉时应右手拿刀,左手拿叉　　B. 食面包的方法与吃三明治的方法相同

C. 喝咖啡应该先加糖再加奶　　D. 咖啡匙只能用于搅拌,不能舀咖啡喝

4. 中餐宴请中,一般以(　　)桌子为最佳。

A. 圆形　　B. 矩形　　C. 正方形　　D. 随意

5. 宴请宾客时,一般(　　)为上座。

A. 面对门　　B. 背对门　　C. 面对窗户　　D. 门的右侧

6. 中途离开座位的时候,应将餐巾放在(　　)。

A. 桌子上　　B. 随手带走　　C. 椅子上　　D. 餐盘上

7. 进行商务正式宴请时,首先考虑的是(　　)。

A. 座次　　B. 菜肴　　C. 餐费　　D. 时间

8. 宴请时如果有正式讲话,各国安排讲话的时间不尽一致。一般正式宴会可在(　　)由主人讲话,接着由客人讲;也有一入席双方即发表讲话的。

A. 四道菜上齐后　B. 热菜之后甜食之前
C. 热菜之前　D. 以上都不对

9. 下列不属于握手禁忌的是(　　)。
A. 用左手去握别人的手　B. 在握手时将另外一只手插在衣袋里
C. 在握手时仅仅握住对方的手指尖　D. 平辈之间,先出手为敬

三、多选题

1. 工作中的称谓应当准确规范,一般可以分为(　　)。
A. 职务性称呼　B. 职称性称呼　C. 学衔性称呼　D. 行业性称呼

2. 选择称谓时应该遵循(　　)原则。
A. 称呼别人要礼貌敬人　B. 称呼要规范恰当
C. 就高不就低　D. 注意文化差异

3. 自我介绍一定要抓住时机,在适当的场合进行自我介绍,如果能选择(　　)时来作介绍是最容易成功的。
A. 对方有空闲　B. 对方有兴趣　C. 对方用餐时　D. 对方情绪较好

4. 鉴于不同场合的交际需要,自我介绍时的表述方法和内容也应该具有鲜明的针对性,一般情况下,自我介绍可以分为(　　)。
A. 应酬式　B. 公务式　C. 社交式　D. 礼仪式
E. 问答式　F. 推荐式

5. 工作式的自我介绍内容应当包括(　　)。
A. 本人的姓名　B. 供职的单位及其部门
C. 担任的职务及从事的具体工作　D. 出生地

6. 递送名片的礼仪包括(　　)。
A. 观察意愿　B. 把握时机　C. 讲究顺序　D. 态度谦恭

7. 接受名片的礼仪包括(　　)。
A. 态度谦和　B. 认真阅读　C. 精心存放　D. 有来有往

8. 对于递交名片这一过程,应当表现得郑重其事。一般要起身站立主动走向对方,双方在交换名片时应该面含微笑,上体前倾15°左右,以(　　)持握名片,用拇指和食指去拿住名片的两角,举至胸前,并将名片正面朝向对方,最好说一些“请多关照”“今后常联系”“这是我的名片”等礼节性的用语。
A. 双手　B. 左手　C. 右手　D. 任一只手

9. 按照约定俗成的规矩,中餐礼宾次序排定应是(　　)。
A. 面门为上　B. 以右为上　C. 居中为上　D. 以远为上

10. 上茶是有讲究的,以上茶的顺序为例,应该遵循的原则是(　　)。
A. 先宾客后主人　B. 先女士后男士
C. 先地位尊者后地位卑者　D. 顺序随意

项目九　提升网络公关能力

知识目标

(1)了解网络公关的概念、主要形式和构成要素；

(2)掌握网络公关的策略；

(3)掌握网络危机公关的处理原则。

能力目标

(1)能够深刻理解网络公关的现实意义；

(2)能够用专业的网络危机知识指导网络公关活动。

素质目标

(1)培养学生树立网络公关意识；

(2)培养学生利用网络媒体处理危机的公关能力；

(3)培养学生直面危机、积极应对的公关态度；

(4)培养学生拥有敢于担当、诚实守信的社会责任感。

思维导图

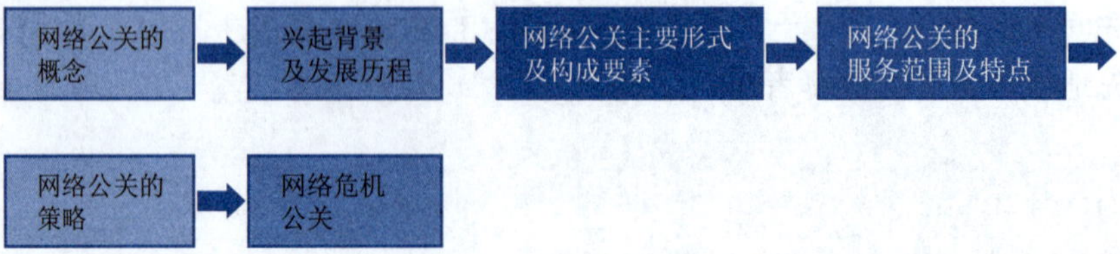

项目引入

餐饮品牌的网络公关宣传

某连锁餐饮品牌为了吸引更多的消费者前来就餐，并增加品牌的曝光度，利用网络公关进行线上线下联动的活动策划。他们通过社交媒体平台发布相关活动信息，如推出限时特价优惠，或是与知名艺人合作进行一些创意宣传。此外，他们还与美食博主签约合作，让他们分享美食故事和照片，并邀请消费者参与互动活动，如上传与该连锁餐饮品牌相关的照片、分享就餐体验等。通过这样的网络公关活动，该品牌成功地吸引了更多消费者前来就餐，并扩大了品牌的认可度。

项目思考

从网络公关策略的角度分析，该案例给我们的启示是什么？

任务一　了解网络公关

知识研修

一、网络公共关系的含义及特点

（一）网络公共关系的含义

现代公共关系为公关活动提供了新的思维方式、策划思路和传播媒体，而网络公共关系思维就是一种公共关系意识，也可以理解为公共关系观念。它是一种现代化经营管理和危机公关管理的思维、观念和原则，是一种开明的经营和管理观念，是一种全新的思维方式和交往方式。网络公共关系刚刚兴起，业界还没有统一的定义。大多学者认为网络公关指企业借助联机网络、计算机通信和数字交互式媒体的威力来实现公关目标的行为，如图 9-1 所示。

下面是几种有代表性的定义：

（1）网络公关又叫线上公关或 e 公关，它利用互联网的高科技表达手段营造企业形象，为现代公共关系提供了新的思维方式、策划思路和传播媒介。

（2）网络公关是指企业在网络空间的公众关系。企业通过其网络上的各种存在形式，以及通过采取各种方式与网络公众增进了解，进而维持与公众的良好关系与互动，以此来加强品牌的影响力，促进品牌的推广。

（3）网络公关是由于计算机网络的迅猛发展而给传统公关带来的一种创新形式，它以因特网作为信息传播的手段来开展公关活动，为企业改善自身形象、提升市场知名度、创造更多商机。

第（1）个和第（3）个定义指出了网络公关的手段是互联网，公关的目的是营造企业形象，但没有涉及网络公关对象。第(2)个定义公关的三个基本要素主体、客体和手段都有所描述，尤其是对客体阐述比较详细。

图 9-1　网络公共关系

综合以上三种定义，网络公共关系就是企业以互联网为手段针对网络公众进行的公关活动。其主体是企业，传播媒体主要是互联网，客体是网络公众，网络公关的目的是维护和改善企业形象，提升品牌知名度，以获得更多商机。

但是，上述定义不够准确、全面。下面从公共关系结构三个基本要素来分析网络公关的内涵和外延。

网络公关的主体，企业主体是网络公关主体组成部分，但不是唯一主体，包括政府等各种社会组织以及个人，统称网络化的社会组织。而企业网络公关是网络公关发展的动力，是探索网络公关发展的“先锋”。公关手段，从网络公关字面意思上来理解，网络公关的媒介是网络；从技术角度来看，网络包括电信网络、有线电视网络和计算机网络，并且这三种网络中的每一种都是公共关系的重要传播手段，因此，网络公关的媒介不仅包括计算机网络，也包括电信网络和有线电视网络。网络公关的客体是网络公众，只有经常浏览网页的网络用户才有可能成为网络公关的对象。公关对象是有针对性的目标受众，网络公关也不例外。网络公关的客体就是经常浏览网页的、与网络组织有实际或潜在利害关系或相互影响的个人或群体的总和。

综上所述，网络公关的定义根据网络媒介的三种不同类型，分为狭义和广义两种定义：

广义上，网络公关是指网络化组织以电信网络、有线电视网络以及计算机网络为传播媒介，来实现营造和维护组织形象等公关目标的行为。

狭义上，网络公关是指组织以计算机网络即互联网为传播媒介，来实现公关目标的行为。本书主要使用的是狭义上的网络公关概念。

(二)网络公共关系的特点

1. 互动性更好

传统意义上的公关，对客户的信息及反馈传递都是单向的，互动性不是太强。网络公关可以很好地解决上述不足。网络平台很好地拉近了企业与消费者之间距离，消费者不仅仅是信息的接收者，而且是信息的制造者，两者双向交流，信息涉及的内容不仅是向企业提供真实的反馈，更有可能成为二次传播和多次传播的素材。

2. 信息传播更为及时

及时性是网络最大的特性，它能够在最短的时间把信息制作并传播出去。据有关数据统计，截至2022年9月中国网民中，网络新闻的受众群体已高达7.88亿。用网络来进行公关活动在一定程度上可以获得比传统媒体更好的效果。

3. 传播形式多元化

网络上传播形式多种多样，突破了传统公关的文字和广告类的图片，进入多媒体综合运用的时代。网络公关借助这一全方位立体式传播媒体，对信息进行宣传与反馈，加强与受众的沟通，传播效果自然要好于传统媒体。

4. 有效影响终端消费者

传统公关仅仅将品牌和产品的印象留给目标消费群，但是网络公关不仅具有双向沟通特性，而且可以根据不同客户的需求和产品的特征，更为准确地选择锁定目标受众，从而以最优化的方式对这一部分目标客户进行信息传达，以有效地影响终端消费者。

二、网络公关的主要形式及构成要素

(一)网络公关的主要形式

1. 网上新闻发布(网络媒体新闻)、网上新闻发布会

主要平台：网络门户或网络媒体。一般有以下几种类型：

(1)综合性门户网站。

(2)行业性门户网站或媒体。

(3)新闻媒体的网络版。

(4)网络出版物。

2. BBS论坛或社区公关

主要平台：门户网站、专业BBS论坛及专业社区网站等。以下列举几种典型的情况：

(1)门户网站或行业门户的专业BBS论坛。

(2)专业社区网站。

(3)网络媒体开设的论坛。

3. 网上公关活动

与线下的公关活动相对应，网上的公关活动主要是指企业在网络上开展或组织的企业公关活动。

主要平台：重要媒体网站、门户网站、SNS社区、论坛网站等。

(二)网络公关构成要素

1. 网络公关的主体

由于网络公关是传统公关的创新，因此网络公关的主体是社会组织，即按照一定的社会目的和任务，执行一定的社会职能，并按一定形式构成的社会群体或社会集团。

网络公关的主体的构成要素从宏观上讲有两个方面：一是物质要素(有形要素)，如一定数量的人员、物资、财力等；二是精神要素，如组织的章程、宗旨等。

2. 网络公关的客体

网络公关的客体是网络公众。随着网络时代的到来，越来越多的人接触到网络，越来越多的人成为网民，这意味着网络公众正以惊人的速度增加，同时也表明网络公关的覆盖面越来越广。所以，网络公关要与网络公众保持良好的关系。另外，由于网络媒体的双向互动性，使公关的对象更加明确、具体，从而出现受众细分化趋势。

3. 网络公关的传播手段

网络公关的媒体是互联网，但是为了取得最佳传播效果，许多企业组织采取网络媒体与传统媒体相结合的方式。两者结合有两种模式：一是先传统媒体后网络媒体；二是先网络媒体后传统媒体。第一种模式是传播从少部分传统媒体开始，到网络媒体的转载，通过网络高强度的传播力，把消息迅速扩大，从而引发相关媒体的关注和跟踪。利用传统媒体的攻心力和网络媒体的传播力，既扩大影响又节约成本；第二种模式主要用于特殊事件和信息，如尚未最终核实的信息或太新、太快的信息。常用的是第一种模式。

三、网络公关的兴起背景及发展历程

(一)网络公关的兴起背景

网络公关的兴起缘于因特网和电子商务的发展，网络传播方式较之传统传播方式的创新，以及公关业发展的需要。

信息化的高速发展使产品的科技含量日益趋同，生产管理的规范化和程序化则导致同类产品在质量上难分高下。“高服务、高关系”主要指的是公共关系，是社会组织建设和公关的主要方向，企业的竞争已由有形资产的竞争转变为品牌、形象、商誉等无形资产的竞争。此外，一直处于营销优势地位的广告的影响力正在下滑，而与此同时，公关业却受到更多的垂青，各企业、机构甚至政府都开始开展公关，因此，公关业的发展势在必行。

但是，传统公关的发展需要新的平台。互联网具有个性化、互动性、信息共享化和资源无限性等传播优势，集个人传播(如QQ、微信)、组织传播(如BBS、新闻组)和大众传播于一体，具备强大的整合性，并且网络媒体的运作正在逐渐规范、成熟，已拥有相当大的媒体影响力，互联网已成为各界人士获取信息的主要通道。据2023年3月16日《新时代的中国网络法治建设》白皮书，目前，中国的网民总人数已达10.67亿，其中67.4%的人为18~35岁的年青人，82.2%的人是中专以上学历。这类网民年轻、教育程度高、收入高，是最具活力的市场消费群体，同时也是各类社会组织梦寐以求的公众资源，是组织形象、品牌塑造的理想主力公众。并且，电子商务已遍布全球，网上购物平台五花八门。据中国互联网信息中心(CNNIC)数据，截至2023年6月，中国网络购物用户规模达8.44亿，比2022年12月增加3 880万人，占网民整体的82%。

网络媒体在公共关系传播中的影响力不断增强，如何有效地利用网络媒体的传播力，塑造组织尤其是企业良好的形象，促进企业产品、服务的销售，以及有效预防网络公关危机，成为组织必须面对的一个重要话题，也是网络公关兴起的重要原因之一。

(二)网络公关的发展历程

公关业的发展与媒介技术的发展密切相关，它随着媒介技术的发展而不断发展。网络公关发端于电信网络的使用，具体到媒介有电报、电话、广播及电视等。

第一阶段是电报、电话以及传真用于公关业。电报于1845年由莫尔斯发明，后来用于商业领域通信，礼仪电报、鲜花电报等是电报用于公关用途发展的新形式。由于通信事业进步和发展，现在对电报的使用总体上来说已愈来愈少。电话从1876年贝尔发明到1946年商务流通电话问世。电话沟通，见面细谈，已成为公关的必经程序，已出现要求普通话标准，沟通能力、语言表达能力强的电话公关职业。

第二阶段是广播、电视用于公关业。数据显示，广播受众具有年龄低、文化程度高的特征。这些人群是各类产品追逐的目标，具有较高的价值。而电视观众群规模大，其构成基本与全体人口的构成一致。从调查数据可以看出广播受众质量优势。电视是视听合一的媒介，具有现场感强、形象真实、可信度高等传播优势，给观众一种面对面交流的亲切感，而且能够直观展示产品、产品的使用过程和使用效果，具有很强的说服力和感染力，与网络媒介相比具有覆盖范围广、到达率和重复率高的优势。因此，广播，尤其是电视仍是组织实施公关的重要手段。

第三阶段是互联网用于公关传播。互联网在网络公关发展史上是一个重大转折点，使网络公关"山重水复疑无路，柳暗花明又一村"，也是公关发展史上的一座里程碑。

网络公关在国内发展的现状是喜忧参半。可喜的一方面是，中国公关业和企业有了自己的门户网站和宣传平台，可以以最快捷的速度向国内外交流企业的信息。很多企业已经配备专职人员做网络媒体代表，负责处理协调网络媒体传播事项；许多企业的推广部在自己的核心媒体名单里，并加入网络媒体，对核心的网络媒体进行重点沟通与维护。另一方面，很多企业的公关部在进行网络公关的时候，缺乏系统的操作体系，往往是顾此失彼，难以组织有效的立体式网络公关，从而使企业公关宣传的效果大打折扣。

任务二　掌握网络公关的处理

知识研修

一、网络公关服务范围

网络公关服务出现并已经成为主要的公关服务方式，而且在多种公关事件中有着不俗的表现。那么，网络公关到底都包括哪些内容？下面介绍网络公关服务范围。

（一）进行网络调查

在当今时代，掌握信息很大程度上就是把握机会。网络公关服务就是提供网络调查的服务，筛选出精准的数据，为客户的决策提供可靠的依据。以企业为例，在经济全球化的背景下，网络使得一个企业对市场的调查变得更广泛、深入而快捷，而且成本低廉。运用网络公关进行社会调查和信息传播往往是企业成功策划与竞争制胜的法宝。

（二）利用网络与公众沟通

在互联网时代，网络沟通显然成为一种主要的沟通方式，网络公关服务为单位或者个人提供进行互联网沟通的服务，在互联网上进行公关服务，平息网民情绪，以维护客户形象。相对于传统的公关方式来说，这种服务方式具有低成本，高效率等特点。

（三）利用网络进行口碑传播

公关的目的就是树立形象，维护口碑，从而将无形的资产转换为有形的财富。网络公关借助互联网传播速度快，传播范围广的优势，在互联网上“无孔不入”地宣传企业理念、企业口碑。长时间来说，就会在网民群众中形成潜移默化的效果，可以说是一种非常新型有效的广告宣传。

除此之外，网络公关服务还提供整合营销、危机处理等服务项目。目前，我国的网络公关服务已经呈现出大好的发展势头。将来，我国的网络公关服务范围可以更加扩大化，服务可以更加专业化。

二、网络公关的策略

随着互联网的普及和发展，网络公关已经成为企业宣传和品牌推广的重要手段。网络公关不仅可以帮助企业建立良好的品牌形象，还可以提高企业的知名度和影响力。网络公关的具体策略如下：

（一）社交媒体营销

社交媒体已经成为人们日常生活中不可或缺的一部分，企业可以通过社交媒体平台与消费者进行互动，传递品牌信息和产品信息。在社交媒体上，企业可以发布有趣、有用的内容，吸引消费者的关注和参与。此外，企业还可以通过社交媒体平台进行广告投放，提高品牌曝光率和知名度。

（二）网络危机公关处理

在网络时代，危机公关处理变得更加重要。一旦企业出现危机事件，应该立即采取措施进行处理，避免危机扩大化。企业可以通过公开道歉、赔偿、整改等方式来处理危机事件，还可以通过网络公关手段来控制舆论，减少负面影响。

（三）内容营销

内容营销是一种通过有价值的内容来吸引消费者的营销方式。内容营销可以采用多种形式，如文字、图片、视频等，同时还可以结合社交媒体平台进行推广。

（四）网络口碑管理

网络口碑管理是一种通过监测网络上的口碑信息，及时应对负面信息，保护企业的形象和声誉。企业可以通过提供优质的产品和服务来赢得消费者的信任和口碑，进而提高品牌知名度和影响力。此外，企业可以通过邀请消费者参与品牌活动、提供优惠券等方式来促进口碑营销。

（五）品牌形象塑造

品牌形象是企业在消费者心中的形象，是企业的核心竞争力之一。企业可以通过网络公关手段来塑造品牌形象，如发布有关企业文化、社会责任等方面的内容，提高消费者对企业的认知和好感度。此外，企业还可以通过品牌形象塑造来提高品牌的差异化竞争力。

网络公关作为一种新型的公关方式，在电子商务大趋势的发展下，有很好的发展前景。企业进行网络公关一定要注意细节问题。首先，网络公关必须符合人们对真善美的追求及期望。其次，其既然以提升形象为目的，那么必须遵守法律，公序良俗。最后，要做好危机公关，敢于正面应对，妥善解决。合理利用网络公关，可以更好地为企业创造潜在价值。总之，网络公关是企业宣传和品牌推广的重要手段，企业应该根据自身情况选择合适的网络公关策略，提高品牌知名度和影响力。

三、网络危机公关的处理

网络危机公关是指由于某种突发事件导致企业形象受损,企业利用网络媒体做出紧急回应以消除负面影响,否则会使公众对企业产生信任危机的自救行为。

互联网的兴起改变了媒介与受众之间的传播关系,也改变了整个传播的话语环境。

(一)网络危机有效处理方针

(1)利用网络技术为企业建立起高效的危机预警监测系统监测组织环境。相比传统的信息传播媒介,企业可以通过互联网,随时监控各类行业、专业网站上的信息,通过对信息的分类评估,及时将有利或者不利的信息反馈到相关部门,并做出积极回应。尤其是当发现不利于企业的舆论时,要马上采取相应的手段进行沟通,消除误解,维护企业的形象。

(2)当网络中出现引起关注的负面报道时,企业应该立即启动网络危机应对方案,与危机发生的源头网站进行沟通,及时找出危机源头,迅速处理化解。网络事件传播的一个特点在于,每个言论一旦在互联网上发布,即意味着其很难消逝,长尾效应在此显露无疑。

(3)企业应该勇于承担责任,公正还原事件真相。当企业危机出现后,应该勇于承担,危机公关中“态度决定结果”。公关传播考虑的是如何影响人的心理,现代人都有很强的自我意识和消费者至上理念,如果危机公关采用强势的宣传姿态去表达,会很容易激发人们的反感;真诚沟通,则会使人们产生对企业或品牌的好感。网络中个体也有信息传播权和舆论批评权,网络的长尾效应使个体左右舆论的能力可以与传统媒体匹敌。

(4)优化搜索引擎是解决公关危机的一个重点技术应用区域。搜索引擎使网络行为模式变得更加捉摸不定,当危机出现时,人们希望看到企业的说法,希望解决问题,消除顾虑。但通常情况下搜索引擎看不到来自企业自身任何正式的回应或者说明,这在现实中增强了大众对“危机”的认同。主要原因是企业危机公关对搜索引擎的认识不够。其实,危机出现时,可以优化搜索引擎,在技术层面上使得公司的声明、新闻、相关链接排在关键词搜索的前列,并利用新闻稿网络优化、企业博客和既有的互联网“声誉”化解危机。网站公关作用巨大,它是以优化搜索引擎为核心的,是解决公关危机的一个重点技术应用区域,当然,这不是一蹴而就的,需要一个完整的技术和服务体系。

综上所述,危机的传播在网络环境中传播工具、途径、速度、范围等因素都发生了一定的变化。面对网络环境下的危机必须对网络媒介内部外部环境同时作用,企业应建立完善的应对网络环境下的危机管理系统,及时调整应对危机变化的方式方法,关注新媒体的发展。

(二)网络危机公关处理的基本原则

网络公关属于非常态的信息传递行为,需要遵循一些基本原则。这些原则制定的标准是在危机中受众所表现出的不同寻常的心理特征。依据这些原则进行网络公关可以在很大限度上减轻受众所表现出的紧张和恐惧心理,从而使网络公关在处理危机的过程中发挥积极的作用。

1. 保证信息及时性

危机很容易使人产生害怕或恐惧心理,因此,保证信息及时性,让受众第一时间了解事件的情况,对危机公关至关重要。

2. 保证受众的知情权

随着社会的不断发展,公众对话语权的诉求越来越强烈。当危机发生时,所有危机受众都有权利参与到与之切身利益相关的决策活动。危机公关的目的不应该是转移受众的视线,而是应该告诉受众真相,表现出积极合作的态度。

3. 重视受众的想法

危机发生时,受众所关注的并不仅仅是危机所造成的破坏或是所得到的补偿,他们更关心的是当事方是否在意他们的想法,并给予足够的重视。如果他们发现当事方不能做到这些,就很难给予当事方以信任,化解危机也就变得更加困难。

4. 保持坦诚

始终保持坦诚的态度,面对危机不逃避,敢于承担责任,就容易取得受众的信任和谅解。保持坦诚是保证危机公关得以有效实施的基本条件。

5. 保证信息源的一致性

危机公关中最忌讳的就是所传递的信息存在不同,这样很容易误导公众和破坏危机中所建立起来的信任。如果当事方不能保证信息的一致性,那么危机管理将无从谈起。

6. 保证与媒体的有效沟通

媒体在危机公关中扮演了重要的角色,它既是信息的传递着,也是危机事件发展的监督者,所以,保证与媒体的有效沟通直接影响了危机公关的走向和结果。

7. 信息要言简意赅

在危机公关过程中,受众和媒体需要的是言简意赅的核心内容,实时掌握事件的最新发展,发布内容要通俗易懂,有利于传播。

8. 整体策划

危机公关虽然是因某个事件而发起的,具有不确定性,但制定危机公关方案时,需要站在整体的角度进行全面缜密的策划,才能保证危机公关的有效性。

9. 网络危机公关 5S 原则

企业在发展过程中有时遇到不同程度的企业危机,当企业危机发生后,如何运用正确的方式处理危机十分重要。专业高效的危机公关不仅能帮助企业平安度过危险期,有时候还能把危机转变为机遇,起到正面宣传的作用,扩大企业影响力。

图 9-2　危机公关 5S 原则

网络危机公关 5S 原则是指危机发生后利用网络平台为解决危机所采用的五大原则,包括承担责任原则(shouldering the matter)、真诚沟通原则(sincerity)、速度第一原则(speed)、系统运行原则(system)、权威证实原则(standard),如图 9-2 所示。

在危机公关中,5S 原则所发挥的作用如下:

(1)承担责任。从这一点原则上来看,企业的态度很重要,一是利益方面,二是情感方面。无论谁是谁非,企业都应该主动承担责任。

(2)真诚沟通。企业处于危机漩涡中时,是公众和媒介的焦点。一举一动都将接受质疑,因此千万不要有侥幸心理,企图蒙混过关。

(3)速度第一。所谓"好事不出门,坏事传千里",在媒介如此发达的今天更是如此,所以,企业控制危机一定要争取在最短的时间内,用最快的速度控制事态发展,并第一时间向公众公开信息,以消除疑虑。

(4)系统运行。在逃避一种危险时,不要忽视另一种危险。在进行危机管理时必须系统运作,绝不可顾此失彼。只有这样才能透过表面现象看本质,创造性地解决问题,化害为利。

(5)权威证实。在危机发生后,企业可以请权威第三方在前台说话,使消费者解除警戒心理,重获信任。

项目小结

本项目内容从网络公关的概念、发展背景及发展历程、主要形式及构成要素、服务范围及特点、网络公关策略、网络危机公关的处理等几个方面进行了详细介绍和阐述。

网络公关利用互联网的高科技表达手段营造企业形象,为现代公共关系提供了新的思维方式、策划思路和传播媒介。网络公关的主要作用:一是公关,即发布企业的正面信息,促进企业和公众的沟通;二是危机公关,即处理企业面临的各类网络危机。通过本项目内容的学习,学生可以了解并掌握公关人员应具备的基本素养。

任务单一

任务情境:上市前的网络公关

一、任务描述

A企业于近日上市,假定你是A公司的网络公关人员,需要通过网络渠道来传播A企业的形象和信息,提高企业的知名度和美誉度,以达到增强公众对企业的信任和好感的目的。通过之前的学习,你已经了解了随着互联网的普及和发展,网络公关已经成为企业宣传和品牌推广的重要手段。网络公关不仅可以帮助企业建立良好的品牌形象,还可以提高企业的知名度和影响力。

请小组同学,根据所学的知识,确定网络公关策略方案。

二、实施工具

略。

三、实施方法

略。

四、实施步骤

步骤一:列举出提高A企业知名度和影响力的网络公关策略。

步骤二:小组成员之间交流各自提出的网络公关策略并互相提出改进建议。

步骤三:各小组代表逐一讲述自己小组提出的网络公关策略。

步骤四:经过评比,评出最有效的网络公关策略。

五、考核与评价

任务实施评价表

考核项目	考核要求	分值	得分			备注
			自我评分	组间评分	教师评分	
提高企业品牌形象的网络公关策略	阐述网络公关策略					
	根据该企业的实际情况,提出网络公关策略					
	阐述提高该企业知名度和影响力的网络公关策略并形成方案书					

六、技能拓展

某电器公司面临着一场网络危机,根源就是有人在微博上连续发帖,声称该电器公司生产的冰箱存在"门关不严"问题。此微博很快得到该电器用户的响应,用户纷纷跟帖,并在短时间内迅速转载,网上呼声一片,并曝出该品牌冰箱其他质量问题。事件爆发后,该电器公司的品牌形象遭受了巨大的损害。

请回答:如果你是该电器公司的公关人员,你会如何处理这场网络公关危机?

任务单二

任务情境:处理网络危机

一、任务描述

A 公司一位任职两年的员工在微信公众号上发文披露该公司多次强迫其主动辞职,并且没有任何赔偿,还质疑了 A 公司正在进行大范围的裁员。该文得到了迅速广泛的传播,网友纷纷为当事人鸣不平,要求 A 公司给一个说法。在当天 A 公司股价还因此迎来了一个不小的跌幅。

请小组同学根据所学的知识确定处理本次网络危机公关方案。

二、实施工具

略。

三、实施方法

略。

四、实施步骤

步骤一:列举出处理本次网络危机公关的方法。

步骤二:小组成员之间交流各自提出的处理本次网络危机公关方案并互相提出改进建议。

步骤三:各小组代表逐一讲述自己小组提出的处理本次网络危机的公关方案。

步骤四:经过评比,评出最有效的网络危机公关方案。

五、考核与评价

任务实施评价表

考核项目	考核要求	分值	得分			备注
			自我评分	组间评分	教师评分	
确定处理本次网络危机公关方案	阐述网络公关危机处理的原则					
	根据该公司的实际情况,提出处理本次网络危机公关方案					
	阐述处理本次网络危机公关的具体方案并形成方案书					

六、技能拓展

在 20××年元宵节,某餐饮品牌发布了一段感谢员工的视频,引发刷屏。

视频发出后,迅速引起刷屏,并大获好评,该品牌也获得了关注。

请回答:从网络公关的策略角度来看,以上案例有何特点?对你有何启发。

思考与练习

案例分析

20××年1月25日深夜，××企业一名新入职员工在部门内部的微信群里发消息，因“赶版”导致高强度加班的问题，怒斥管理层以员工加班为荣，呼吁大家在高强度加班下注意身体健康。

事件发生后，该员工的直属领导和企业高层第一时间与涉事员工进行了沟通，传达了改善加班现象的思路和措施。随后，企业负责人在企业内部论坛上发布长文回应。他说：他为员工因为项目产品而如此努力感到羞耻，并指出持续的高强度加班不可持续；管理层已经在思考优化方案，这位员工大胆的表达再次让管理层将快速优化提上了日常；接下来，部门管理团队会尽快讨论出一套针对此类问题的具体解决方案。

该事件在职场平台小范围传播后，第二天被发布到公众社交平台，引起公众关注，涉事员工发出事件的PDF，舆论热度迅速上升。

××企业“立即”和“适度”的回应，以及后期推出的优化方案，大大化解了这一舆情危机。因此，在舆情爆发时，网民对该企业表达的直接负面情绪不算太高；网民更多的是赞美涉事员工的勇气，积极的情感表达占54%。

根据案例，回答以下问题。

1. 什么是网络危机公关？
2. 网络公关和传统的公关有什么异同？
3. 该企业应对本次危机的过程对你有什么启发？

思考与练习答案

项目一

一、判断题

1. 对;2. 错;3. 对;4. 错;5. 对;6. 对。

二、单选题

1. C;2. B;3. C;4. B;5. A。

三、多选题

1. ABC;2. ABC;3. AB;4. ABCD;5. ACD;6. ABCD;7. ABC。

项目二

1. 意义:它是就公众对组织形象的评价进行统计分析,或者就某一公共关系活动条件进行考察。其目的是了解公众对组织的看法,分析组织所处的环境,从而为制定公共关系计划、调整公共关系活动、塑造组织形象提供科学依据。

内容:包括公共关系的主体——组织自身状况调查,公共关系的客体——公众状况调查,以及与公共关系的主客体密切相关的社会环境状况调查、组织与公众关系现状调查、传播媒介状况调查。

2. (1)确定目标;(2)确定公众;(3)设计主题;(4)选择时机;(5)确定传播方式;(6)编制预算;(7)形成方案;(8)审定方案。

3. 原则:(1)准备充分原则;(2)策划导向原则;(3)控制进度原则;(4)整体协调原则;(5)反馈调整原则。

障碍:(1)实施主体障碍;(2)实施沟通障碍;(3)实施环境障碍。

4. 意义:(1)改进公共关系工作;(2)开展后续公共关系;(3)鼓舞员工士气;(4)引起领导重视。

标准:(1)公共关系实施过程评估标准;(2)公共关系实施效果评估标准。

方法:(1)专家评定法;(2)自我评定法;(3)实施人员的评估。

项目三

一、判断题

1. 错;2. 错;3. 对;4. 对;5. 对。

二、单选题

1. A;2. A;3. D;4. B;5. C。

三、多选题

1. ACD;2. AB;3. ACD;4. ABCD;5. AB。

项目四

一、判断题

1. 错;2. 对;3. 对;4. 错;5. 对。

二、单选题

1. C;2. B;3. A;4. B。

三、多选题

1. ABCD;2. ABCD;3. ACD;4. ABCD;5. ABCD。

项目五

一、判断题

1. 对;2. 错;3. 错。

二、单选题

1. B;2. C;3. C;4. B。

三、多选题

1. AD;2. BD;3. AD。

四、简答题

1. 礼仪、礼节、礼貌内容丰富多样,但它有自身的规律性,基本的礼仪原则有:敬人的原则,礼仪最基本的前提就是要互相尊重。自律的原则,就是在交往过程中要克己、慎重、积极主动、自觉自愿、礼貌待人、表里如一,自我对照,自我反省,自我要求,自我检点,自我约束,不能妄自尊大,口是心非;适度的原则,适度得体,掌握分寸;真诚的原则,诚心诚意,以诚待人,言行一致。

2.(1)塑造社会组织形象;

(2)调整人际关系;

(3)情感的凝聚。

项目六

一、判断题

1. 错;2. 错;3. 错;4. 错。

二、单选题

1. C;2. B;3. C。

三、多选题

1. BC;2. AB;3. ABCD。

项目七

一、判断题

1. 错;2. 对;3. 错;4. 对;5. 对。

二、单选题

1. A;2. D;3. A;4. D。

三、多选题

1. ABCDEF;2. ABCD;3. ABCD;4. ABCDE。

项目八

一、判断题

1. 对;2. 错;3. 对;4. 对;5. 对;6. 对;7. 对;8. 对;9. 对;10. 对。

二、单选题

1. A;2. D;3. B;4. A;5. A;6. C;7. A;8. B;9. D。

三、多选题

1. ABCD;2. ABCD;3. ABD;4. ABCDE;5. ABC;6. ABCD;7. ABCD;8. AC;9. ABCD;10. ABC。

项目九

1. 网络危机公关是指由于某种突发事件导致企业形象受损,企业利用网络媒体做出紧急回应以消除负面影响,否则会使公众对企业产生信任危机的自救行为。

2. (1)相同点:①目标相同。网络公关和传统公关都是为了维护企业和品牌形象,促进企业发展和业务增长。②内容相同。网络公关和传统公关都需要精心策划和制作相关的内容,如新闻稿、广告、公告、活动策划等,来传播企业的宣传信息。③客户群体相同。网络公关和传统公关都是针对特定的客户群体进行宣传和推广,以满足企业的营销和品牌推广需要。④宣传效果相同。网络公关和传统公关都需要追求良好的宣传效果,从而提升品牌知名度和企业形象,增强消费者的购买欲望和忠诚度。

(2)不同点:①媒体形式不同。传统公关是通过报纸、电视、广播等传统媒体形式进行宣传和推广,而网络公关则是通过互联网和社交媒体等新兴媒体形式进行宣传和推广。②受众不同。传统公关的受众主要是各个媒体的编辑记者、业内人士和企业领导等,而网络公关则更注重对大众群体的影响,包括消费者、投资者和网民等。③管理方法不同。传统公关主要采用一对一的传媒方式,而网络公关通过社交媒体等方式进行广泛的互动和交流。④效果监测不同。传统公关的效果主要通过媒体报导量、曝光率、影响力等指标进行监测。而网络公关则通过数据分析、社交媒体平台的反馈等多种手段进行监测。

3. 坚持了网络危机公关 5S 原则。对我的启发:

(1)承担责任:企业发生危机时,应勇于承认错误,并采取措施来弥补消费者及其他利益方的损失;其次,企业应向受害方道歉,并表达自己的愧疚,以赢得公众的理解。该企业没有选择以“实习生”等借口来推脱,而是勇敢地承认了管理层存在的问题,并明确了改正态度。

(2)真诚沟通:企业发生危机时,一举一动都会被公众监督,如果采取不恰当的行为和举措,会带来更大的质疑和危机,企业应与公众真诚沟通,说明真相,消除疑虑,促成理解。该企业第一时间与涉事员工进行沟通,有诚意地提出整改措施。

(3)速度第一:在危机出现时,消息会迅速传播,其中大多是负面信息,如果企业不能及时应对,会造成事态扩散,局面更难以控制。该企业的危机公关速度非常迅速。

参考文献

[1]霍瑞红. 公用关系实务[M]. 3版. 北京:中国人民大学出版社,2020.

[2]张岩松. 公关与礼仪[M]. 4版. 大连:东北财经大学出版社,2021.

[3]谢红霞. 公共关系原理与实务[M]. 4版. 大连:东北财经大学出版社,2020.

[4]成光琳. 公共关系理论与实务[M]. 北京:高等教育出版社,2021.

[5]朱崇娴. 公共关系原理与实务[M]. 北京:高等教育出版社,2021.

[6]刘亚男. 电子商务[M]. 北京:人民邮电出版社,2021.

[7]菲利普斯. 网络公关[M]. 陈刚,袁泉,译. 北京:北京大学出版社,2005.

[8]杨丽敏. 现代职业礼仪[M]. 2版. 北京:高等教育出版社,2015.

[9]汪彤彤. 职场礼仪[M]. 2版. 大连:大连理工大学出版社,2019.

[10]金正昆. 社交礼仪教程[M]. 北京:中国人民大学出版社,2019.

[11]金正昆. 商务礼仪教程[M]. 北京:中国人民大学出版社,2019.